Lindenberg Geschichte lehren

Menschenkunde und Erziehung

43

Schriften der Pädagogischen Forschungsstelle
beim Bund der Freien Waldorfschulen

Christoph Lindenberg

Geschichte lehren

Thematische Anregungen zum Lehrplan

Verlag Freies Geistesleben

Neuausgabe 2008 (3., durchgesehene Auflage)

Verlag Freies Geistesleben
Landhausstraße 82, 70190 Stuttgart
Internet: www.geistesleben.com

ISBN 978-3-7725-0243-9

Fotos: Charlotte Fischer
Einband: Bianca Bonfert, Foto: Charlotte Fischer
Druck: Druckhaus Nomos, Sinzheim

Inhalt

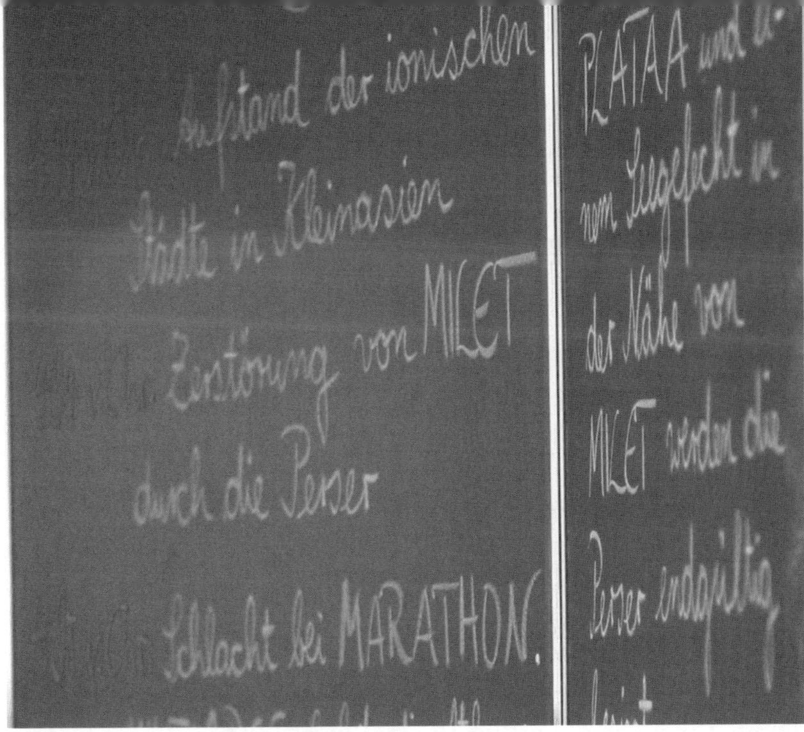

Vorwort

Dieses Buch wurde für unterrichtende Lehrer und historisch-pädagogisch interessierte Eltern geschrieben. In erster Linie wendet es sich an meine Kollegen, die an Waldorfschulen als Klassenlehrer oder Lehrer an der Oberstufe Geschichte unterrichten. Der Verfasser hat sich die Aufgabe gestellt, in diesem Buch zwei Elemente miteinander zu verbinden: einen altersgerechten Geschichtsunterricht nach dem Waldorfschullehrplan und eine Geschichtsauffassung, die sich an die von Rudolf Steiner entwickelte symptomatische Geschichtsbetrachtung anschließt. Eine erste Orientierung über diese Geschichtsauffassung findet sich in dem Taschenbuch: *Geschichtserkenntnis. Zur Symptomatologie der Geschichte*, das in der Reihe «Rudolf Steiner: Themen aus dem Gesamtwerk» erschienen ist.* Dort findet sich auch eine Übersicht über die einschlägige Literatur.

Das vorliegende Buch geht nicht auf die derzeitige fachdidaktische Diskussion über den Geschichtsunterricht ein. Was ich zu diesem Thema grundsätzlich zu sagen habe, findet sich in meinem Buch *Die Lebensbedingungen des Erziehens* im Kapitel «Geschichte, Schule und Gesellschaft» (Reinbek 1981).

Ein herzlicher Dank soll allen gesagt werden, die die Arbeit an diesem Buch gefördert haben. Ich nenne hier stellvertretend für alle meine Lehrer, durch die ich Geschichte gelernt habe, Professor Dr. Hermann Heimpel, Göttingen, dessen Umgang mit Quellen und dessen historische Erzählkunst mir immer Vorbild geblieben sind. Ich denke an meine Kollegen an den Waldorfschulen, die durch Anregungen und Fragen zu diesem Buch beigetragen haben. Ein besonderer Dank gilt dem Rudolf Steiner-Fonds für wissenschaftliche Forschung, der durch eine Spende an die Pädagogische Forschungsstelle beim Bund der Freien Waldorfschulen die Arbeit an diesem Buch unterstützte.

Zarten bei Freiburg, im Juli 1981 *Christoph Lindenberg*

* Herausgegeben von Christoph Lindenberg, Stuttgart: Verlag Freies Geistesleben 1982.

Vorwort zur Neuausgabe

1981 erschien Christoph Lindenbergs *Geschichte lehren* zum ersten Mal. Eine zweite, erweiterte Auflage erschien zehn Jahre später. Und nochmals zehn Jahre später war es wieder vergriffen. Sechsundzwanzig Jahre nach dem ersten Erscheinen ist ein dringender, oft gehörter Wunsch: das Buch möge doch wieder neu aufgelegt werden … In der Zeit seit 1981 hat es sich zu einem Standardwerk für den Geschichtsunterricht in Waldorfschulen entwickelt. Es ist in mehrere Sprachen übersetzt worden (u.a. auch in die russische Sprache). Kaum ein Klassen- oder Oberstufenlehrer, der sich der übersichtlichen, anregenden und praktischen Hinweise für den Aufbau, für Literatur, Hintergründe nicht mit großem Gewinn bedient hätte.

Auch wenn in der Zwischenzeit manches Neue zum Geschichtsunterricht erschienen ist, bleibt Lindenbergs Arbeit *das* Standardwerk für den Geschichtsunterricht an Waldorfschulen. Auch deshalb, weil es nicht nur «praktisch» ist, sondern weil eine Reihe tiefgreifender Ausführungen zu grundlegenden Fragen anthroposophisch-historischer Methode enthalten sind. So zur Idee einer «geschichtlichen Symptomatologie», zur Frage der Betrachtung von Geschichte als Seelenentwicklung. Insofern hat die Darstellung Lindenbergs nichts an Aktualität verloren.

Einige Bereiche jedoch bedürfen einer Aktualisierung. Dazu gehört ein Teil der empfohlenen Literatur. Lindenberg kam es hier nicht nur auf wissenschaftliche Gediegenheit und Qualität der Darstellung an, sondern auch auf Greifbarkeit und Kostengünstigkeit. Zu einzelnen Themen gibt es neuere Literatur und Erkenntnisse. Beispielsweise geben die Berichte über die Ausgrabungen in Göbekli Tepe, Nevali Cori u.a. ganz neue Einsichten über den Zeitraum und den Vorgang der Sesshaftwerdung.

Ein weiterer Punkt ist die wichtige Frage der Stoffverteilung in den Geschichtsepochen der verschiedenen Klassenstufen. Hier wären insbesondere die Klassen 7 und 8 hervorzuheben. Seit der Gründung der ersten Freien Waldorfschule 1919 ist fast ein ganzes Jahrhundert Geschichte hinzugekommen. Hierfür steht im klassischen Lehrplan nicht genügend Zeit zur Verfügung. Rudolf Steiners Anliegen für den Geschichtsunterricht bleibt dennoch nach wie vor zielgebend: Die Jugendlichen in der achten Klasse sollen nach dem ersten Durchgang durch die Geschichte in der Gegenwart, d.h. in Bezug auf die kulturellen, zivilisatorischen und politischen Tatsachen, ankommen. Das bedeutet, dass für die Klassen 7 und 8 heute eine andere Einteilung der Epochen notwendig ist. Da der Lehrplan der Waldorfschulen immer «work in progress» ist, wird man sich in der einschlägigen Literatur Anregungen hierfür verschaffen können.

Für die Literaturangaben Lindenbergs kann einerseits gelten, dass das meiste noch Gültigkeit hat, vieles jedoch nicht mehr einfach zu erwerben ist. Hilfreich ist heute das Internet, über das fast alles antiquarisch erhältlich ist. Für die neuere Literatur mag gelten, was Lindenberg einmal zum Thema Vorbereitung des Lehrers sagte: «Die Suche nach der richtigen Literatur ist ein Teil guter Unterrichtsvorbereitung.»

Zuletzt soll noch darauf hingewiesen werden, dass in der Waldorfschulbewegung, die mittlerweile in Deutschland weit über zweihundert Schulen umfasst, eine permanente Arbeit an den Lehrplänen stattfindet. So auch in Bezug auf den Geschichtsunterricht. Seinen vorläufigen Niederschlag hat diese kollegiale Arbeit in dem Werk *Pädagogischer Auftrag und Unterrichtsziele – vom Lehrplan der Waldorfschule* gefunden.[1]

Da die Waldorfpädagogik seit 1919 auch eine internationale Ausbreitung erfahren hat, sodass heute von Japan, Taiwan, der Volksrepublik China, Russland, Israel, Ägypten, den europäischen Länder bis nach Nord- und Südamerika in fast 1000 Schulen nach dieser Pädagogik unterrichtet wird, muss gerade für den Geschichtslehrplan immer wieder neu bedacht werden, was den spezifischen kulturellen Bedingungen eines Landes anzupassen ist. So wird der Geschichtsunterricht in einer israelischen Waldorfschule anders aussehen als in einer ägyptischen etc. Weiter gibt es verschiedenartige gesetzliche Vorgaben, nach denen sich Lehrpläne zu richten haben. Dies betrifft insbesondere den Geschichtsunterricht, weniger Mathematik oder die Naturwissenschaften. Lindenbergs *Thematische Anregungen* können somit wirklich als *Anregungen* genommen werden für einen schöpferischen Umgang mit dem Thema Geschichte im Hinblick auf das, worauf es eigentlich ankommt: nämlich in den Kindern und Jugendlichen einen geistigen Schatz anzulegen, der ihre Seele bereichert, Motive des Menschseins sichtbar macht, Wachheit und selbstständiges, begründetes Denken

1 Hrsg. von Tobias Richter, Stuttgart ^{2}2006; für die Klassenstufen 9 und 11 sind die hilfreichen Arbeiten von Albert Schmelzer zu erwähnen: *Wer Revolutionen machen will …*, Stuttgart 2000; *Aktuelles Mittelalter*, Stuttgart 2003.

anregt, das zu sinnvollem, verständnisgetragenem Handeln im Leben führen kann.

Die menschenkundlich grundlegenden Motive, insofern sie menschheitlich gedacht werden müssen, können kulturübergreifend alle Pädagogik durchziehen.

Stuttgart, im Dezember 2007 *Wenzel M. Götte*

Geschichte für morgen

Wir begegnen jeden Tag der Zukunft. Sie begegnet uns in Gestalt unserer Kinder, in Gestalt der Kinder, die wir unterrichten und erziehen. Wir wissen: Die Schüler, die heute vierzehnjährig vor uns sitzen, die Geschichte oder Mathematik lernen, werden, wenn das Jahrtausend schließt, dreiunddreißig Jahre alt sein. Sie werden dann in einer anderen Welt leben, in einer Welt, die wir uns heute konkret kaum vorstellen können, von der wir aber ahnen, dass sie von ganz anderen Fragen und Aufgaben bewegt sein wird als die, die uns heute bewegen.

Wer Geschichte unterrichtet, möchte der Jugend nicht nur Interessantes mitteilen, er möchte von Erfahrungen der Menschheit sprechen, die auch morgen eine Bedeutung haben können.

Viele Themen, die die Historiker in den letzten Jahrzehnten mit großem Eifer bearbeitet haben – der Werdegang der Bundesrepublik, die Herrschaft des NS-Regimes, die Weimarer Republik –, werden in der Form, wie sie uns heute bedeutsam erscheinen, nur noch Spezialisten beschäftigen. Nichts veraltet schneller als das Aktuelle.

Der Geschichtslehrer, der seine Fantasie bemüht, wird sich sagen können, dass es bestimmte Themen sein werden, die in der Zukunft, für die wir unterrichten, an Gewicht zunehmen werden, er wird sich also bemühen, den Unterrichtsstoff im Hinblick auf diese Themen auszuwählen, er wird versuchen, seine alten Kenntnisse umzuschmelzen, sie in eine neue Form zubringen, in der sie auch den Erwachsenen im Jahre 2020 noch etwas sagen. Ein Grundthema, das unser Jahrhundert überdauern wird, dürfte das Verhältnis von Mensch und Natur sein. Was sich heute an sogenannten Umweltproblemen andeutet – in Wirklichkeit sind es Probleme unserer Gesellschaft und des menschlichen Umgangs mit Meeren und Wäldern, mit Ackerboden und Luft – wird zu einer der brennenden Fragen des Jahres 2000 werden, und diese Frage wird eine Geschichte haben. So wie man sich heute mit Auschwitz beschäftigt, so wird man sich im Jahre 2000 mit der Nordsee beschäftigen und fragen: Wie war das möglich? Ein zweites Thema wird das Verhältnis von Mensch und Technik sein. Nicht nur, wie der Mensch mit der Technik umgeht, wird interessieren, sondern auch, wie die Technik auf Menschen und menschliche Gesellschaften zurückwirkt. Ein drittes Thema wird sich an diese Fragen anschließen: Wie wird sich das Zusammenleben der Menschen und ihre seelische Gesundheit entwickeln? Klar zeichnen sich Gefahren ab. Man kann schon heute bemerken, dass an der Entwicklung von Mechanismen gearbeitet wird, die die Menschen durch Computer überwachen und ihr Verhalten durch den Einsatz verschiedener Mittel steuern sollen.

Diese Gedanken fassen die Zukunft nur einseitig. Den Gefahren und düsteren Prognosen stellt sich das entgegen, was

Menschen wollen. Zu diesen Menschen gehören auch unsere Schüler. Sobald sie – etwa mit vierzehn, fünfzehn Jahren – die Gefährdung von Mensch und Natur in den heutigen Tendenzen zu ahnen beginnen, regt sich spontan in ihnen die Frage, was für die Zukunft des Menschen und der Menschheit, für die Erhaltung und Pflege der Natur getan werden kann. Der Lehrer, der mit diesen Schülern in die Zukunft schaut, wird sich mit den Schülern klarmachen, welche Chancen und Aufgaben sich aus den heute möglichen Einsichten ergeben. Die Katastrophen, die aus dem bisherigen Umgang der Menschen mit der Natur resultierten, fordern eine neue Naturerkenntnis, die einen pfleglichen Umgang mit den Grundlagen unseres Lebens ermöglicht, ja, die Katastrophen enthalten Hinweise auf das, was getan werden kann. In gleicher Weise kann man an den Pathologien der heutigen Gesellschaft lernen, was menschliche und demokratische Formen des Zusammenlebens sind. Totale Regelung, Kontrolle und Fürsorge entmündigen die Menschen, machen sie krank. überschaubare Lebenszusammenhänge, in denen Aufgaben zu lösen sind, in denen Initiative möglich ist, in denen der Staat sich in seiner Wirksamkeit weitgehend beschränkt und den Bürgern Freiräume zur Selbstverantwortung gibt, fordern zur Zusammenarbeit heraus, überwinden die Anonymität. An diesen Dingen sind Schüler und Lehrer interessiert.

Der Geschichtsunterricht, der sich in diesem Sinne für die Zukunft engagiert, kann freilich nicht die Zukunft vorwegnehmen oder Handlungsanweisungen für die Zukunft geben, aber er wird sich jede Mühe geben, an den Erfahrungen der Vergangenheit Fantasie und Urteilskraft auszubilden, damit die Schüler im Interesse von Menschlichkeit, von Freiheit und Brüderlichkeit historische Entwicklungen der Zukunft verstehen und beurteilen können.

Nach diesen Vorüberlegungen wird man sich als Lehrer fragen: Was soll ich, was will ich unterrichten? Man wird sich den Unterschied von Geschichte und Mathematik (oder einem naturwissenschaftlichen Fach) vor Augen halten. Man kann sich sagen: Wenn man als Student und Lehrer gut Mathematik gelernt hat, so wird man immer wieder auf das zurückgreifen können, was man einmal selber gelernt hat. Man wird sich, wo irgend möglich, bemühen, methodisch geschickter und geistvoller vorzugehen, man wird danach streben, in die rechnerischen und mathematischen Operationen vom Gesichtspunkt der Menschenkunde tiefer einzudringen, aber im Wesentlichen bleibt Mathematik, was sie seit Jahrzehnten und Jahrhunderten war und ist und was sie auch in Zukunft sein wird. Nicht so Geschichte. Geschichte muss für jede Generation in wichtigen Teilen neu geschrieben, neu gesehen werden. Vor allem das, was einen im Abitur oder in der Ausbildung besonders interessiert hat, die jüngste Geschichte, muss man in dieser Hinsicht überprüfen. Neigt man doch dazu, auch im Unterricht das zu behandeln und darzustellen, was man kann, weil man es einmal gut gelernt hat. So ist schon der Geschichtslehrer, den wir selber hatten, mit uns verfahren. Daher kommt es, dass man noch heute im Abitur Bismarck behandelt. Die heute 40- bis 50-jährigen Lehrer werden dazu neigen, Brünings Notverordnungen, das Ermächtigungsgesetz oder die Konferenz von Potsdam genau durchzunehmen, sind wir doch der Meinung, dass diese Themen für den Verlauf der Geschichte sehr wichtig seien. Gewiss waren sie einmal wichtig, aber für die Schüler, die im Jahre 2020 als 40-jährige im Leben stehen, werden diese Themen vielleicht nur noch den Wert historischer Kuriositäten haben, so wie uns heute die Korrektur der Emser Depesche als eine Kuriosität anmutet,

Um zu einer sinnvollen Auswahl von Themen für den Geschichtsunterricht zu gelangen, wird man sich die Aufgabe der Geschichte verdeutlichen, Man kann dazu von folgendem Gedanken ausgehen: Geschichte ist Menschenkunde, Anthropologie. Die geschichtliche Anthropologie zeigt uns – anders als die Völkerkunde und Ethnologie es tun – das Werden der Menschen und der Menschheit. Im geschichtlichen Handeln und in den geschichtlich werdenden Gestaltungen wird sichtbar, «was im Menschen ist». Geschichte treiben heißt so, die tätigen und leidenden Erfahrungen der Menschheit einholen. Diese Idee, die Geschichte als Anthropologie aufzufassen, kann dem Geschichtslehrer eine gewisse Weite des Blicks geben. Er wird seinen Blick auf die impulsierenden, symptomatischen und charakteristischen Lebensweisen, Handlungen und Sozialformen richten, in denen sich die Möglichkeiten, Prüfungen und Steigerungen des Menschseins zeigen. Dabei kann man fragen, wie die Geschichte den Menschen formt oder herausfordert und wie Menschen Geschichte gestalten.

Die Geschichte, der Geschichtsunterricht kann diese Erfahrungen und das Werden der Menschheit in individuellen und konkreten Gestalten vergegenwärtigen. Das unterscheidet sie von der Soziologie, der Völkerkunde und der Ethik. An der Gestalt des Augustinus beispielsweise wird individuelles Schicksal, was sich im Römischen Reich während und durch die Völkerwanderung für die Menschen ereignete. So kann die Geschichte an Gutenberg ein Erfinderschicksal in einer spätmittelalterlichen Stadt oder das Los eines Sozialreformers an Robert Owen wirklich darstellen. Man kommt auf diese Weise von allgemeinen und leeren Begriffen weg und lernt, etwas zu entwickeln, was ich im Anschluss an C. Wright Mills die soziale und historische Fantasie nennen möchte. Diese Fantasie hat die Fähigkeit, sich Bilder von dem zu entwerfen, was allgemeine Vorgänge für die Schicksale einzelner Menschen bedeuten. An Stelle allgemeiner Termini wie «Völkerwanderung», «soziales Elend«, «Arbeitslosigkeit« etc. treten deutliche Bilder, in denen man das menschliche Erleben und Erleiden, in denen man geschichtliche und soziale Kämpfe vorstellen kann.

Diese soziale und historische Fantasie wird zur Grundlage der Urteilskraft, die nicht nur die Vergangenheit betrachtet. Wo sie gepflegt und zur Gewohnheit wird, macht sie sich auch ein Bild von den Schicksalen der Menschen in der Gegenwart, und sie ist in der Lage, auch über die Zukunft konkret nachzudenken, weil sie nicht in allgemeinen Formeln denkt. An der Geschichte hat sie gelernt zu sehen, wie sich hohe und edle Prinzipien, etwa die der Rationalität oder der Gleichheit in Biografien, in Gesellschaften auswirken; sie kann sich ein Bild von dem entwerfen, was eine Änderung der Gesinnungen und Haltungen für eine Gesellschaft bedeutet. Diese Fantasie orientiert sich an dem, was im Menschen ist, an dem, was ihn bewegt und was daraus wird. Sie interessiert sich für die sozialgestaltenden Kräfte in statu nascendi, für die Art, wie sie die soziale Wirklichkeit ergreifen: ob hier eine dekretierende, besserwisserische Tyrannis zum Vorschein kommt oder ob hier Menschen arbeiten, die die Welt bewohnbarer machen wollen. Das anthropologische Interesse denkt also nicht in Prinzipien, es versucht durch die Fantasie die soziale Wirklichkeit sehen zu lernen, und das fehlt heute vielerorts.

Der anthropologische Blick wird aber auch bewirken, dass man den Geschichtsunterricht nicht in unnötiger Weise auf Tatsachenreihen oder auf wenig charakteristische Einzelheiten, die nur gewohnheitsgemäß überliefert werden, fixiert. Was man den Schülern mitteilt, sollte von allgemeiner menschlicher Bedeutung sein, nicht etwas, was der Fachmann selber nur mit Mühe behält. Es hat ja wenig Sinn, Schülern Inhalte beizubringen, die sie nach kurzer Zeit völlig vergessen. Bleiben können nur die Gehalte des Unterrichts, die im Laufe der Zeit mit dem Schüler wachsen, die ihm etwas über sich selber mitteilen, die ihn die Welt anders sehen lassen, die ihm Rätsel und Fragen mit auf den Weg geben, die nicht noch in derselben Unterrichtsstunde schnell aufgeklärt werden.

Hier soll nun einleitend versucht werden, einige der Elemente zu kennzeichnen, die für einen anthropologisch orientierten Geschichtsunterricht wesentlich sein können, weil sie auf Dauer gesehen die historische Fantasie ebenso wie das menschliche Verstehen anregen können.

1. Zeit:

Die erste und grundlegende Anregung gilt der Erweiterung des Gesichtskreises; die Schüler sind, namentlich wenn sie noch jünger sind, geneigt zu meinen, die Verhältnisse der Welt seien immer und überall so, wie sie sie kennen. Die Geschichte berichtet nun von ganz anderen Völkern und Lebensverhältnissen. In diesen fernen Kulturen wird erfassbar, was im historischen Sinne Zeit ist. Es gilt nun im Unterricht zuerst eine Empfindung für die Ferne der alten Kulturen zu schaffen, indem man an naheliegenden Beispielen die zeitliche Entfernung verdeutlicht. Die Väter der Kinder wurden in einer Zeit geboren, als unsere Städte noch wesentlich kleiner waren, als es nur wenige Hochhäuser usw. gab; die Großväter wurden geboren, als Pferdewagen auf Landstraßen noch häufiger als Automobile waren, als es praktisch noch keine Flugzeuge gab; vor dem Ersten Weltkrieg, als der Urgroßvater geboren wurde, gab es noch kein elektrisches Licht, kaum fließendes Wasser; der Ururgroßvater hat gesehen, wie man die Eisenbahnen baute, wie die ersten Fabriken entstanden. So ist man fünf Generationen zurückgegangen, und man bemerkt, wie tiefgreifende Veränderungen in 150 Jahren das Gesicht der Welt verwandelten. Stellt sich nun eine ganze Klasse auf und jeder Schüler stellt eine Generation dar, so würde man bei 33 Schülern gerade ein Jahrtausend weit zurückgelangen. Man käme in eine Zeit, in der Deutschland noch weitgehend von Wäldern bedeckt war, in der es noch kaum Städte und erst recht keine Straßen gab, in der nur wenige aus Stein gebaute Kirchen zu sehen waren. So entsteht eine Vorstellung der zeitlichen und geistigen Entfernung. Spricht man dann von der Zeit, in der die ägyptischen Pyramiden gebaut wurden, so kann man klarmachen, dass das vor viereinhalbtausend Jahren geschah. Man hat aber so auch den Boden dafür geschaffen, das ganz andere Empfinden, Erleben und Sehen in jener längst vergangenen Zeit zu schildern. Warum ist das heute von Bedeutung? In der heutigen Menschheit leben Menschen zusammen, die zwar äußerlich gesehen alle im 20. Jahrhundert leben. Aber in unserer Gegenwart gibt es zum Beispiel noch auf Neuguinea Steinzeitmenschen, die von uns geistig Tausende von Jahren entfernt sind. Aber auch dort, wo die technische Kultur Europas ihren Einzug gehalten hat, in Japan oder China, denken und empfinden die Menschen ganz anders als wir; in Indien sind noch Reste einer uralten Kultur lebendig. Alle diese Kulturen haben ihren eigenen Wert. Durch die Erweiterung des zeitlichen Horizonts wird es möglich, auch ein Verständnis für die in der Gegenwart lebendigen anderen Kulturen zu veranlagen. Noch in anderer Hinsicht wird etwas für das Verständnis der Gegenwart getan: was unsere Eigenart, was das Besondere unserer Zeit ist, wird erst vor dem Hintergrund der Geschichte deutlich. So kommt es immer wieder in allen Altersstufen darauf an, dass die historische Zeit in anderen Denkweisen, anderen Arten des Handelns und des Zusammenlebens deutlich wird. Damit ist dann aber auch gesagt, dass Leben und Denken in der Zukunft wieder anders sein werden. Die Zukunft, die aus recht verstandener Geschichte denkbar wird, ist nicht eine verlängerte Vergangenheit – sie ist etwas Neues.

2. Entwicklung:

Das 20. Jahrhundert hat sich als eine Epoche beschleunigter Entwicklungen gezeigt. Das Tempo der Geschichte nimmt zu. Die Vorgeschichte war eine Periode vergleichsweise langsamer Entwicklungen, die alten Hochkulturen blieben über Jahrtausende in ihren wesentlichen Grundzügen fast stabil. Erst die griechische Geschichte kennt im eigentlichen Sinne eine Entwicklung, das Gleiche kann man von der römischen und mittelalterlichen Geschichte sagen. Heute aber wird die Entwicklung von Menschen bewusst vorangetrieben. So ist nach der historischen Zeit die Entwicklung die zweite wichtige Kategorie, für die der Geschichtsunterricht ein Verständnis veranlagen sollte. Es gibt einfache Beispiele, die besonders die gegenwärtige Situation beleuchten. So wurde die Buchdruckerkunst, die eine komplexe Erfindung als eine Summe von Einzelerfindungen (bewegliche Lettern, Handgießgerät, Druckerfarbe und Druckerpresse und anderes mehr) ist, zwischen 1430 und 1452 von Gutenberg sofort zu einer gewissen Perfektion entwickelt. Als Erstes wurde bekanntlich eine Bibel in einer Auflage von ca. 180 Exemplaren gedruckt. Bereits nach einem halben Jahrhundert war die Druckkunst in West- und Mitteleuropa weit verbreitet, allein in Venedig gab es über 150 Druckereien. Die Auflagenhöhe der Bücher und Flugschriften stieg auf weit über 1000 Exemplare an. Schon 1525 wurden in Deutschland fast 1000 deutschsprachige Bücher verlegt, im Jahre 1800 waren es 4000 Bücher, im Jahre 1900 bereits 20.000 Werke. Neben dieser quantitativen Entwicklung steht die inhaltliche Entwicklung zu einer volkstümlichen Darstellung. An die Stelle scholastischer Abhandlungen traten Welt- und Naturbeschreibungen, Schwänke und Schelmenstreiche, später Novellen und Romane. Die ganze Physiognomie der Bildung wurde verändert. An der Entwicklung der Zeitung könnte besonders gut verfolgt werden, wie das Medium der Druckkunst den Inhalt des Gedruckten bestimmt. In diesem Sinne muss im Unterricht jede Entwicklung in ihren verschiedenen Dimensionen, der technisch-qualitativen, der sozialen und der inhaltlich-qualitativen, erfasst und beschrieben werden. Es ist fast sinnlos, die Erfindung der Druckkunst oder der Dampfmaschine an sich zu behandeln, wenn man nicht aufzeigt, wie diese Erfindungen das Leben verwandelt haben.

3. Ideen:

In ähnlicher Weise, wie man Entwicklungen sehen lernen muss, muss man sich auch darum bemühen, die impulsierenden Ideen, die im Laufe der Geschichte formuliert werden, recht einzuschätzen. Manche Ideen dringen fast unbemerkt in das Denken der Menschen ein und verändern Sehweise und Einstellung, oft aber erscheinen Ideen faszinierend, einleuchtend, sie fordern Verwirklichung, Aktion. Ideen sind meist höchst zweischneidige Wesen. Im Namen der Freiheit können Willkür und kapitalistische Raubzüge begründet werden, im Namen der Gleichheit kann die öde Gleichmacherei installiert werden, im Namen der sozialen Brüderlichkeit wurden Bürokratien und Hilfsorganisationen geschaffen, die die Hilfsbedürftigen entmündigten und den Bürokraten und «Helfern» oft ein gutes Einkommen sicherten. Sogar die so freundlich erscheinende Idee der Toleranz kann zur Permissivität verkommen. Die historische Betrachtung lenkt den Blick auf die «Verwirklichung» der Ideen und auf die Mittel, durch die sie realisiert oder durchgesetzt werden. Da sieht man auf der einen Seite Menschen wie Pestalozzi, Robert Owen oder Henri Dunant, die ihre ganze Existenz an die persönliche Realisierung ihrer Ideen setzen, und man kann verfolgen, wie die so zur Welt gebrachten Ideen, etwa die des Roten Kreuzes, für die Menschheit heilsam und wohltätig sind. Ganz anders können jene Ideen wirken, die auf administrativem Wege «von oben», manchmal mit Druck und Terror, durchgesetzt werden. Auf diesem Wege werden häufig sozial und geistig krankmachende Prozesse veranlagt, deren Folgen man zum Beispiel nach dem Zusammenbruch der sozialistischen Systeme vor Augen hat. Der Geschichtsunterricht erhält durch diese Tatsache die Aufgabe, dem vielfach Blendenden der Idee gegenüber beim Schüler ein Unterscheidungsvermögen zu veranlagen, indem immer die Frage nach der Realisierung der Idee und deren Folgen aufgeworfen werden.

4. Bedingungen:

In eine ganz andere Richtung wird die Aufmerksamkeit gelenkt, wenn sich die übende Betrachtung den äußeren Umständen, den Bedingungen und Strukturen, in und unter denen menschliches Handeln erfolgt, zuwendet. Was bedeutet es für Frankreich und die französische Geschichte, dass dieses Land in Paris ein natürliches und historisches Zentrum hat? Was bedeutet es für Russland, dass ihm ein so weites Land zur Verfügung steht, dass es in Sibirien über ein riesiges Hinterland verfügt? Was bedeutet für Rom die zentrale Lage im Mittelmeerbecken?

Das eigentliche Holland ist ein Beispiel für ein Land, das den Bewohnern zuerst größte Anstrengungen zur Sicherung durch Deichbauten und Vorrichtungen zur Trockenhaltung des Landes, das unter dem Meeresspiegel gelegen ist, abverlangt. Zugleich eröffnet die Lage an der Nordsee die Möglichkeit zu weltweiter Seefahrt, zum Handel. Aus der eigenen Leistung ergibt sich das Selbstbewusstsein dieser Niederländer, aus der Weltkenntnis, im Umgang mit ganz andern Völkern gelangt man zu praktischer Toleranz. So bildet sich jenes Staatswesen mit republikanischen Lebensformen, mit eigener Kultur und neuzeitlicher Wissenschaft.

Eine andere Art von Beispiel für die Bedingungen menschlichen Handelns würde sich ergeben, wenn man die Möglichkeiten des Widerstandes unter einer totalitären Diktatur erörtern würde. In beiden Fällen – der Auseinandersetzung mit den natürlichen wie auch mit den gesellschaftlichen Voraussetzungen menschlichen Handelns – lernt man Fantasie für die Realität zu entwickeln. Ein scheinbar paradoxer Begriff. Aber das Erfassen der Wirklichkeit verlangt eine bewegliche Vorstellungsgabe. Gerade diese Vorstellungsgabe ist für die Zukunft, die es mit immer komplexeren Realitäten zu tun haben wird, erforderlich. Die äußeren Bedingungen müssen dabei im Zusammenhang mit den Antworten gesehen werden, die das menschliche Handeln auf sie geben kann. Die heutigen sozialen Verhältnisse und die Umweltprobleme sind derartige Bedingungen des menschlichen Handelns, die man nicht aus allgemeinen Prinzipien, sondern mit viel Fantasie angehen sollte.

5. Geschichtsauffassung:

Zu den wichtigsten Kräften, die die abendländische Geschichte gestalten, gehören die Geschichtsauffassungen der einzelnen Gesellschaften: Durch sie orientiert sich der Mensch in der Zeit, in ihnen erkennt er sich und seine Aufgaben. Das Mittelalter wurde durch das christliche Geschichtsdenken, besonders durch Augustinus, bestimmt. So sahen es Herrscher und Ritter, Bischöfe und Mönche als ihre Aufgabe an, an der Wirklichkeit des Gottesstaates zu arbeiten. Der Humanismus fand in der Antike ein Ideal, das lange in der Erziehung wirksam war. Die Reformation sah ihre Aufgabe in der Wiederherstellung des ursprünglichen Christentums. Diese Geschichtsauffassungen gaben dem ganzen Leben eine Richtung und einen Sinn.

In der Neuzeit tritt neben diese Geschichtsauffassungen eine spezifisch politische, säkularisierte Geschichtsdeutung. Die englische Revolution berief sich auf das Herkommen des Königreichs, besonders auf die Magna Charta, und interpretierte die Überlieferung im Sinne der vom Parlament angestrebten Freiheiten. Die Aufklärung sieht die Geschichte als innerweltlichen Fortschritt, sie begreift sich selbst als Beginn der hellen, erleuchteten Zeit, in der der Mensch zu sich kommt, und konsequenterweise führt die Französische Revolution, die sich als Vollstreckerin der Ideen der Aufklärung begreift, eine eigene neue Zeitrechnung ein.

Im Marxismus gewinnt eine Geschichtsauffassung an politischer Bedeutung, die Ursprung und Ziel der Geschichte zu kennen glaubt. Marx verstand die eigene Zeit als die letzte Geschichtsperiode vor dem Anbruch der klassenlosen Gesellschaft, die von Engels auch als das Reich der Freiheit gedeutet wurde. Lenin und Mao Tse-tung konnten aus dieser Geschichtsauffassung ihr Handeln bestimmen. So bedeutsam die Geschichtsauffassungen als Sinngebung des Handelns sind, so problematisch sind oft ihre Auswirkungen im Einzelnen, vor allem dann, wenn sie als Prognosen oder Prophetien genommen werden. – Die Rede vom Untergang des Abendlandes oder andere düstere Zukunftsvisionen können sich als «self-fulfilling prophecy» erweisen; im Namen einer utopischen, besseren Gesellschaft kann namenloses Unrecht geschehen.

Die Menschen der Gegenwart können nicht umhin, ihre eigene Existenz vor dem Hintergrund der Geschichte und im Horizont der Zukunft zu sehen. Aber die Geschichte hilft auch, die Gefahren eines Chiliasmus zu durchschauen. Sie weiß, dass jede Gesellschaft der Entwicklung und Verwandlung unterworfen ist, dass es keine perfekten, sondern nur annehmbare Lösungen der gesellschaftlichen Probleme gibt. So wird man die höchsten Ideen der Menschheit, Freiheit und brüderliches Zusammenleben, als Zukunftsziel nicht aufgeben, aber man wird auf Prophezeiungen verzichten und systematische Utopien skeptisch betrachten, weil man weiß, dass man sich die Zukunft nicht ausdenken kann. Da man sich ferner darüber klar ist, dass jeder Versuch einer direkten Verwirklichung der Idee oder eines Ideals von oben nur zu einer Diktatur führt und so die Ideale pervertiert, wird man auf einen anderen Umgang mit der Zukunft sinnen.

Hier kann man von Montesquieu lernen. Seine Gedanken über einen zukünftigen Staat waren an der Beobachtung des englischen Staatswesens gebildet (auch wenn er einiges dabei nicht richtig sah), und so gelangte er zum Vorschlag weniger, praktischer Maßnahmen. Die Maßnahmen, die Montesquieu vorschlägt, zielen nicht auf einen inhaltlich fixierten Zustand der Gesellschaft oder auf die Herstellung einer bestimmten Moral. Was die Gewaltenteilung, wie sie Montesquieu vorschlägt, bewirken soll, ist «nur» die Herstellung von Bedingungen, unter denen Menschen die Möglichkeit haben, vernünftig zu entscheiden und menschlich zu leben. Zur Zeit Montesquieus ging es darum, die absolute Macht der Monarchen zu brechen und an diese Stelle ein Verfahren zu setzen, in dem gemeinsame Entscheidungen möglich wurden.

Unsere Gesellschaft leidet unter schwerwiegenderen Problemen als der Absolutismus zur Zeit Montesquieus. Wenn man für eine menschlichere Zukunft arbeiten will – und man kann heute die Frage nach der Zukunft nicht mehr beiseite schieben –, so muss man zu Montesquieu analog verfahren: Man wird sich fragen, wie man die Bedingungen der Möglichkeit für ein vernünftiges Handeln schafft. Dazu bedürfte es einer hier nicht zu leistenden genauen Beschreibung der Krankheitssymptome der gegenwärtigen Gesellschaft, die durch Entmündigung der Bürger, durch ein System kollektiver Verantwortungslosigkeit, durch ein Überwälzen der Folgen individuellen und kollektiven Handelns auf die ganze Gesellschaft und durch die bloß administrative und ökonomische Behandlung aller Probleme gekennzeichnet ist. Die Frage nach der Zukunft der handelnden Vernunft fragt nach den Bedingungen, unter denen Verantwortlichkeit wiederhergestellt wird, in denen man den Folgen des eigenen Handelns wieder begegnet, unter denen gesellschaftliche Probleme von freien Initiativen gelöst werden könnten. Die entsprechenden Maßnahmen könnten nur in einer deutlichen Begrenzung der Zuständigkeit des Staates, in einer Entflechtung der gesellschaftlichen Systeme, in der Schaffung gesellschaftlicher Freiheit bestehen.

6. Geschichte als Anthropologie:

Der Beitrag der Geschichte zu dieser Gestaltung der Zukunft und zur Orientierung unseres Denkens über die Zukunft kann nicht in unmittelbaren Hinweisen formuliert werden. Die Geschichte, die sich aber als Anthropologie versteht, kann mittelbar helfen, indem sie Grundlagen zu einer Urteilsbildung liefert. Betrachtet man Geschichte konsequent als Äußerung dessen, was im Menschen ist, sieht man im Werdegang der Geschichte das Werden des Menschen, so kann man die gegenwärtigen Fragen und Forderungen des Menschseins beschreiben. Man muss dazu begreifen, dass der Mensch ein geschichtliches Wesen ist. Anders als die natürlichen Wesen ändern und wandeln sich Mensch und Menschheit in und durch die Geschichte.

Um das deutlicher zu sehen, bedarf es einer Geschichtsbetrachtung, die die einzelnen historischen Gestaltungen und Ereignisse als Ausdruck dieses Werdens des Menschen betrachtet. Ein Aspekt dieses Werdens ist die Geschichte der Freiheit, die von der Befreiung von der Natur über die Freiheit des Gedankens bis zur Freiheit eines Handelns aus Erkenntnis führt. Ein anderer Aspekt ist die Geschichte des menschlichen Zusammenlebens von den Theokratien des alten Orients über die antiken Stadtgesellschaften, in denen die Freiheit der Bürger auf der Arbeit der Sklaven beruhte, bis zur arbeitsteiligen Gesellschaft der Gegenwart, in der weltweiter Handel und weltweite Kommunikation Menschen aller Rassen und Schichten zusammenführen. In diesen Erscheinungen verborgen wirkt eine seelisch-geistige Entwicklung, deren Symptome man in Kunst und Philosophie, in Staat und Wirtschaft erkennen kann. Diese seelische und geistige Entwicklung zeigt in der bildenden Kunst der Renaissance ein zunehmendes Selbstbewusstsein der Menschen, zeigt in den politischen Kämpfen der Neuzeit wachsende Ansprüche auf die Rechte der Persönlichkeit, zeigt in der Literatur des 20. Jahrhunderts immer individuellere und komplexere Persönlichkeiten, zeigt in der Technik einen wachsenden Wirkungskreis der Einzelnen. Zunehmende Freiheit, zunehmende Rechte, zunehmende Kontakte und Beziehungen, zunehmende innere Komplexität und wachsende Wirkung: dies alles kennzeichnet die äußerst schwierige Situation des heutigen Menschen. Dieser Mensch, der sich in der Geschichte entfaltet, muss in der Geschichte gesehen werden, denn mit diesem Menschen, mit seinen Schwierigkeiten, mit seinen Ansprüchen und Fähigkeiten haben wir in Zukunft zu rechnen.

Durch die verschiedene Aspekte – Zeit, Entwicklung, Bedingungen und Strukturen, Geschichtsauffassung – bilden sich der historische Sinn und die soziale Fantasie, und diese Aspekte zeigen ein vielschichtiges soziales und geschichtliches Leben. In diesem Leben werden nun zu den verschiedenen Zeitpunkten bedeutsame Erscheinungen sichtbar. Beispielsweise bemerkt man zu Beginn der Neuzeit in Renaissance und Reformation, in den Wissenschaften und im Humanismus, in den Entdeckungsreisen und sozialen Unruhen ein neues Sehen, Denken und Handeln. Eine andere Art des Menschseins enthüllt sich in unterschiedlichen, ja vielleicht oberflächlich gesehen widersprüchlichen Symptomen. Die historische Anthropologie möchte hier in die Tiefe dringen und verstehen, was die Menschen bewegte, impulsierte. Das leitende Interesse der historischen Anthropologie fordert, auch die historischen Tatsachen – so wie alle menschlichen Äußerungen überhaupt – auf das hin zu durchschauen, was Sinn und Bedeutung, was innere Haltung ist. Historisches Verstehen nimmt die einzelnen geschichtlichen Ereignisse symptomatisch, es begnügt sich nicht mit der bloßen Rekonstruktion und Aufzählung von Fakten. Die bloßen Fakten haben auch pädagogisch keinen Sinn, denn diese Geschichten, die sich einstmals ereignet haben, wiederholen sich nicht und sie lassen sich nicht in pragmatische Maximen zur Lebensführung ummünzen. Sinnvoll hingegen ist eine Einübung in das verstehende, anthropologische Betrachten, weil man durch diese Betrachtung etwas von dem lernt, was im Menschen ist. Dieser Umgang mit der Geschichte zielt auf eine geschichtliche Symptomatik. Sie soll im folgenden Kapitel genauer begründet werden.

Zur Idee einer geschichtlichen Symptomatologie

Die Idee einer geschichtlichen Symptomatologie wurde von Rudolf Steiner entwickelt. Er verwendet diesen Ausdruck, um auf den grundlegenden Unterschied von Naturforschung und Geschichtserkenntnis aufmerksam zu machen. Ohne den Ausdruck Symptomatologie zu verwenden, findet sich die Idee einer symptomatischen Geschichtsbetrachtung schon in den *Grundlinien einer Erkenntnistheorie der Goetheschen Weltanschauung* (1886). Im Felde der physikalischen Erscheinungen, so führt Steiner im Anschluss an Goethe aus, erfasst das denkende Erkennen deren Bedingungen, indem es sie in der Welt der Erscheinungen selber sucht, das heißt, die bestimmenden Faktoren sind selber

Erscheinungen; die Methodik des Erkennens besteht darin, diese Grundbedingungen zu ermitteln, indem man experimentell die komplexeren Erscheinungen auf einfache zurückführt. Die einfachsten Erscheinungen nennt Goethe die Urphänomene. Im Felde des organischen Erkennens begegnet der Forscher der lebendigen Gestalt, dem Typus. Der Typus wird erkannt, wenn man erstens den ganzen Typus und die Funktion der einzelnen Glieder im Hinblick auf seine Lebensweise in der ihm angemessenen Umwelt versteht, wenn man zweitens die Verwandlungen des Typus in den verschiedenen Gestalten (Ei – Raupe – Schmetterling u, ä.) verfolgen kann und wenn man drittens die Gestalt selber im Zusammenhang mit den Lebensäußerungen (Wachstum, Bewegung etc.) sehen gelernt hat. Auch für das Erkennen im Felde des Organischen gilt, dass die Erscheinungen durch Vorgänge verstanden werden, die als Erscheinungen auftreten.

Ganz anders verhält es sich beim seelischen oder historischen Erkennen. Ein einfaches Beispiel kann das deutlich machen: Beim Lesen achtet man im Normalfall nicht auf die Buchstaben und ihre Formen, man versucht vielmehr durch die Wörter und den Satz zum Sinn durchzudringen. Das was mitgeteilt wird, liegt in aller Regel nicht im Felde der akustischen und optischen Erscheinungen. Wir verstehen das im Satz Gemeinte, indem wir in unserem eigenen Innern die Erfahrungen, Vorstellungen und Ideen aktivieren, die uns den Sinn des Satzes enthüllen. Dabei sind die Erscheinungen (Buchstaben, Worte, Stimme etc.) keineswegs gleichgültig. Nur wenn das, was wir aus unserem Inneren an die Erscheinungen herantragen, sich völlig mit den Äußerungen dergestalt deckt, dass es sie ganz und restlos aufnimmt, haben wir das Gefühl, den Satz verstanden zu haben. Buchstaben, Worte, menschliche Äußerungen fordern uns also auf, unser Inneres in einer bestimmten Weise zu aktivieren und ins Spiel zu bringen.

Der Vergleich mit dem Lesen kann uns noch in mancher Hinsicht belehren. Es gibt Texte, bei denen uns die Schriftzeichen unbekannt sind: Wir können nur die Form der Schriftzeichen beschreiben, in dieser Situation ist der Forscher gegenüber mancher vorgeschichtlichen Anlage, etwa bei den Denkmälern der Osterinsel, bei den Anlagen von Machu Picchu oder Carnac. Man weiß, dass diese Zeichen von Menschen herrühren, dass sie bedeutsam sind, aber man vernimmt nicht einmal die Sprache, die sie sprechen. Auf einer nächsten Stufe des Verstehens gelingt es, die Schrift zu entziffern. Doch zunächst ist uns die Sprache unverständlich, man bemüht sich dann, langsam hinter den Sinn der Ausdrücke zu kommen, indem man von Mutmaßungen ausgeht; man fragt sich: Worum mag es bei diesem Text gehen? Handelt es sich um einen heiligen Text oder um praktische Aufzeichnungen? Derartige Entzifferungsversuche unternimmt man zum Beispiel an Bauten wie Stonehenge, aber auch an den Pyramiden. Man kann gewisse begründete Hypothesen aufstellen, man steht gleichsam vor einzelnen Worten, aber der Sinn des Ganzen bleibt noch verborgen. Auf einer dritten Stufe des Verstehens wird der Text entziffert und übersetzt, wie es heim Totenbuch der Ägypter der Fall ist. Dennoch weiß der kritische Forscher, dass er den Text in einem tieferen Sinn noch nicht versteht. Man versteht Worte und Sätze, aber man kennt die Welt nicht, von der da die Rede ist. Man ist in der Lage eines Übersetzers, der keine Ahnung von Chemie hat und der einen Text übersetzt hat, der in der Fachsprache der Chemie die Herstellung eines modernen Kunststoffs beschreibt. Weil man von der Sache nichts versteht, wird in vielen Fällen sogar die Übersetzung nicht ganz korrekt sein. In diesem Sinne beruht das Verstehen einzelner Dokumente darauf, dass man die Zeichen und die Sprache entziffern kann, zum anderen darauf, dass man ein Verständnis für die Sache, um die es geht, an die Überlieferung der Vorzeit heranbringt. Dabei ist in vielen Fällen das sachliche Verstehen der entscheidende Schlüssel zum Verstehen, denn das sachliche Verstehen kann den Sinn der Zeichen und den Inhalt des Textes erst zweifelsfrei erklären.

In der Geschichte hat man es nun aber nicht, wie bei einem modernen naturwissenschaftlichen Text, mit Inhalten und Sachfragen zu tun, die uns ein heute lebender Fachmann ohne Weiteres erklären könnte. Wir treffen auf Inhalte, Anschauungen, Verhaltensweisen, die uns fremd sind, die wir nicht völlig erklären können. Schon heute sind uns die Ehrbegriffe des 19. Jahrhunderts innerlich fremd, die wirkliche, nicht verkürzte mittelalterliche Religiosität mit ihren so zahlreich bezeugten Wundern und Visionen, den strengen Bußübungen der Mönche wird nicht verstanden, sondern als Aberglaube abqualifiziert. Erst recht sind uns die Kenntnisse und Auffassungen, aus denen heraus die Pyramiden und Stonehenge gebaut wurden, ein Rätsel. Je genauer und sorgfältiger die Forschung die Hinterlassenschaft der alten Kulturen durchforscht, desto größer werden die Rätsel, weil simple und krude Erklärungsweisen durch die Tatbestände ausgeschlossen werden.

Dadurch steht der Historiker vor einer Aufgabe, die noch kaum gesehen wird. Er muss seine mitgebrachten Denk- und Erkenntnisweisen erweitern, er muss sich neue Sehweisen und Empfindungen aneignen, wenn er die alten Kulturen verstehen und nicht wegerklären will. Offensichtlich vollzieht sich in der Geschichte ein Wandel des Welterlebens, dem der Historiker nur gerecht wird, wenn er seinerseits sein Erleben erweitert. Eine derartige Bewusstseinserweiterung ist nicht durch äußere Experimente (Drogen etc.) kontrolliert zu leisten, sondern durch eine Bewusstseinsschulung, die das eigene innere Erleben vertieft.

Rudolf Steiner hat in seiner anthroposophischen Geschichtsdarstellung nun die Ergebnisse einer Geschichtsforschung vorgelegt, die auf einer Schulung und Erweiterung des Bewusstseins beruht. Das erste eigentlich historische Werk, in dem er diese Methode des Erkennens geschichtlicher Ereignisse angewendet hat, ist das 1902 erschienene Buch *Das Christentum als mystische Tatsache und die Mysterien des Altertums*. In diesem Werk wird über die Mysterien des Altertums und über das Christentum nicht so gesprochen, dass nach Art der Religionsgeschichte Motive und Ideen zu ihrem ersten Ursprung hin verfolgt werden, indem Überlieferungen, Beeinflussungen und Ähnlichkeiten festgestellt werden. Es geht vielmehr darum, Wesen und Inhalt der Mysterien und des Christentums im Lichte der eigenen mystischen Erfahrung zu verstehen, Rudolf Steiner formuliert: «Niemand kann die historische Wahrheit solcher Urkunden, wie es die Evangelien sind, richtig erkennen, der nicht zuerst den in ihnen liegenden mystischen Sinn in sich erlebt hat.»[1] Nun wird der heutige Religionsgeschichtsforscher hier einwenden wollen, dass eine derartige Erkenntnisart die Gefahr in sich berge, dass den alten Mysterien ein Sinn untergeschoben würde, der einem höchst subjektiven Erleben entstamme. Im Prinzip ist diese Gefahr nie von der Hand zu weisen, im einzelnen Falle wird sich aber immer zeigen lassen, ob das Verstehen aufgrund des eigenen mystischen Erlebens die überlieferten Inhalte sinnvoll und ohne sie zu vergewaltigen erschließt oder ob nur eine subjektive Meinung, ein Einfall an ein Dokument angehängt wird. Der Religionsgeschichtler muss sich aber auch selber sagen, dass seine Interpretation – etwa des Christentums als einer Synthese verschiedener antiker Glaubensvorstellungen – auf einer bestimmten subjektiven Meinung von dem, was das Wesen einer Religion sei, beruht, wenn er sich nicht auf die Klassifizierung von Chiffren beschränkt, ohne auf deren Sinn einzugehen. Da ist es dann methodisch sinnvoller, das eigene Vorverständnis und die Ziele und Voraussetzungen des Erkennens auszusprechen und sie bewusst in den Erkenntnisvorgang einzubringen.

Die Geschichtserkenntnis hat es nun aber nicht nur mit der Aufgabe zu tun, mystische und religiöse Inhalte zu verstehen. Die Geschichte birgt in sich auch eine allgemeine geistig-seelische Entwicklung der Menschheit, die sich zum Beispiel in der

1 Rudolf Steiner: Die übersinnliche Welt und ihre Erkenntnis (1904); jetzt in: R. Steiner: *Luzifer-Gnosis 1903-1908. Gesammelte Aufsätze*, Dornach 1960, S. 147.

Entwicklung der Philosophien und in den Künsten äußert. Betrachtet man die Philosophien unter diesem Gesichtspunkt als Äußerungen der verschiedenen Weisen, in denen sich die Seele Aufschluss über die Welt und über sich selbst zu verschaffen strebt, so besteht die Möglichkeit, in den Fragen und Problemen der Philosophien einen Ausdruck der menschlichen Seelenentwicklung zu erkennen. Rudolf Steiner hat eine derartige Geschichte der europäischen Seelenentwicklung geschrieben, das Buch *Die Rätsel der Philosophie* (1914). In ihm werden die Philosophien und Philosophen freilich keineswegs als die Verursacher dieser Entwicklung verstanden. In ihrem Denken zeigt sich vielmehr in Gedankenform, wie sich die Stellung der Seele zur Welt und zu sich selbst im Laufe der Jahrhunderte änderte. Während die Philosophie naturgemäß in besonderem Maße die Entwicklung der Gedanken und des Denkens erkennbar werden lässt, offenbaren Malerei, Musik und Dichtung den Wandel der Sehweisen und der Emfindungen. Beide aber, Kunst und Philosophie, haben es trotz aller speziellen Entwicklungen und regionalen Unterschiede mit einer grundlegenden, allgemeinen Entwicklung zu tun, die in vieler Beziehung auch ein Licht auf die gesellschaftlichen und politischen Entwicklungen wirft. Trotzdem kann man aber nicht so vorgehen, dass man die eine Entwicklung aus der anderen ableitet. Die Geschichte muss vielmehr als Ganzes betrachtet werden, in der alle Erscheinungen der Ausdruck oder das Symptom einer umfassenden Entwicklung sind.

Wendet man sich nun der ganzen Geschichte zu, um ihre kulturellen, gesellschaftlichen, politischen und ökonomischen Entwicklungen zu verstehen, so sollte vorher ein mögliches Missverständnis abgewehrt werden. Die symptomatische Geschichtsbetrachtung macht darauf aufmerksam, dass ein Verständnis der Geschichte von dem Durchschauen der einzelnen Tatsachen abhängig ist, sie sucht hinter den Symptomen die tieferliegenden Impulse. Diese allgemeinen Impulse kann man aber nicht aus einem prinzipiellen Wissen a priori ableiten, auch gewisse allgemeine Kenntnisse über die Seelenentwicklung können nicht unvermittelt an die historischen Tatsachen herangetragen werden. Geschichte ist eine Erfahrungswissenschaft, und der Historiker wird im einzelnen Falle immer neu die Symptome dadurch entschlüsseln müssen, dass er sich zunächst mit allen Mitteln des genauen Studiums der Quellen durch die Erscheinungen dem nähert, was in den Erscheinungen lebt; indem er sich von den Erscheinungen belehren lässt, wird er versuchen, in seiner eigenen Seele das lebendig zu machen und nachzuschaffen, was die Erscheinungen hervorgebracht hat.

Damit ist die erste Aufgabe des Historikers selbstverständlich die genaue Beschreibung der Tatbestände. Das ist in der Geschichte wesentlich schwieriger als in den Naturwissenschaften, weil der Versuch gemacht werden muss, die Tatbestände aus den verschiedensten Unterlagen heraus zu rekonstruieren, da Geschichte nicht in eben dem Sinne ein Vorliegendes ist wie die Naturtatsachen. Die Rekonstruktion der Geschichte lässt erkennen, dass der Ablauf der Ereignisse von höchst unterschiedlichen Faktoren beeinflusst wird: Naturereignisse brechen wie von außen in die Geschichte ein. Sie können historische Vorgänge auslösen oder beschleunigen. Feste, eingeführte Lebensformen, stereotype Handlungsweisen werden mit der Zeit zum Typus, der sich mit Notwendigkeit tausendfach wiederholt. Die Lebensformen stabilisieren Geschichte, Bewegungen, die relativ plötzlich auftreten, deuten auf neue Stimmungen, Bewusstseinslagen und Krisen. Sie sind leicht erkennbare Symptome.

Äußere Einwirkung

Nun kann man in dieser so mehr oder weniger sicher rekonstruierten Geschichte ganz verschiedene Ereignisse, Tatsachen und Verhältnisse bemerken. Erstens gibt es Tatsachen, die wie Naturtatsachen auftreten und doch auch historische Bedeutung haben können.

Drei Beispiele: Eine Sturmflut kann große Gebiete festen Landes überschwemmen und die don wohnenden Menschen zur Flucht zwingen. Vielleicht wurde auf diese Weise die Wanderung der Kimbern und Teutonen ausgelöst. Oder: Ein Fluss, an dem eine Handelsstadt liegt, versandet, es fehlt die Technik, den Fluss wieder schiffbar zu machen; die Handelsstadt wird so unter bestimmten Bedingungen ihre Bedeutung verlieren. Dies war der Fall in Brügge. Oder: Eine Krankheit wird in ein Land eingeschleppt und fordert als Seuche ungeheure Opfer. Dies geschah 1347 mit der Pest, die dann durch Jahrzehnte in ganz Europa wütete. Sie führte zu einem starken Bevölkerungsrückgang und hinterließ tiefe Spuren im Bewusstsein der Zeitgenossen.

In diesen Fällen werden geschichtliche Ereignisse durch wirkliche Natur-Ursachen bewirkt, aber in der Art, wie auf sie reagiert wird, zeigt sich, dass diese Ursachen etwas ganz anderes werden, wenn sie in die Geschichte eintreten, denn Menschen und Völker reagieren auf äußere Einwirkungen in sehr unterschiedlicher Weise. Die von den Naturvorgängen veranlassten Handlungen und Änderungen des Lebensgefühls treten in den Kreis geschichtlicher Ereignisse ein und folgen hier nicht den natürlichen Gesetzen, sie sind vielmehr erlebte, sinnvolle Taten und Leiden, die im Bewusstsein gelenkt werden.

Der historische Typus: eine Lebensform

Zweitens gibt es in der Geschichte so mächtige Wandlungen der Lebensweisen, dass diese Wandlungen – die selber zu den Symptomen erster Ordnung gehören gewisse – typische Erscheinungen hervorbringen: die Sesshaftwerdung ließ als Typus des menschlichen Zusammenlebens das bäuerliche Dorf entstehen, in den Hochkulturen entwickelte sich die Stadt, die industrielle Revolution zog Fabriken nach sich. Diese Erscheinungen sind als fortdauernde Ordnungen wandelbar, aber sie sind auch eindeutige Gestalten, die in den verschiedensten Metamorphosen wiederzuerkennen sind. Überdies sind sie auch Symptome einer bestimmten Geistesart. – Ein Beispiel für einen historischen Typus sind die in der Geschichte des europäischen Mittelalters wieder erneut begründeten Städte. Diese sind als solche gewiss ein Symptom. Die Städtegründung bringt eine bestimmte Gestalt hervor: die mittelalterliche Stadt. Trotz individueller und regionaler Varianten kann man diesen Typus mit ähnlicher innerer Organisation und äußerem Erscheinungsbild deutlich erkennen. Die mittelalterliche Geschichte kennt eine größere Anzahl derart typischer Gebilde: das Dorf, das Kloster, Burg und Rittertum, die mittelalterliche Universität. Man hat es hier mit historisch gewordenen Lebensformen zu tun, die in ihrem jeweiligen Auftreten und in ihren Entwicklungsstufen durchaus als Symptome, d. h. als Ausdruck eines historischen Impulses, zu erkennen sind. Als Lebensformen, als Typus zeigen derartige Gebilde eine recht große Stabilität.

Will man diese Symptome verstehen, so gibt es zwei Ansätze: Einmal kann man dort, wo die Verhältnisse gut erkennbar sind, zunächst den Gründungsimpuls betrachten, Für die Klöster zeigt sich das in der Begründung des Benediktinerordens durch Benedikt von Nursia, in der Ordensregel, vor allem in dem Grundsatz «ora et labora»; durch ihn wird das bis dahin weltflüchtige

Mönchtum an irdische Arbeit gebunden. Es entsteht eine konturierte Lebensform, die sich als beständig erweist. Zugleich wird aber mit der Gründung eines Klosters ein Raum geschaffen, der sich aus der weltlichen Welt herausgliedert. Man bemerkt das Bedeutsame und Zukunftweisende des Impulses, wenn man sieht, dass die Benediktinerklöster später überall Zentren einer Kultur wurden, die durch das Ergreifen irdischer und geistiger Aufgaben den Grund der westeuropäischen Kultur legten. In Bauten, Skriptorien und Klostergärten, in Hospitälern schufen sie in einer wilden Welt Inseln des Friedens und Bereiche, in denen das Geistige konkret werden konnte. Der zweite Ansatz zum Verstehen dieser Symptome ergibt sich, wenn man die Entwicklung einer derartigen Lebensform verfolgt. Hier kann man bei der Klosterkultur bemerken, dass sie sich durch die Aufnahme neuer Impulse, die den geistig-religiösen Auftrag des Evangeliums immer erweiterten, verjüngte. Anschaulich wird das in den Reformbewegungen von Cluny und Citeaux, von Franziskus und Dominikus. Ähnliches könnte man für die Städte des Mittelalters andeuten.

Bewegungen

Eine ganz andere Art Symptom stellen die kleinen und großen Bewegungen dar, die Menschen ergreifen. Man kann da an die Kreuzzugsbewegung, an die devotio moderna des späteren Mittelalters, an den Hexenwahn der frühen Neuzeit oder an die nicht so sehr ins Auge springende Bewegung des Pietismus, an die Jugendbewegung des 20. Jahrhunderts denken. Diese Bewegungen werden oft von religiösen Gefühlen geleitet. Studiert man die Kreuzzüge als Symptom, so kann man nicht umhin, das Fragwürdige, ja Kranke in dem sie tragenden Impuls zu erkennen, Die Kreuzzüge entstanden in einem Europa, das durch den Kampf zwischen Kaiser und Papst aufs Tiefste erschüttert war, der erste Abendmahlsstreit des Abendlandes (Berengar von Tours) war vorhergegangen. Die Christen des Westens hofften im Osten etwas zu finden, was sie verloren hatten. So löst der Aufruf des Papstes eine Massenbewegung aus, deren fragwürdiger Charakter bereits an den Verfolgungen der Juden durch die Kreuzfahrer in Mainz und Köln, in Speyer und Worms früh deutlich wird. Den Gipfelpunkt erreichten Grausamkeit und Plünderung nach der Erstürmung Jerusalems im Juli 1099 – alles zusammen nicht nur eine Suche nach dem Ursprung, sondern eine Sucht, die aus der verlorenen Einheit von Kaiser und Papst, von Geistlichkeit und Weltlichkeit entstand. Ein ganz anderes Bild würde sich bieten, wenn man die Bewegung der Brüder des gemeinsamen Lebens (die devotio moderna) beschreiben würde. – In diesem Sinne tragen die geschichtlichen Symptome, die sich in historischen Bewegungen zeigen, deutlich einen überindividuellen Charakter, der die ganze Bewegung prägt.

Das Verstehen der inneren Impulse

Das historische Verständnis für das, was in den Symptomen sich ausdrückt, erfordert, dass man das ganze Umfeld eines Symptoms und die Folgen, die sich zum Beispiel aus einer Bewegung oder der Änderung der Lebensweise ergeben, zusammenschaut. Dieser Blick auf das Umfeld der einzelnen Erscheinung gibt Sicherheit und zeigt dem Historiker, dass er nicht einer Schimäre nachjagt. Aber all das hängt doch vom Ergreifen dessen ab, was dem Symptom zugrunde liegt. Man kann zum Beispiel die Mitte des 19. Jahrhunderts studieren, die Zeit von 1830 bis 1870, und man wird bemerken, dass Forscher sich mit dem größten Eifer der materialistischen Erkenntnisrichtung zuwenden. Hatte das Denken vorher über große Zusammenhänge nachgesonnen und spekuliert, so wendet man sich nun von den großen, umfassenden Anschauungen dem greifbaren, dem mikroskopischen Detail zu. 1836 entdeckt Theodor Schwann die eißweißverdauende Funktion des Pepsins, 1838 begründet Schleiden die Zellenlehre, 1839 entdeckt Schwann den Zellkern, 1841 beschreibt Kölliker die Befruchtung des Eis; um 1858 schließt sich an diese Vorarbeiten die von Pasteur begründete Bakteriologie und die von Virchow begründete Zellularpathologie an. Bekannter ist, dass Marx in diesen Jahren (etwa seit 1844) beginnt, seine materialistische Geschichtsauffassung auszubilden, dass Darwin seine Deszendenztheorie veröffentlicht, dass Haeckel diese Auffassung mit dem biogenetischen Grundsatz verbindet, dass Gobineau seine Rassenlehre schreibt, dass Büchner, Vogt und Moleschott ihren grobklotzigen Materialismus predigen. Die Reihe ließe sich fortsetzen. Will man nun die Symptome nicht nur äußerlich konstatieren, so wird man versuchen, diese Entwicklung, die aus der Weite der humanen Weltanschauung, vertreten von Schelling und Humboldt, von Pestalozzi und Owen, von Hegel und Goethe, zur materialistischen Auffassung, die von einem Virchow, Haeckel und Marx begründet wird, führt, innerlich nachzuvollziehen. Im Nachvollzug bemerkt man nicht nur den Übergang vom Idealismus zum Faktizismus, nicht nur die Zusammenziehung der weitgespannten Gedanken zur einseitig naturalistischen Interpretation der Tatsachen, sondern auch und vor allem den kämpferischen Eifer, die fast religiöse Begeisterung, mit der die neuen Dogmen verkündet werden.

Vertieft man sich in diesen merkwürdigen Impetus, der in unterschiedlichen, vordergründig sogar gegensätzlichen Denkrichtungen zu konstatieren ist, der etwa in der Philosophie in drastischer Art bei Eugen Dühring ebenso auftritt wie bei dessen

Gegner Friedrich Engels, im Sozialdarwinismus eines Winwood Reade erscheint und schließlich in Nietzsches Spätphilosophie triumphiert, so wird man gewahr, dass dieser Impetus nicht etwas ist, was sich aus der nüchternen Erkenntnis der von der Wissenschaft zutage geförderten Tatsachen ergibt. Dieser Impetus erscheint dann vielmehr als der Ausdruck eines Willens, der wie eine geistige Epidemie die Menschen ergreift und der dann in der Wendung zur Realpolitik, zu einem übersteigerten Nationalismus, zum Imperialismus, zum Antisemitismus und einem gedanklichen und praktischen Materialismus populär wird. Der in der Geschichte wirksame Impuls wird auf diese Weise nicht nur als ein philosophiegeschichtliches Problem gesehen, man erlebt ihn sowohl als totale Änderung der Denk- und Sehweise wie auch als eine die Seelen ergreifende Kraft, die sehr kräftige Gefühle und Urteile hervorbringt und schließlich eine das Handeln prägende Gesinnung produziert.

Veränderungen in der Geschichtsauffassung

Herrschende Geschichtsauffassungen sehen in der Geschichte ein breites Netz von Kausalketten, wobei man annimmt, dass das Frühere das Spätere bewirke. In der Gewichtung der einzelnen Faktoren unterscheiden sich die heutigen Geschichtsauffassungen. Die materialistische Geschichtsauffassung erblickt in den ökonomischen Vorgängen und Strukturen die eigentlich wirksamen Faktoren, die Geschichte gestalten; die politischen Einrichtungen und die Ideen einer Zeit werden als politischer und ideologischer Überbau angesehen. In einer überspitzten Formulierung kann man dann paradigmatisch die Reformation «als den ideologischen Ausdruck tiefgreifender Veränderungen auf dem europäischen Wollmarkt» betrachten. Eine idealistische Geschichtsschreibung wird hingegen die Ursachen der Reformation in bestimmten Ideen suchen und sie ideengeschichtlich von Wycliffe, Hus und der nominalistischen Geistesströmung herleiten und die Bedeutung der vorreformatorischen Entwicklung Luthers betonen. In jedem Falle ist aber auch in komplexeren Geschichtsauffassungen das Frühere die Ursache des Späteren. Hegel und Marx, beide sehen in diesem Sinne die Geschichte als eine gesetzmäßige Entwicklung, die trotz dialektischer Umschläge und Sprünge letztlich kontinuierlich ist. Aus diesem Begriff von Zusammenhang und Kausalität entspringt dann auch die Vorstellung, man könne bei hinreichender Kenntnis der Faktoren der Geschichte die kommenden Entwicklungen vorhersagen.

In seinen Vorträgen zur geschichtlichen Symptomatologie (1918) betont Rudolf Steiner dieser Auffassung gegenüber das Diskontinuierliche an der Geschichte, ihre «Offenheit». Ideell kann man das leicht verstehen, wenn man von der Idee der Freiheit ausgeht: Gesetzt den Fall, die Menschen wären freie Wesen, die zu eigenen Entscheidungen, zur Verantwortung und zu freien Handlungen in der Lage wären, so müsste dort, wo Freiheit real ist, die Kausalität unterbrochen sein. Aus Freiheit würden dann ständig neue Impulse in die Geschichte einfließen. Diese Argumentation aus der Idee heraus ist gewiss für die Analyse des Geschichtsgeschehens nicht hinreichend. – Aber ein empirisch vorgehender Historiker kann auch durch empirische Analyse zu einer Ansicht kommen, die in dieser Hinsicht der Rudolf Steiners sehr nahe steht. Geoffrey Barraclough schreibt in der Einleitung zu dem Buch *Tendenzen der Geschichte im 20. Jahrhundert* das Folgende: «Nach meiner Ansicht ist die Kontinuität durchaus nicht der auffallendste Zug der Geschichte. Bertrand Russel hat einmal gesagt, dass das Universum ganz aus Punkten und Sprüngen bestehe (*The Scientific Outlook*, 1931, S. 98), und mein Eindruck von der Geschichte ist fast der gleiche. An jedem großen

Wendepunkt der Vergangenheit stehen wir dem Zufälligen und Unvorhergesehenen, dem Neuen und Dynamischen und dem Revolutionären gegenüber. In solchen Augenblicken genügen, wie Herbert Butterfield einmal gesagt hat, die gewöhnlichen Argumente der Kausalität allein keinesfalls, um das nächste Stadium des Geschehens, die nächste Wendung der Ereignisse zu erklären.»

Eine genaue Analyse des geschichtlichen Prozesses könnte beschreiben, wie Menschen Entscheidungen treffen. Man müsste dabei als Erstes die Situation betrachten, in der eine Entscheidung fällig ist, als Zweites müsste man herausfinden, wie der betreffende Mensch oder die Gruppe, die eine Entscheidung zu fällen hatte, über diese Situation unterrichtet war, drittens – und hier wird es bereits sehr interessant – muss man sich klarmachen, wie aufgrund der Unterrichtung die Situation gesehen, aufgefasst wurde. Bekanntlicherweise fassen Menschen ein und dieselbe Nachricht verschieden auf. Situationen sind nicht unbedingt eindeutig. Man kann Situationen missverstehen, man kann sie routinemäßig auffassen, man wird Hoffnungen oder Befürchtungen an sie anknüpfen. Die Entscheidung zu Handlungen verbindet sich oft mit verschiedenen Absichten: Der Mensch wird von Motiven bewegt. Diese Motive sind von Mensch zu Mensch verschieden, sie sind schon in der Art, eine Situation zu sehen, lebendig, sie wirken weiter in der Absicht des Handelnden. Aber der Handelnde kennt die Zukunft nicht. In einer stabilen Situation mag sich das Verhalten anderer Menschen teilweise absehen lassen. Für die Planung der Handlung kann sich der Handelnde oder die handelnde Gruppe an alten Erfahrungen, an Meinungen oder Theorien halbwegs sicher orientieren, aber in einer komplexen Situation oder in einer rasch sich verändernden Lage, wenn Neues entsteht, sind die Folgen einer Handlung kaum kalkulierbar. Wo das Handeln also nicht impulsiv erfolgt (was recht häufig der Fall ist), kann man also nur sagen: der Handelnde wird von bestimmten Erwartungen und Absichten bewegt, diese bestimmen seine

Sicht der Dinge, aber gerade dadurch können Fehler eintreten, die Folgen der Handlung sind schwer absehbar. Der notorische Kapitalist orientiert sich also nicht am Profit, sondern an einem vorgestellten zukünftigen Profit. Eine genauere Betrachtung würde aber zeigen, dass zum Beispiel derart eindeutige Motivationen selten sind. Eine wirtschaftliche Handlung kann durchaus von dem Motiv der Sicherheit, von der Verantwortung gegenüber dem Unternehmen und seinen Angestellten und von dem Wunsch nach Profit geleitet werden. Dass aber die Situation oft «falsch» eingeschätzt und gesehen wurde, beweisen Pleiten und Konkurse. Noch schwieriger sind Handlungen zu planen und zu kalkulieren, die große Politik und Geschichte machen sollen. Die französischen Revolutionäre des Jahres 1792 hatten sich gewiss etwas anderes vorgestellt als Napoleon. Napoleon wiederum hat die Folgen seines Russland-Feldzuges «falsch» kalkuliert.

In der Geschichte gibt es also nicht etwa eindeutige, wirksame Tatsachen, sondern vor allem das menschliche Bewusstsein. Dieses Bewusstsein unterbricht fortwährend das, was von außen auf den Menschen zukommt. Durch die Unterbrechung im Bewusstsein verlieren Situationen und Tatsachen ihre Eindeutigkeit; je nach Sehweise und Denkweise, je nach Absicht und Veranlagung fassen die Menschen die Tatsachen auf. Das wird besonders dann interessant, wenn neue Grundgedanken die Menschen bewegen und ihr Sehen und Denken neu orientieren. So können relativ schnell alte Situationen, die als normal und in Ordnung befindlich galten, ganz neu bewertet werden. Je allgemeiner und prinzipieller diese neuen Gedanken oder Empfindungsweisen sind, desto weniger lässt sich ihre Wirkung absehen, sobald sie zu Handlungsmaximen werden.

Die Bedeutung der Denk- und Sehweisen lässt sich auch in der Geschichte der Völker ablesen. So können Reichtum oder Armut ganz verschieden aufgefasst werden. Unter bestimmten Umständen kann Armut zur weiteren Verelendung führen: Man empfindet Not und Armut und erwartet Hilfe von außen; wird diese

Hilfe, falls sie kommen sollte, nur passiv hingenommen, so hilft sie nicht weiter. Armut kann aber – ebenso wie Not – erfinderisch und arbeitsam «machen», besser und richtiger gesagt: die Menschen antworten auf Not und Armut mit Anstrengung und Erfindergeist. Ebenso gibt es in der Geschichte Beispiele für die Tatsache, dass große Geld- oder Goldmengen, dass Kredite einem Land, einer Nation zuflossen. In dem einen Falle kann dieser Reichtum zur Grundlage eines allgemeinen Wohlstandes werden, im anderen Falle unterbleibt die produktive Nutzung, und nach einiger Zeit ist die betreffende Nation ärmer als zuvor.

Zu diesen Beobachtungen lässt sich noch eine weitere sehr wichtige hinzufügen, die deutlich macht, dass Geschichte keineswegs durch die aus der Vergangenheit stammenden Ursachen geformt wird. Man kann nämlich feststellen, dass eine Gesellschaft, die in einer Vergangenheit eine bestimmte Form und Ordnung angenommen hat, nach einiger Zeit langsam zerfällt. Die alten Ordnungen werden brüchig, die Verhaltensweisen greifen nicht mehr. Es gibt in der Geschichte Beispiele für derart langsam zerfallende oder stagnierende Gesellschaften. Es gibt aber auch Beispiele für Gesellschaften, die sich immer wieder erneuert haben. Diese Erneuerung erfolgt in aller Regel so, dass einige Menschen in Gedanken und Empfindungen eine neue Gesellschaft, eine neue Ordnung konzipieren: Sie entwerfen ein praktisches Zukunftsbild, sie setzen sich neue Ziele. Diese neuen Ziele stammen mit wenigen Ausnahmen selbst dann nicht aus dem Alten, wenn die Menschengruppe, die die neuen Ziele vertritt, das Neue als Wiederherstellung einer angeblich alten Ordnung ausgibt. So erneuert sich eine Gesellschaft immer aus Zukunftsimpulsen, die durch die moralische und soziale Fantasie ergriffen werden.

Schließlich muss noch auf einen weiteren Tatbestand hingedeutet werden. Spricht man in der Physik von Kausalität, so gilt das Gesetz: actio gleich reactio, die Wirkung entspricht der Ursache. In der Geschichte wirken aber immer verschiedene Daseinsebenen ineinander. Kleine Ursachen können große

Auswirkungen haben, aus einem kleinen Feuer entsteht ein großer Stadtbrand, das ist ein physikalischer Vorgang; eine kleine menschliche Unachtsamkeit kann mehr als hundert Menschen den Tod bringen. Ein Mörder kann aus privaten Gründen einen Staatsmann umbringen und so vielleicht einen Prozess der sozialen Versöhnung zum Erliegen bringen. So können Ursachen, die physisch gesehen klein sind, große Wirkungen auf sozialer, menschlicher Ebene haben. Es gibt auch das andere, dass Aktionen, die von Menschen mit großem Aufwand unternommen werden, in mancherlei Hinsicht ohne Wirkung bleiben.

Als Schema, das gewiss das vieldimensionale Ineinanderwirken von Kräften, Impulsen, Tatsachen und Zielen zum Ausdruck birngt, die die *Wirbel der Geschichte* gestalten und entstalten, könnte folgende Übersicht für den Lehrer und auch für den Schüler der oberen Klassen hilfreich sein:

Impulse
Erfindungen
neue Sehweisen

Grundlagen
Voraussetzungen
gewordene
Strukturen

Ziele, Absichten
Zukunftsnotwendigkeiten
Hoffnung

äußere Einwirkungen
wie Naturkatastrophen
einzelne Aktionen
Krankheiten

Von jedem dieser Elemente gehen ganz verschiedenartige Gestaltungen, Kräfte, Hindernisse und Wirkungen aus. *Impulse, Erfindungen, neue Sehweisen* können auf längere oder kürzere Dauer das Leben und Denken der Menschen umgestalten. *Ziele, Absichten, Hoffnungen* bewegen Einzelne oder Gruppen. Hier kann vom Gelingen oder Misslingen gesprochen werden, hier können ganz unbeabsichtigt Nebenwirkungen auftreten, die man gar nicht gewollt hat. Die *Grundlagen* sind nie zu vernachlässigen: Ohne die Existenz einer zentralen Hauptstadt wie Paris hätte die Französische Revolution einen ganz anderen Verlauf genommen, ohne den Nil keine ägyptische Kultur, ohne Kohle und Erz keine Industrielle Revolution in England. Aber die Grundlagen bringen aus sich nichts hervor; sie sind der notwendige Boden, auf dem Geschichte spielt. *Äußere Einwirkungen* können sowohl menschliche wie natürliche Vorgänge sein. Für die europäische Kultur war der Einfall der Ungarn, der Mongolen und Türken eine äußere Einwirkung, für Japan und China war der Einbruch der europäisch-amerikanischen Kultur in ihre Geschichte eine äußere Einwirkung, aber auch die Austrocknung der Sahara seit dem Jahre 10.000 vor Chr., die Pest im 14. und 15. Jahrhundert waren derartige äußere Einwirkungen, die für die Geschichte bedeutsam waren.

So erscheint die Geschichte insgesamt als ein locker geknüpfter Teppich, dessen unregelmäßige Muster und Bilder von menschlicher Entwicklung, von hemmenden und fördernden geistigen Impulsen sprechen, die sich in den Bildern zeigen und zugleich verbergen.

In einer wissenschaftlichen Abhandlung würde man diese Betrachtungen genauer und vollständiger ausführen und die Bedeutung von Voraussetzungen, Ursachen, Gründen, Zielen, Sehweisen, Einstellungen, Motiven in der Geschichte genauer darlegen. Für den Schulunterricht ergeben sich zunächst praktische Gesichtspunkte. Hat man sich von der Vorstellung befreit, dass die Geschichte ein kontinuierlicher Kausalprozess sei, so kann man sich unbefangener auf die Themen beschränken, die man für wichtig, für symptomatisch hält. Man wird nicht meinen, es sei unmöglich, die Reformation zu behandeln, wenn man nicht das Spätmittelalter durchgenommen habe. Man gewinnt den Mut zum Weglassen. Man wird auch nicht solche «Kausalketten» konstruieren, wie sie nach 1945 beliebt waren, wo man Hitler auf Bismarck, Bismarck auf Friedrich den Großen und diesen schließlich auf Luther zurückführte («mit Luther hat das Unglück Deutschlands begonnen»)! Man wird sich vielmehr auf bestimmte exemplarische Themen beschränken und sich möglichst viel Zeit für sie lassen.

Zweitens eröffnet diese Auffassung für den Lehrer eine weitere Möglichkeit. Er kann sich sagen: Für mich sind nicht alle Geschichtstatsachen gleichermaßen sprechend, es gibt Vorgänge, die mich ungemein interessieren, in ihnen erlebe ich etwas, was mich gefühlsmäßig auch heute beschäftigt, was ich in einem tieferen Sinne verstehen kann als vieles andere. Setze ich hier mit meiner privaten Vorbereitung möglichst frühzeitig an, so werde ich an diesen Themen lernen, Geschichte persönlich zu erfassen, von den Symptomen zu den Impulsen, die Geschichte gestalten, vorzudringen. Im Laufe der Zeit wird sich dann das Interesse an Geschichte erweitern. Für die Schüler wichtig ist aber, dass sie einen Lehrer und durch den Lehrer Geschichte erleben, die innerlich bedeutsam ist, die zum Menschen spricht, die begeistert.

So kann dann schließlich ein Geschichtsunterricht entstehen, in welchem die Geschichtserkenntnis die Menschenerkenntnis vertieft, weil die Geschichte durch die inneren Erfahrungen und Erlebnisse der Menschenseele beleuchtet wird. Die großen Kämpfe und Entwicklungen der Geschichte zeigen sich dann nicht als gleichgültige Fakten, die man zur Kenntnis zu nehmen hat, auch nicht allein als Lehrstücke für den politischen Unterricht, sondern als etwas, woran die Seele erwachen kann, worin sie sich und ihren Willen finden kann.

Als Beispiel symptomatischer Geschichtsbetrachtung: Geschichte als Seelenentwicklung

Empfindungsseele und Verstandesseele

Das menschliche Seelenleben kann unter verschiedenen Gesichtspunkten betrachtet und gegliedert werden. Ein Gesichtspunkt ist der, der die Entstehung eines selbstständigen inneren Seelenlebens beschreibt. Gewiss ist das nicht so zu denken, als würde das Seelenleben stufenweise «aufgebaut», indem Stufe auf Stufe aufeinandergesetzt würde, vielmehr ist das Seelenleben immer ein Ganzes, in dem schon immer die ganze Seele lebt; aber das Bewusstsein seiner Funktionen erwirbt die Seele durchaus nach und nach. Unter diesem Gesichtspunkt ist die erste Voraussetzung eines selbstständigen Seelenlebens die Bildung eigener Vorstellungen, die die Seele auch in sich bewahren, die sie wieder erinnern kann. Wichtig ist, dass hier von eigenen Vorstellungen und nicht von Vorstellungen überhaupt gesprochen wird. In einer zweiten Stufe treten die in den Vorstellungen lebenden Begriffe als solche hervor und werden nun begrifflich nach Maßgabe ihres gedanklichen Inhalts verknüpft. Auf dieser Stufe löst sich die Seele durch Abstraktion von den Vorstellungsbildern. Erst auf einer dritten Stufe erkennt sich die Seele als der Schöpfer der eigenen Gedanken, sie versucht nun bewusst diese Gedanken von innen heraus selbstständig zu gestalten und auf die Welt anzuwenden und auch sich selber an den selbst geschaffenen Gedanken zu orientieren.

Rudolf Steiner, der diese Gliederung verwendet und in den Werken *Theosophie* und *Geheimwissenschaft im Umriss* dargestellt hat, nennt die erste Stufe seelischer Selbstständigkeit, die sich noch an dem sinnlichen Vorstellungsinhalt orientiert und in ihm ganz aufgeht, Empfindungsseele; die zweite Stufe, in der aus der Vorstellung der Gedanke hervortritt und in der begrifflich gedacht wird, bezeichnet Steiner als Verstandesseele; die dritte Stufe, in der die Seele bewusst ihre eigene Tätigkeit gestalten kann, wird Bewusstseinsseele genannt.

Will man nun in der Geschichte die entsprechenden Phasen der Kulturentwicklung studieren, so tut man gut daran, zunächst bei sich selbst die entsprechenden Stadien der Seelenentwicklung zu beobachten. Geht man der Bildung von Vorstellungen nach, so kann man zwei Arten der Vorstellungen unterscheiden. Die eine Art der Vorstellungsbildung kommt von außen zustande: Die Tatsachen beeindrucken uns, wir erleben Kälte, Regen, Wind und Sonne, Wald und Wiese und lernen bestimmte Dinge oder Vorgänge mit Worten zu bezeichnen – man benennt Baum, Bach, Bär. Die zweite Art der Vorstellungsbildung fügt zum Benennen das eigene Tun hinzu, Wer mit einem Spaten umgegraben, mit einer Axt gearbeitet hat, weiß mehr von Spaten und Axt als der, der sie nur betrachtet; wer gar einen Tisch oder einen Topf hergestellt hat, weiß wirklich, was ein Tisch ist. Je stärker man durch das eigene Tun und Herstellen mit den Dingen verbunden ist, desto deutlicher bilden sich die Vorstellungen aus. Auch derjenige, der einen Gegenstand plastiziert oder zeichnet, nimmt zumindest die Form des Gegenstandes in sein eigenes Tun auf, die Vorstellungen werden konkret und gesättigt, während überall dort, wo man nur benennt oder in den Erscheinungen lebt, die Vorstellungen wenig konkret und nicht wirklich angeeignet werden. Mit dem konkreten Vorstellungsbild, das aus dem eigenen Tun geboren wird, verbindet sich ein Gefühl für die Sache, ein intuitives Wissen von der Funktion.

Die von außen bewirkte Vorstellung, die nur mit dem Benennen verbunden ist, erlebt von den Dingen wesentlich die Wirkungen, man spürt die Kälte oder die Wärme, man empfindet den Geschmack, die Wirkungen der Welt berühren einen angenehm oder unangenehm, man fühlt sich zu bestimmten Erscheinungen hingezogen, von anderen abgestoßen, man flieht sie. Auf dieser Stufe hängt das Wissen von den Dingen mit ihrer unmittelbar erlebten Gegenwart zusammen. Da man sich aber auch noch nicht in den Raum selbstständiger Vorstellungen zurückziehen kann, erlebt man unter Umständen die Eindrücke der Welt wesentlich stärker. Die durch Tätigkeit gebildete Eigen-Vorstellung kann man für sich in der Erinnerung bewahren, man kann sie auch dann haben, wenn der Gegenstand nicht da ist, und man kann sich nach dem Muster dieser Vorstellungen eine ganze Weltauffassung bilden, die dadurch charakterisiert werden könnte, dass überall Gestalten auftreten, die zielvoll und anschaulich handeln und so die Welt gestalten. Mit anderen Worten – die Welt ist von Göttern gemacht, die auf ihre Art handeln und die Welt gestalten.

So stellt man den Eindrücken die eigenen Vorstellungen und Bilder entgegen und behauptet sich in ihnen.

In der Geschichte findet man die erste wirkliche Ausbildung der eigenen Vorstellungen in den alten Hochkulturen. Diese alten Hochkulturen zeichnen sich dadurch aus, dass sie in den Städten einen Bezirk reicher menschlicher Tätigkeiten schaffen, der aus der Natur herausgehoben ist. Im Umkreis der Stadt regelt man selber planvoll die Bewässerung des Landes, man baut Kanäle und Deiche. Im Inneren der Stadt entstehen die zahlreichen verschiedenen Handwerke, arbeiten Schmiede, Wagenbauer, Weber, Maurer, Müller. Man stellt die Steine selber her, es gibt Künstler, die Statuen und Bilder schaffen, vor allem aber hält man auch in einer Bilderschrift fest, was festzuhalten ist. Ein Beispiel dieser Kultur ist Ägypten. Als Ausdruck der konkreten Vorstellungen erscheinen nicht nur die zahlreichen Bildwerke und Plastiken, die man in Gräbern und Tempeln findet und die das gesamte Leben der Ägypter noch einmal bildhaft darstellen, auch die Bilderschrift der Hieroglyphen ist – auch dort, wo sie Lautwerte darstellt – Repräsentant des Lebens in Vorstellungen. Ebenso werden die Götter als Gestalten in einer Überfülle von Bildern vorgestellt. Dass dies eine Kultur der Vorstellungen ist, kann man daran sehen, mit welcher Präzision die einmal gewonnenen Formen über Jahrhunderte hin bewahrt und immer weiter wiederholt wurden. Einmal geprägte Bilder und Typen behielt man in bestimmter Form bei, das Bild des Pharao, das Bild des Staates, das Bild der Götter, die Vorstellungen vom Leben nach dem Tode blieben über Jahrtausende stabil. All das beruht darauf, dass man in einer Welt lebte, die durch Handwerker und Bauern, durch Bauleute und Priester immer nach denselben Verfahren geschaffen wurde. Man kannte die Gestalt der Welt durch viele individuelle Arbeiten, man hielt sie unter bestimmten Aspekten in Bildern fest, man bewahrte durch die Mumifizierung die Gestalt über den Tod hinaus. Aber man bildete keine Begriffe. Da man Wasser nur in Form des Nils kannte, war das, was in anderen Ländern als Wasser auftritt, «der Nil, der vom Himmel herabkommt, um auf den Bergen Wellen zu schlagen wie ein Meer und um die Felder zu feuchten». Euphrat und Tigris, die nicht wie der Nil von Süd nach Nord, sondern von Nord nach Süd fließen, waren die «kreisenden Wasser, die stromaufwärts fließend stromabwärts fließen». Das Bild der Welt wird an den Erscheinungen gebildet und bleibt bei den Erscheinungen, die in Vorstellungen gefasst ihre Gestalt gewinnen.

Will man den Fortschritt der Seelenentwicklung von der Vorstellung zum Verstand beobachten, so braucht man nur die Handlungen von ihren konkreten und traditionell gegebenen Formen zu lösen und sie im Hinblick auf ihre Funktion zu betrachten. Das Handeln wird als ein Bewirken, ein Formen oder Widerstandleisten im Hinblick auf Absichten, Ziele und Zwecke gesehen, und die jeweilig spezifische Form des Handelns wird im Hinblick auf Ziel und Zweck als Mittel gesehen. So kann man sich dann vorstellen, dass auf verschiedene Weise erzogen oder regiert wird. Ebenso erkennt man ein und dieselbe Sache, etwa das Wasser, in verschiedener Form: als Eis, als Flüssigkeit und als Dampf. Indem das möglich ist, kann man sich auch über das zweckvolle Handeln unterhalten: Man kann diskutieren und vergleichen, man kann sich Möglichkeiten denken, man sieht Alternativen. So entsteht eine Welt der Gedanken. In der Natur erkennt man nicht nur Dinge, sondern auch Prinzipien und Bedingungen des Hervorbringens, des Wachsens, der Fortpflanzung, man erkennt Gattungen, Gemeinsamkeiten und Differenzen. Man lernt aus dem Sichtbaren und Bekannten auf Unsichtbares zu schließen: Da alle Dinge hervorgebracht sind, schließt man auf den hervorbringenden Grund. Diese Regeln des Schließens und Argumentierens kann man in Regeln und Gesetze fassen – das ist die Logik.

Wer aber so frei denken kann, kann sich auch andere Formen der Darstellung denken, er ist nicht auf die traditionellen Formen der Darstellung angewiesen, er geht von einem gedanklich gefassten Thema aus, und er versucht es immer auf neue Weise zu gestalten. So wird man mit den ausdruckschaffenden Kräften bekannt, und natürlicherweise hält man die schaffenden Kräfte für wichtiger als das Geschaffene. Wer im menschlichen Handeln so schaffende Kräfte, Ausdruck und Plan wahrnimmt, kann auch nach dem fragen, was in der Welt auf diese Weise schöpferisch wirkt, und vielleicht wird er auch nach dem Plan fragen, der allem zugrunde liegt und der sich in Ausdruck und Zeichen kundtut. Die obersten Ziele und Zwecke des Handelns erfährt man aber auf dieser Stufe der Entwicklung als Gegebenheiten, die naturnotwendig vorhanden sind. So wie der einfache Handwerker meint, sich nach Naturgesetzen zu richten, so wie der Denker meint, die Kräfte der Natur in Gedanken zu fassen, so ergreift man auch die obersten Ziele und Zwecke als von Gott oder der Menschennatur gegebene Zwecke. Gewiss kann man an einzelnen Zwecken zweifeln – Skepsis ist nicht ausgeschlossen –, aber im Prinzip ist man von der objektiven Gültigkeit der Weltgesetze und von der objektiven Gültigkeit einer Moral, von dem objektiven Vorhandensein Gottes überzeugt, auch wenn man im Einzelnen an ihnen zweifelt und zu verschiedenen Vorstellungen kommt.

Der historischen Ausformung dieser Seelenentwicklung begegnet man bei den Griechen, Römern und Juden und auch noch im Mittelalter. Wenn ein Thales behauptet, dass das Wasser das Grundelement der Welt sei, so verfolgt er das Wirken des Wassers in allen seinen Gestalten. Wenn ein Heraklit weiß, dass sich alle Menschen am Wort und durch das Wort orientieren und verstehen, dass sie im Wort das Gesetz des Handelns ergreifen, nach dem sie sich richten sollten, so erkennt er im Wort das ordnungstiftende Denken. An Solon kann man vorzüglich erkennen, wie er durch seine wohlüberlegte Gesetzgebung verstandesmäßig planend die Verfassung Athens entwirft: Das Recht wird zweckmäßig gestaltet im Hinblick auf die Nöte der Stadt, und neunzig Jahre später wird ein Kleisthenes dieses Recht wieder umgestalten und den neuen Notwendigkeiten anpassen. Bedeutsam ist, dass die Athener das Vertrauen zu derartigen ausgemachten Regelungen hatten, dass sie sich vom Gesetz und nicht von einem Mann regieren lassen wollten. Man baut auf die Leistungen des Verstandes. Auch in der Kunst geht es nicht darum, bewährte Vorstellungen zu erhalten, sondern immer Neues zu erfinden. Die Themen der alten Sagen werden von Aischylos, Sophokles und Euripides immer neu und anders gestaltet, in der Plastik wandelt sich die Art, den Menschen darzustellen. Oft ist in den Darstellungen, etwa am Parthenon, auch ein gedanklicher Sinn, in jedem Falle eine Komposition zu erkennen.

Dass in dieser Kultur des Verstandes nach einer gewissen zeitlichen Vorbereitung dann der Verstand in der demokratischen Diskussion öffentlich gepflegt und in der Schule vorbereitend geübt wird, dass in der Philosophie des Aristoteles die Regeln des Verstandes, die Logik des Schließens auch verstanden wird, zeigt dann deutlich, wie Lebensformen und Gedanken übereinstimmend durch das Prinzip des Verstandes bestimmt werden. Aber man kann auch sehen, dass eine innere Werthaltung und Wertauffassung in dieser Kultur ganz selbstverständlich lebte. Man verehrte die Orakel und Mysterien. Von Delphi und anderen Orten gingen Weisungen aus, die weithin beachtet wurden und die auch gerade ein fragender Denker, der das Wesen der menschlichen Verstandestätigkeit voll zur Erscheinung brachte, nämlich Sokrates, befolgte.

In der Kultur Roms wurde die Verstandestätigkeit wiederum im sozialen Bereich geübt. Man erkannte die Bedeutung des Gesetzes und des Prozesses. So wie der Grieche die Logik zur Entfaltung brachte, so entwickelte man in Rom einen Sinn für rechtliche und politische Verfahren, wobei selbstverständliche Voraussetzung die Kenntnis des Rechtes war, das die Kinder in der Schule auswendig lernten. Daneben aber hat das Römertum den Verstand vor allem in den Dienst der Praxis gestellt: Straßenbauten, Aquädukte, Thermen, riesige Kloaken, Häuser mit

Fußbodenheizung wurden gebaut und machten das Leben annehmlich, ferner funktionierte eine Reichspost, eine Konservenindustrie und vieles andere, was einen erheblichen Aufwand an Gedanken und Planung erforderte. Während sich die Intelligenz der Griechen noch vorwiegend kosmischen Vorgängen und allgemein-gesellschaftlichen Prozessen zuwandte, verbindet sich die Verstandestätigkeit bei den Römern mit handfesten Interessen: In Rom wird das subjektive Recht der einzelnen Bürger, die stabile und nützliche Architektur und das Commercium im großen Stil entwickelt. Im Judentum schließlich tritt das Verstandesmäßige in der Gesetzesreligion hervor.

Im Mittelalter wird das Verstandeswissen in einer höchst merkwürdigen Form wieder neu erworben, indem dem Mittelalter nach und nach die antiken Autoren bekannt werden. Dieses gesamte Gedankengut der Antike wird im Zeichen der christlichen Religion noch einmal gedacht, gesichtet, geordnet und schließlich in ein System gebracht. Man geht dabei äußerst gewissenhaft vor, indem man zu allen wichtigen Fragen und Unterfragen die damals bekannten Äußerungen antiker Philosophen, der Bibel und der Kirchenväter samt der Konzilienbeschlüsse sammelt und die Sätze insgesamt im Ja/Nein-Verfahren entweder bestätigt oder ablehnt oder ihren Sinn neu klärt. So entsteht durch die sorgfältige Diskussion aller wichtigen Fragen aus dem alten Gedankenmaterial ein neues Gedankenbild der Welt. Das Bedeutsame an diesem Vorgang ist, dass auf dieser Stufe der Entwicklung die Gedanken nicht mehr gleichsam naiv aus der Natur gewonnen werden, sondern dass sie bereits als gedachte Gedanken auftreten, dass ihre Wahrheit nicht mehr an der Natur geprüft wird, sondern dass ihre Wahrheit nun an der christlichen Lehre bestimmt wird. Die Gedankenwelt erhält auf diese Weise eine historische Dimension, jeder Gedanke hat seinen Autor oder seine Autoren, seine Geschichte, seine Gegner und Freunde. Das ordnende Prinzip der Gedanken hat sich nach innen verlagert: Der Kosmos der Gedanken richtet sich nicht am Mitdenken mit den Naturerscheinungen aus, sondern Wahrheit bestimmt sich aus der Offenbarung des Geistes, der in der christlichen Religion lebt.

Das soziale Leben des Mittelalters durchläuft verschiedene Stufen. Zunächst hat man es mit Kulturformen zu tun, die in vieler Beziehung noch auf ganz frühen Entwicklungsstufen stehen. Die Aneignung der Kultur einschließlich der Gestaltung des sozialen Lebens steht aber auch im Zeichen bestimmter historisch überlieferter Gedanken. Man will das Römische Reich erneuern, mit dem Titel des Kaisers knüpft man an Cäsar an, aus dem jüdisch-christlichen Bereich wird die Woche eingeführt, das Mönchtum ist eine aus der Spätantike stammende Lebensform, die sich streng an die Regeln des Benedikt von Nursia hält. Ganz deutlich ist die christlich-gedankliche Orientierung in den Kreuzzügen, das Aufgreifen der römischen Rechtstradition wird im Kirchenrecht erkennbar. Am eindrucksvollsten lässt sich die gedanklich-traditionelle Konzeption an den gotischen Kathedralen nachweisen. Vom Grundriss bis zur Dachform, von der Gestaltung der Beleuchtung bis zu den Figuren und Säulen ist alles von gedanklichem Sinn durchdrungen.

Die Entwicklung der Bewusstseinsseele

Die Empfindungsseele ist in der Vorstellungstätigkeit noch ganz an die äußeren Anregungen der Sinneseindrücke hingegeben, und im Vorstellen vergisst sie ihre Eigentätigkeit und schreibt alle Bestimmung dem Objekt zu. Auch die Verstandestätigkeit wendet sich nach außen: Von Beobachtungen und Vorstellungen angeregt, meint sie die Gedanken den Dingen zu entnehmen; Kriterium der Wahrheit ist die Übereinstimmung der Gedanken mit der Objektivität. Erst auf der Stufe der Bewusstseinsseele tritt langsam die Erkenntnis auf, dass die eigene Tätigkeit, die eigene Art zu sehen, zu hören, dass die eigenen Gedanken unserer Auffassung der Dinge das Profil geben, dass unser Umgang mit den Dingen durch unser Tun jene Eigenart der Dinge zur Erscheinung bringt, die wir als Gedanken fassen. Die Hinwendung zu dieser Eigentätigkeit erfordert die Umkehr der Aufmerksamkeit, sie ist die eigentliche kopernikanische Wende. Durch diese kopernikanische Wende erhält die Außenwelt eine ganz andere Bedeutung. Freilich gewinnt dieses neue Bewusstsein nur langsam in uns an Raum, zumal die anderen Seelenhaltungen fortbestehen. Zunächst wird man sich der Bedeutung der eigenen inneren Haltung überhaupt bewusst. Man sagt sich: In allem Handeln und Denken kommt es darauf an, dass ich selber dahinterstehe, mit meinem Tun identisch bin, von meinen Gedanken selber überzeugt bin, dass ich das wirklich vollziehen kann, was ich denke. Ferner bemerkt man, dass die Einzelnen je von einem anderen Standpunkt aus die Welt betrachten, dass die Dinge sehr viele verschiedene Aspekte haben, die man dann selber in diesem Sinne erforschen will. Das sich so erhöhende Selbstbewusstsein führt zum unkonventionellen Handeln, zum Handeln nach je eigenen Plänen. Auf einer nächsten Stufe versucht man dann die Welt, die man bisher eher betrachtet und bearbeitet hat, selbst neu herzustellen. Man ist mit der Natur allein nicht zufrieden, man will sie kontrolliert nach eigenen Gedanken und Absichten gestalten. Besonders an dieser Stelle tritt die Gefahr auf, dass man wieder in die Verstandeshaltung zurückfällt und das eigene Handeln, das bewusste fragende Experimentieren, vergisst und meint, man würde nur die Welt, so wie sie ist, gedanklich porträtieren.

Sobald das Selbstbewusstsein voll entfaltet ist, tritt eine neue Problematik auf, die sich in zwei Gestalten äußert: Das selbstbewusste «Ich» fragt nun in reflektierender Besinnung, nach seiner Stellung zur Welt. Die eine Frage lautet: Wie stehen denn die Gedanken, die ich aus mir heraus produziere, zur Welt? Haben sie eine Bedeutung für die Welt? Wie komme ich überhaupt dazu, mir Gedanken über die Welt zu machen? Bilden meine Gedanken die Welt ab, oder sind sie etwas, was unabhängig in den Dingen an sich existiert? Die andere Frage betrifft das Zusammenleben der vielen selbstständigen «Iche» miteinander. Wenn es für das «Ich» in erster Linie auf die eigene Überzeugung, auf das selbstständige Handeln in Freiheit ankommt, wie ist dann das Zusammenleben der Einzelnen in der Gesellschaft zu denken, wie kann es organisiert werden? Wie ist freie Entfaltung zugleich mit dem Leben in der Gesellschaft denkbar? An diesem Punkt der Entwicklung kommt alles darauf an, dass die Bewusstseinsseele nicht nur das «Ich» in sich als den Produzenten der sich selbst bestimmenden Tätigkeit erlebt, es kommt besonders darauf an, dass das «Ich» seine eigenen Inhalte bewusster erfährt. Aus dem Freiheitspunkt des «Ich» müssen neue Intuitionen geboren werden, die über das einzelne «Ich» hinausführen. Zum Unterschied von verstandesmäßigen Konstruktionen und Gedanken über die Wirklichkeit geht es darum, aus der Kraft des «Ich» etwas Neues zur Welt hinzuzufügen. Das Organ zum Fassen neuer Intuitionen ist die Fantasie. Im bewussten Erleben einer Gemeinschaft kann zum Beispiel in der Fantasie die Intuition auftreten, wie diese Gemeinschaft Gleicher und Freier durch das eigene und gemeinsame Tun neu gestaltet werden kann. Die Fantasie schafft ein Bild der Einzelnen der Gemeinschaft und der in ihnen verborgenen Möglichkeiten und fragt sich, wie diese gefördert, hervorgelockt werden können. Eine so aus der Fantasie geborene Sozial-Intuition kann Neues schaffen, das bewusst aus dem «Ich» des Menchen stammt und doch zugleich zur Sache gehört. Diese Fantasie gestaltet aus dem Geist der Freiheit und im Innesein anderer Menschen neue soziale Wirklichkeiten. Ebenso kann die Fantasie versuchen, den Naturprozess fortzugestalten, indem sie in freier Imagination Bilder entwirft, wie eine kranke Landschaft zu heilen sei, indem die Naturprozesse so zu gestalten sind, dass sich Mensch und Natur, Wald, Wiese, Acker, Baum, Gesträuch und Tier mit menschlichem Wohnen und Arbeiten ergänzen. Durch solche und andere geistige Schöpfungen bringt der Mensch einen geistigen Weltinhalt zur Erscheinung: ewas, das aus dem Wesen des Vorhandenen neue Möglichkeiten hervorlockt. So wird aus dem Geiste eine heilsame Zukunft in die Gegenwart hereingeholt. Diese Zukunft ist nicht – wie die in der Futurologie beschriebene Zukunft – die aus dem Verstand verlängerte Vergangenheit. Es ist die Zukunft aus dem «Ich», eine menschlich wiedergeborene Welt. – In der anthroposophischen Menschenkunde nennt man das «Ich», das derart den Geist der Welt in sich aufnimmt, das «Geistselbst». Die Bewusstseinsseele kann nur weiterentwickelt werden, wenn sie sich in dem beschriebenen Sinne dem Geistselbst öffnet.

Wo diese zukunftweisende Entwicklung nicht möglich ist oder nicht angestrebt wird, nimmt die Entwicklung einen problematischen Weg: Zwar leben in der Seele dann die Ansprüche auf Freiheit und Selbstgestaltung, auch sucht man den Zugang zur Welt, aber die Mittel zur Verwirklichung sind einerseits die alten Mittel des Verstandes, die sich jedoch der von der Bewusstseinsseele geschaffenen Technik bedienen, andererseits sucht man die Vereinigung mit der Welt durch Machtausübung oder Genuss. Man findet so den eigenen Willen in der Welt gespiegelt, und man verwirklicht die eigenen Wünsche durch das direkte Ergreifen alles dessen, über das man verfügen will. Wo dies nicht gelingt, wo auch die Freiheit nicht bewusst gestaltet wird, versinkt die Bewusstseinsseele in ihrer Einsamkeit und Unzufriedenheit und Melancholie, sie brütet nur dumpf vor sich hin: das Subjektive, unselig schmort es in sich selbst.

Das Bild der Bewusstseinsseelenentwicklung in der Geschichte

Die Bewusstseinsseelenentwicklung gliedert sich in der Geschichte in sehr deutlich erkennbare Abschnitte. Man kann diese Etappen der Entwicklung nicht nur im Hinblick auf die geschichtlichen Abläufe betrachten, man findet hier in der Geschichte auch manches, was wiederum die innere Entwicklung des Einzelnen beleuchtet.

1. Erschütterungen vor dem Auftreten der Bewusstseinsseele:
In merkwürdiger Weise kommt es vor dem Auftreten der eigentlichen Bewusstseinsseele zur Auflösung, ja zur Selbstzerstörung der hierarchischen Sozialsysteme, die eine äußere Spiegelung der Gedankenordnung der Verstandesseele waren: Zunächst bekämpfen sich Kaiser und Papst, beide Ausdruck oberster Ordnungsprinzipien, so lange, bis das alte, universale Kaisertum zugrunde geht (1250). Dann wird das Papsttum, das 1302 in der Bulle «Unam sanctam» in unüberbietbarer Weise seinen universalen Herrschaftsanspruch formuliert hat, im Jahre 1303 selber die Beute einer partikularen Gewalt. Es gerät unter den Einfluss des französischen Königs und wird 1309 nach Avignon verlegt. 1378 kommt es zu dem großen Schisma, es werden zwei Päpste gewählt, einer in Rom, der andere in Avignon. Für das mittelalterliche Weltgefühl war damit die Welt zuerst aus ihrer Achse gesprungen und dann zerbrochen. Verwirrung greift um sich. Wonach soll man sich richten? Die Mitte des Systems, der Schlussstein des Ganzen, war in Frage gestellt. – Zu diesem Zerfall der kirchlichen Autorität trat als mächtiger Generalbass ein Ereignis, das mit elementarer Gewalt in den beiden kommenden Jahrhunderten Europa immer wieder aufs heftigste erschütterte: 1348 war über Genua die Pest nach Europa eingeschleppt

worden. Die dürre Hand des Todes griff namentlich in die großen Städte. Oft erlag innerhalb weniger Monate mehr als ein Drittel der Bevölkerung dem tödlichen Pesthauch.

Die seelischen Auswirkungen dieser Erfahrungen kann man an einem neuen Phänomen ablesen: dem Bild des Todes in der Kunst. Überall in Europa entstehen Fresken, Holzschnitte, Skulpturen und Dichtungen, die den Tod zum Thema haben. Man denkt an den «Triumph des Todes» von Francesco Traini auf dem Campo Santo zu Pisa, an den «Danse macabre», an Holbeins Holzschnitte, an das Spiel «Jedermann», das in ganz Europa verbreitet war, an Johannes von Tepls «Ackermann aus Böhmen» und an Hunderte von anderen Werken, die alle um den Tod kreisen. Die Verwesung des Leibes, die Hinfälligkeit der Welt, die Todeserfahrung ist in der Tat die Grundlage der eigentlichen Bewusstseinsseelenentwicklung. Die Erschütterung der kirchlichen Tradition, das Unglaubwürdigwerden des Papstes und anderer hoher Würdenträger der Kirche zusammen mit dem Bewusstsein: «Nichts gilt vor des Todes Sensenschlag!» entzog den bisherigen Bewusstseinsformen, die sich auf Natur und Kirche stützten, den Boden: Weder die Kirche noch die Natur versprechen dauernden Halt. Auf sich selbst zurückgewiesen war jeder Einzelne.

Ein erstes Anzeichen dieses neuen Weltverhältnisses findet man in der Abendmahlslehre von John Wycliffe (1320 – 1384). Wycliffe konnte nicht länger glauben, dass Brot und Wein beim Abendmahl durch einen objektiven Vorgang in Leib und Blut Christi verwandelt würden. So leugnete er die Realpräsenz Christi in Brot und Wein. Bei ihm nimmt jene Auffassung den Anfang, die die Bedeutung des Abendmahles in das Subjekt verlegt: Durch die Erinnerung jedes Einzelnen an das ursprüngliche Abendmahl Christi werden Brot und Wein zum äußeren Zeichen der Kommunion, die aber wesentlich durch das subjektive Erinnern erfolgt. So kann man an Wycliffe dieses Zurückgewiesen-Sein des Menschen auf sich selbst und seine eigene innere

Kraft direkt beobachten. Überdies ist gerade bei Wycliffe der Zusammenhang mit der Erschütterung der päpstlichen Autorität durch das Schisma gut nachweisbar.

2. Erste Symptome:

Das so auf sich zurückgewiesene Individuum begann nun, sich von seinem eigenen Standpunkt aus neu in der Welt zu orientieren. Die frühe Malerei hatte sich bemüht, die Dinge, «so wie sie sind», unter Hervorhebung ihrer objektiven Bedeutung, zu malen. Der eigene Standpunkt, die eigene Sehweise kamen nicht ins Spiel. Jetzt beginnt man deutlich vom eigenen Standpunkt aus die Dinge zu erfassen. Das Ergebnis ist die Perspektive, die die Dinge im Raum um den eigenen Standpunkt beschreibt. – Ferner will man von sich aus die Welt erforschen. Die Schifffahrt der Antike und des Mittelalters war wesentlich Küstenschifffahrt gewesen. Nun kann man aufgrund besserer Messinstrumente und neuer astronomischer Kenntnisse und Theorien den eigenen Standpunkt auf dem offenen Meer berechnen. Man kann jetzt nicht mehr sehen, wo man sich befindet, muss es aufgrund von Theorien, Kenntnissen und Messgeräten berechnen. So wird das eigene Handeln nicht mehr von den unmittelbar gegebenen Sinnesdaten, sondern vom Denken geleitet, auf diese Weise wird Afrika umsegelt, Amerika entdeckt, und in diesem Entdecken lebt der Stolz des Selbstbewusstseins. Dieses Selbstgefühl und Selbstvertrauen äußert sich in Selbstporträt und Autobiografie, das Selbstvertrauen äußert sich aber auch in einer Gestalt wie Martin Luther. Er wagt es trotz einigem Zögern, sich gegen Kaiser und Reich, gegen Papst und Kirche zu stellen, gegen Konzilsbeschlüsse und die ganze Tradition zu protestieren. Er beharrt auf seiner eigenen, rein innerlich errungenen Glaubensüberzeugung: Die Seele ist unmittelbar zu Gott, sie braucht keinen Mittler. Das Echo, das er findet, zeigt, dass nun Hunderttausende so denken. Allein aus der Bibel gewinnen sie durch den Zugriff zu den ursprünglichen Quellen ihre Überzeugung, auch sie alle bedürfen keines Mittlers, keines Priesters mehr, da man selber die Schrift liest und deutet.

Im Sozialleben blitzt zu dieser Zeit zum ersten Mal die Idee der Menschenrechte auf. Die Idee des allgemeinen Menschenrechts war der Antike und auch dem frühen Christentum, die beide die Sklaverei bejaht hatten, unbekannt gewesen. Nun hat der einzelne Mensch, das Subjekt, Anspruch darauf, geachtet zu werden. In den 12 Artikeln der Bauern (1525) fordern die Bauern nicht nur, dass die Gemeinde den Pfarrer wählen soll und ihn absetzen darf, wenn er das Evangelium nicht rein und lauter predige, vor allem wollen sie nicht länger für «Eigenleute» (Leibeigene) gehalten werden, da Christus durch sein kostbarliches Blutvergießen alle, den geringsten Bauern ebenso wie den Edelmann, erlöst und befreit habe. Dem hierarchischen Denken, das die Gesellschaft «von oben» begreift und ordnet, tritt so der Impuls «von unten» entgegen, der Impuls der Selbstbestimmung der Gesellschaft durch Freiheit und Gleichheit.

3. Von außen nach innen:
Die neue Geistesart führt zu einem neuen Forschen. Man will nicht nur vom eigenen Standpunkt aus das bisher Bekannte betrachten und das Unbekannte erforschen. Man will in die Tiefe dringen, hinter die Phänomene kommen. Das ist nur aufgrund der vorgängigen Todeserfahrung möglich. Die Welt der Erscheinungen ist hinfällig, sie ist nicht mehr in erster Linie das Wunderwerk Gottes, das Buch der Natur, in dem zu lesen ist, dessen Offenbarung man annehmen muss. Nein, diese Welt ist des Todes. Die tote Welt kann man untersuchen, man kann sie sezieren, man kann mit ihr experimentieren. Nachdem in der Renaissance bereits Leonardo da Vinci und einige andere mit anatomischen Arbeiten begonnen hatten, legte 1543 Andreas Vesalius das erste große anatomische Werk *De humani corporis fabrica*

vor. 1618 wird dann von William Harvey der doppelte Blutkreislauf entdeckt, und 1628 wird diese Entdeckung in der Schrift *De motu cordis et sanguinis* veröffentlicht.

Typisch für diese Forschung ist es, dass sie zunächst den Sinnenschein durchdringt und dann versucht, denkend zu rekonstruieren, was man seziert hatte. Die neue Astronomie verfährt analog. Zuerst stellt Kopernikus die dem Augenschein widersprechende Theorie auf, Erde und Planeten bewegten sich in Kreisbahnen um die Sonne (*De revolutionibus orbium coelestium*, 1543), dann korrigiert Kepler in seiner *Astronomia nova*, von 1609 diese These, indem er die Planetenbahnen genauer als Ellipsen beschreibt und die Bewegungsgesetze mathematisch formuliert, schließlich zeigt Newton die mechanisch-materielle Konstruktion und Dynamik der Bewegungen durch das Trägheits-, Kraft-, Impuls- und Gravitationsgesetz in seiner *Philosophiae naturalis principia mathematica* (1687). Das äußerlich zerstörte alte Weltbild wird ebenso wie der sezierte Körper in Gedanken neu zusammengesetzt. Besonders klar und deutlich ist diese Neukonstruktion, wenn sie wie bei Kepler und Newton in den schieren Konstruktionen mathematischer Gesetze erfolgt: Die Seele schafft so aus der eigenen Tätigkeit ein völlig neues Gedankenbild des Kosmos. In diesem Denken, das aus reinen Begriffen die Natur neu konstruiert, erfährt sich der Mensch als Schöpfer seiner Gedanken.

Deshalb ist es kein Zufall, dass in diesem Jahrhundert Keplers und Newtons ein René Descartes lebt. Auch Descartes war Mathematiker und Naturforscher, als Schöpfer der analytischen Geometrie, die die Welt von einem Punkte aus mathematisch beschreibt, hatte er Bewegungen mathematisch beschrieben. In diesem denkenden Konstruieren, das man selbst hervorbringt und weder von außen noch durch Tradition empfängt, lebt das bewusste «Ich», und so kommt Descartes zu der Aussage: «Das Denken ist es, es allein kann von mir nicht getrennt werden. Ich bin, ich existiere, das ist gewiss. Wie lange aber? Nun, solange ich denke!» Das Selbstbewusstsein des «Ich» ergreift sich so im bewussten, denkenden Konstruieren der Welt, einer Welt, die nach Descartes eine äußere Raumeswelt (res extensa), eine tote mechanische Welt ist.

In diesen Ereignissen erkennt man das erste Auftreten der Bewusstseinsseele. Dadurch, dass sie sich von der lebendigen Natur löst, sich ihr gegenüberstellt, empfindet sie diese Natur als «tot», als bloß mechanisch. Von dieser toten Welt setzt sie die eigene Innerlichkeit ab, Diese Innerlichkeit ist nun in ihrer besten Form reine Gedankentätigkeit, die als mathematisches Konstruieren nicht aus einem Nachbilden oder Vorstellen der äußeren Natur geholt wurde, sondern allein aus der Innentätigkeit der Seele.

Im sozialen Leben treten nun auch abgeleitete Formen dieses Selbstbewusstseins auf. Der Absolutismus ist in politischer Hinsicht der Versuch, das staatliche Leben ebenso zu konstruieren, wie man in der Physik die Welt konstruiert hat. Der König erscheint in diesem System als das absolute «Ich», das von sich aus die Welt neu konstruiert: Der König legt Straßen, Kanäle und Manufakturen an, er organisiert den Außenhandel, er stellt ein stehendes uniformiertes Heer auf, und vor allem beginnt er einen Beamtenapparat zu schaffen, der nur von ihm abhängig und steuerbar ist. Der Idee nach wird auch jede andere Macht zurückgedrängt, für tot erklärt: Auf den Trümmern der Macht der Herzöge, auf der Vernichtung der Selbstständigkeit der Hugenottenstädte erhebt sich der Absolutismus, der sogar in der Architektur der Straßen von Versailles, die alle auf das Zentrum des königlichen Schlosses zulaufen, die Herrschaft eines einzigen «Ichs» symbolisiert. Dass in der sozialen Wirklichkeit dieses Prinzip der absoluten Herrschaft seine Grenzen hatte und nicht funktionierte, ist selbstverständlich.

In England scheiterte der Versuch des Königs, das französische System einzuführen, und gegen das eine «Ich» erhoben sich die vielen «Iche», jedes forderte nach dem Prinzip «My home is my castle» seine eigenen Freiheiten, den eigenen Innenraum.

In Deutschland ist die entsprechende Zeit durch den Dreißigjährigen Krieg und seine Folgen gekennzeichnet. Man erkennt darin die Krise eines Willens zur Selbstständigkeit, der noch der orientierende eigene Inhalt, der zu neuen Sozialformen führen kann, fehlt.

4. Neue Tiefe und Abstraktion:
Das einmal in Gang gekommene Suchen nach neuen Sozialformen blieb nicht in der Hand weniger. Das 18. Jahrhundert kennt neben der Kritik an den alten oder bestehenden Sozialformen, die mit der immer radikaleren Kritik an den überlieferten religiösen Traditionen einhergeht, eine weite Schichten erfassende Ideenbildung über den neuen, noch zu schaffenden Staat. Zwei Denker ragen heraus: Montesquieu und Rousseau. Während Montesquieu es unternimmt, im Interesse der Freiheit ein Gedankenbild des neuen Staates zu entwerfen, und so bei der Idee der Gewaltenteilung ankommt, geht Rousseau radikal vor. In seinem *Contrat social* konstruiert er ein neues Gemeinwesen aus dem Grundsatz der Gleicheit aller Menschen. Diese Konstruktion ruht auf Axiomen und folgt unbewusst dem Denkschema der Naturwissenschaften der Zeit Rousseaus. In der Französischen Revolution aber scheitert der Versuch, anhand der Vorstellungen Rousseaus die soziale Wirklichkeit zu gestalten: Der blutige Terror Robespierres und seiner Anhänger endet schließlich in der Herrschaft Napoleons. Die mehr umrisshaften, auf wenige praktische Maßnahmen zielenden Vorschläge Montesquieus, die in den USA zur Grundlage einer Verfassung wurden, welche noch heute – freilich in ergänzter Form – funktioniert, haben gezeigt, wie man sozial gestalten kann. Die kommende Zeit machte aber besonders durch die Missstände, die sich allenthalben – auch in den USA – zeigten, deutlich, dass die Aufgabe, eine Gemeinschaft der Freien und Gleichen auf brüderlicher Grundlage zu schaffen, weiter besteht.

In der Zeit, da in der Französischen Revolution der Versuch unternommen wurde, die Gesellschaft tiefgreifend umzuformen, alte Herrschaftsbande zu lösen und neue Zusammenhänge zu schaffen, drang auch die Naturwissenschaft tiefer in die Natur ein, begann zu lösen, zu trennen und neue Verbindungen zu schaffen. Man begnügte sich nun nicht mehr damit, die Bewegungen fester Körper mathematisch zu rekonstruieren: man konnte durch Experimente Stoffe analysieren und neue Synthesen schaffen. Das Zeitalter der Chemie hatte begonnen. 1766 entdeckte Cavendish den Wasserstoff, 1771 und 1774 entdeckten Scheele und Priesley den Sauerstoff, 1772 entdeckte Rutherford den Stickstoff, bald darauf wurde die wahre Natur der Verbrennung erkannt. Das Tor zur chemischen Analyse und Synthese war geöffnet. Eine andere Kette von Forschungen führte noch weiter ins Innere der Natur. Es war die Elektrizität, die man stufenweise entdeckte und die den romantischen Naturphilosophen bereits als das Grundprinzip der Welt erschien. Als es Michael Faraday 1831 gelang, durch Magnetfeldänderung elektrische Ströme mittels Bewegung zu erzeugen, da hatte man zu einer bis dahin in der Natur verborgenen Kraft, die sinnlich überhaupt nicht direkt wahrnehmbar ist, den Zugang entdeckt, konnte sie selber beliebig erzeugen und vielfach verwandeln. Alle bisher bekannten Energien – Wind und Wasser, Feuer und Kohle – waren irgendwie gegenständlicher Art, sie traten in der Natur offen zutage. In der Elektrizität hatte man eine Energie hergestellt, die nicht dinghaft war. Wie sich herausstellte, konnte man sie durch Drähte zu weit entfernten Orten transportieren, sie konnte überdies in Wärme und Kälte, in Bewegung und Licht verwandelt werden, sie konnte chemische Vorgänge anregen und Informationen transportieren – war diese Elektrizität nicht der Universalschlüssel zur Natur, die höchste Abstraktion, die von allen Naturerscheinungen möglich ist?

Gleichzeitig mit diesem Fortschritt der Naturerkenntnis war auch die Erforschung des menschlichen Geistes über das Prinzip des «Ich denke», das Descartes gefunden hatte, fortgeschritten.

Ausgehend von Kant waren Fichte, Schelling und Hegel vor die Tore des reinen «Ich» gelangt. Sie hatten entdeckt, dass das «Ich» sich durch eigene Tätigkeit hervorbringt, dass es von innen die Denkkraft gestaltet. Novalis hatte sich in jenen Jahren notiert: «Fichte hat den tätigen Gebrauch des Denkorgans gelehrt – und entdeckt. Hat Fichte etwa die Gesetze des tätigen Gebrauchs der Organe überhaupt entdeckt?» Und an anderer Stelle: «Der tätige Gebrauch der Organe ist nichts anderes als magisches, wundertätiges Denken – oder willkürlicher Gebrauch der Körperwelt – denn Willen ist nichts anderes als magisches, kräftiges Denkvermögen.»

Während man also in der Natur die allwandelbare Energie, die Elektrizität, entdeckt und so den Universalschlüssel zur Beherrschung und Erforschung der Natur in Händen zu halten meinte, indem man sich von allen dinghaften Energien entfernt hatte, war man in der philosophischen Entwicklung an einen Punkt gelangt, wo das selbstbewusste «Ich» durch anschauendes, aktives Denken über die mathematische Naturkonstruktion hinaus sowohl zum Erfassen des Lebendigen wie auch zum Gestalten des sozialen Organismus fortschreiten wollte. Diese Tendenz ist bei Goethe, Lamarck, später auch bei Darwin und Haeckel erkennbar: Das Thema ihres Forschens ist das Lebendige. Die beginnende Gesellschaftswissenschaft und die Geschichtswissenschaft zeigen eine ähnliche Tendenz: Man will Gesellschaft und Geschichte nunmehr wirklich erforschen, um Gesellschaft und Geschichte zu gestalten. So war in der Natur- und Selbsterkenntnis der Punkt erreicht, an dem sich die Vorhut der Menschheit von den natürlichen und traditionellen Bindungen befreit hatte und an der Schwelle der Freiheit, an der Schwelle der Selbstgestaltung stand.

5. Die Krise der Bewusstseinsseele:

Überblickt man die Situation der europäischen Menschheit in jenen Jahren, die auf den Tod Hegels und die Entdeckung der Elektrizität folgten, so sieht man, dass die Welt noch am Beginn der Industrialisierung und ihrer Folgen stand. Die sozialen Gegensätze waren noch nicht in dem Umfang und in der Schärfe aufgebrochen, der die Jahrzehnte nach 1870 kennzeichnete, größere kriegerische Auseinandersetzungen hatten mit dem Ende der napoleonischen Kriege aufgehört, der Materialismus hatte sich noch nicht in die Gemüter eingenistet, die politische Aufklärung war in Westeuropa so weit fortgeschritten, dass die Beachtung der Menschenrechte und eine freiheitliche Verfassung weitgehend als vernünftig angesehen wurden. Selbst der Nationalismus hatte in der ersten Hälfte des 19. Jahrhunderts noch eine humane Form, da sich die Völker Europas als Glieder einer großen Völkergemeinschaft begriffen. Schwerwiegende Entscheidungen waren also noch nicht gefallen, schwer lösbare Probleme noch nicht geschaffen; es herrschte eine Situation, in der ein vernünftiges gesellschaftliches Handeln mit Aussicht auf Erfolg möglich war.

In dieser Situation weitgehender Freiheit war der Bewusstseinsseele die Möglichkeit gegeben, zu einer aus ihrem eigenen Wesen geschöpften sozialen Gestaltung zu gelangen, zu einer Gestaltung, die ihr angemessen war. Zugleich aber bedeutet die Situation der Freiheit auch, dass man nicht aus dem Alten heraus gestalten kann. Man muss aus dem Nichts heraus, aus dem eigenen Willen tätig werden. Es ist dies genau der Punkt, wo die schöpferische Fantasie tätig werden muss, wo Menschen die in ihnen lebenden Intuitionen bewusst ergreifen müssen, um angesichts dieser Situation zu handeln.

Rudolf Steiner hat in einem Vortrag vom 25. Oktober 1918 – veröffentlicht in der Vortragsreihe *Geschichtliche Symptomatologie* – auf den Entscheidungscharakter der Mitte des 19. Jahrhunderts hingewiesen. Er führt aus, dass im Jahre 1845 das erste

Fünftel der Bewusstseinsseelenzeit abgelaufen sei. Zu diesem Zeitpunkt sei das Bürgertum berufen gewesen, aus den gänzlich abstrakten Ideen des Liberalismus zu einer Sozialgestaltung zu kommen. «Alle Ideen, die dazumal lebten, die so eindringen wollten in die geschichtliche Entwicklung der Menschheit, waren restlos intensiv abstrakte Ideen, manchmal bloße Worthülsen! Aber das schadete nichts, denn im Zeitalter der Bewusstseinsseele musste man durch die Abstraktheit durch. Man musste die leitenden Ideen der Menschheit einmal in dieser Abstraktheit fassen.» Steiner führt dann weiter aus, dass in den 33 Jahren von 1845 bis 1878 das Bürgertum Zeit gehabt hätte, die liberalen Ideen politisch und geschichtlich zu realisieren. Der Blick in die Geschichte zeigt, dass in der Tat das Bürgertum 1847, 1848, 1849 ansetzte, die liberalen Ideen zu realisieren, dass Bürgertum und frühes Proletariat zunächst im Kampf um Verfassung, Recht und Freiheit zusammenarbeiteten. In England ist ein Träger dieser Bestrebungen die Chartisten-Bewegung, ferner alle, die an einer Lösung der irischen Frage arbeiten. In Deutschland kulminieren die Bemühungen in der Paulskirchenbewegung, in Italien in Gestalten wie Mazzini und Garibaldi, im Kampf um Rom. 1850 ist manches erreicht: Verfassungen sind eingeführt, Volksvertretungen gewählt worden, die Rechtsstaatlichkeit hat sich weitgehend ebenso wie die Pressefreiheit durchgesetzt. Und doch sagt die Geschichtsschreibung mit Recht, die Revolutionen von 1848 seien gescheitert. In dieser Bewertung zeigt sich etwas Merkwürdiges, denn man kann ja weiter feststellen, dass seit 1850 in West- und Mitteleuropa der Liberalismus weitere Fortschritte machte: Das allgemeine und geheime Wahlrecht wurde z. B. in Deutschland 1871, in Großbritannien praktisch 1884 eingeführt, die Pressefreiheit war weitgehend zur Selbstverständlichkeit geworden, die Arbeiterschaft erhielt immer mehr Rechte zugestanden, die soziale Sicherheit nahm zu. Offensichtlich ist aber diese Entwicklung nicht entscheidend. Zunächst kann man das Scheitern der Revolution an den Gestalten ablesen, die nun die Herrschaft übernehmen: Napoleon III., Schwarzenberg, Bismarck. Zweitens kann man feststellen, dass sich weite Kreise des Bürgertums von der Politik abwandten und ihre Interessen auf Handel und Industrie verlagerten. Vor allem blieben bestimmte Machtfaktoren bestehen, z. B. die preußische Armee unter dem direkten Oberbefehl des Kaisers, die Stellung des adligen Großagrariertums im Osten war unerschüttert, ferner wuchs die Macht der Industrie. Geistig orientierte man sich zunehmend im Sinne des Materialismus oder einer materialistisch orientierten Naturwissenschaft. Die führenden Geister hießen nun nicht Fichte, Schelling und Hegel, sondern Darwin, Haeckel, Helmholtz, Bunsen, Virchow, Kirchhoff, Lyell, Th. Huxley, Foucault, Kekulé und Marx. Nun kann und will man gewiss nicht leugnen, dass diese Naturwissenschaft der zweiten Hälfte des 19. Jahrhunderts in der Fülle ihrer Inhalte und in der Exaktheit ihrer Forschungen einen bedeutsamen Fortschritt – etwa im Verhältnis zur spekulativen Naturphilosophie der Romantik – darstellt. Aber die Ideen zur sozialen Gestaltung, die sich aus diesem Denken ergaben, sollten sich als unheilvoll erweisen. Ebenso gingen von den sozialen Schichten, die weiter die Führung in der Hand behielten, keine sozial gesundenden Impulse aus. Insofern kann man sagen, dass das Bürgertum seine Stunde verpasst hatte.

Was nun folgt, sind in der Tat Krankheitserscheinungen, und einige Geister – wie etwa Hobson – begriffen das auch. Im Zeichen des Imperialismus und des übersteigerten Nationalismus begann die Eroberung und Ausplünderung der Erde, das Wettrüsten zu Lande und zur See. Joseph Schumpeter charakterisierte diesen Imperialismus zu Recht als einen Atavismus, in dem alte Verhaltensformen der Raubritter und Abenteurer auflebten, in dem gescheiterte Existenzen aller Art die Politik der Staaten beeinflussten oder gar bestimmten. In der außereuropäischen Welt wurden alte gewachsene Sozial- und Wirtschaftsformen blindlings vernichtet, ein Land wie China wurde über Jahrzehnte ins Chaos gestürzt, den schwarzen Völkern Afrikas wurden durch

Technik und Politik Instrumente in die Hand gegeben, die ihnen fremd waren und deren Anwendung ihre Lebensweise unterminierte. In Europa führten die imperialistischen Spannungen zum Ersten Weltkrieg. Das Ende dieses Krieges enthüllte die ganze Schwäche und Ratlosigkeit der Herrschenden, die nicht in der Lage waren, einen wirklichen Frieden zu schaffen. Was dem Frieden von Versailles folgte, war die Fortsetzung des Krieges mit anderen Mitteln, das zeigte sich in den politischen Entwicklungen, die diesem Frieden folgten.

6. Die gegenwärtige Stufe der Bewusstseinsseelenentwicklung:
Am Beispiel der Atomphysik wird anschaubar, dass die technische Physik noch tiefer in die Welt der Naturkräfte eingedrungen ist. Schon die Entfesselung dieser bisher unbekannten Energien deutet auf das Besondere der Kerntechnik. Es zeigt sich aber gegenwärtig auch, dass die Menschheit noch nicht in der Lage ist, mit dieser Energie sicher und sinnvoll umzugehen. Durch diese ganz einfache Tatsache wird der Blick auf die innere Entwicklung der Menschheit gelenkt. Man kann zahlreiche Versuche beobachten, den Menschen und seine Seele zu ergreifen und zu verstehen. Vom Behaviourismus über die verschiedensten Spielarten der Psychoanalyse bis zu östlichen Meditationspraktiken will man die Seele steuern oder in ihre Tiefen eindringen. Ohne die sehr unterschiedlichen Ergebnisse dieser Unternehmungen im Einzelnen zu bewerten, muss man jedoch feststellen, dass eine heilsame soziale Gestaltung aus alledem bisher nicht hervorgegangen ist. Das hängt einerseits mit den Inhalten dieser Techniken zusammen. Interpretiert man das menschliche Verhalten z. B. durch die Frustrations-/Aggressions-Hypothese, so liegt bereits in dieser Hypothese und ihrer Sicht des menschlichen Verhaltens ein Element, das sozial destruktiv ist. Zum anderen zeigt sich, dass in diesen Praktiken kein Fortschritt im Selbstergreifen der Seele vorliegt, weil das Eindringen in die Tiefen der Seele

unter der Leitung eines Analytikers oder Gurus erfolgt. So sind Selbstkontrolle, Selbstgestaltung und Selbsterkenntnis der Seele weitgehend unentwickelt.

Es besteht also ein Widerspruch zwischen den weitreichenden Möglichkeiten zum Eingriff in die Natur und der inneren Entwicklung der Menschheit. Die menschliche Selbsterkenntnis, die Fähigkeiten zur Verständigung unter Menschen und die menschliche Selbsterziehung haben mit der wachsenden Ausübung von Macht, mit der Entfesselung von Naturenergien und dem steuernden Eingriff in Naturvorgänge nicht Schritt gehalten. Das ist nun keineswegs ein bloß theoretisches oder ethisches Problem, denn der gesamte Umgang mit der Natur und den Mitmenschen wird letztlich durch die Menschen, durch ihre Erkenntnisse, Einsichten und Einstellungen bestimmt. Die Folgen der mangelnden Erkenntnisse und der unangemessenen Einstellungen begegnen uns deshalb von außen. Man hätte eine Möglichkeit zur Selbstkorrektur, Anlass zu neuen Erkenntnissen, wenn man das, was uns von außen entgegenkommt, als Folgen des eigenen Handelns und Denkens begreifen würde.

Bisher besteht das Verhalten in den voll industrialisierten Ländern der Welt jedoch darin, die Folgen des eigenen Handelns zu unterdrücken, indem man sie in die Zukunft verschiebt. Das ist möglich, indem man Schulden macht, indem man die natürlichen Vorräte der Erde schnell verbraucht, indem man der Zukunft die Probleme der Meeresverschmutzung oder der atomaren Entsorgung überlässt. Ferner nimmt man die Probleme, die in der «dritten Welt» – etwa durch die Abholzung tropischer Wälder, durch Erosion und Hunger – entstehen, nur oberflächlich zur Kenntnis. Schließlich leugnet man, dass die Drogenproblematik, dass die Unruhe der Jugend etwas mit der eigenen Lebensweise zu tun hat. Dieses Verhalten wird in den kommenden Jahren und Jahrzehnten an eine Grenze kommen.

Leider ist es keineswegs selbstverständlich, dass man aus Schwierigkeiten und Katastrophen lernt, namentlich lernt man nicht immer das Richtige aus dem, was einem widerfährt. Es kommt deshalb sehr viel darauf an, dass man schon heute dem Denken eine bestimmte Richtung gibt. Die Bewusstseinsseele kann heute jenes Denken überwinden, das die Gedanken verstandesgemäß in den Dienst der eigenen Interessen stellt und versucht, alles Unangenehme von sich – innerlich und äußerlich – fernzuhalten. Die Bewusstseinsseele ist heute auf einer Stufe angekommen, wo sie auf das eingehen kann, was ihr aus der Welt zukommt, sie kann sich in Erfahrungen orientieren, aus Erfahrungen denken, in der Welt die Folgen des eigenen Tuns wahrnehmen.

Auf sozialem Feld bedeutet das z. B., dass man lernt, vom anderen Menschen her zu denken, ihm zuzuhören und ihn wirklich zu verstehen – anstatt ihn psychologisch zu erklären. Im Umgang mit der Natur heißt das, dass man Wege findet, sie zu pflegen, auf ihre Bedingungen einzugehen, anstatt sie auszubeuten. Diese Art zu denken ist eine zeitgemäße Bewusstseinserweiterung und eine Umkehrung des Willens. Bisher haben wir alle von uns aus gedacht, primär unsere Rechte und Ansprüche gesehen, erwogen, was uns nutzt und was uns schadet, und dementsprechend unsere Gedanken gebildet, eine Technik geschaffen. Dieses Denken und Handeln führt, wenn es weiter verfolgt wird, trotz aller Raffinessen, die man ersinnen kann, um Probleme weiter zu verschieben, in Katastrophen. Die Welt ist heute zu dicht bevölkert, die Möglichkeiten, Unheil anzurichten, sind so groß, dass das verstandesmäßig-egoistische Verhalten durch sich selbst an sein Ende geführt wird. Das Bewusstsein aber, das Gedanken und Urteile aus der vollen Erfahrung bildet und sich an der Erfahrung orientiert, erfordert ein Eingehen auf Natur und Sozialwelt. Dieses Eingehen und Beobachten bedarf jener Empfindsamkeit, die man bisher nur für sich selber hatte. Sobald man entdeckt, dass man als Mensch nicht von der Welt getrennt ist, dass man wirklich in ihr lebt und sie mitempfinden kann, wird die Entgrenzung des eigenen Bewusstseins zum Bedürfnis: Der Mensch macht sich zum Organ, in dem sich die Welt auszusprechen beginnt.

Hinweise zur Methode des Geschichtsunterrichts

Die wesentlichen Grundlagen des Geschichtsunterrichts an Waldorfschulen sind die Geschichtserzählung, die Darstellung durch den Lehrer und das Unterrichtsgespräch. Das, was als das Natürliche erscheint, nämlich dass Geschichte erzählt wird, bedarf heute der Rechtfertigung, da an den Regelschulen die Methoden der Quellen- und Gruppenarbeit weitgehend dominieren. Die Einwände gegen einen erzählenden und darstellenden Geschichtsunterricht gehen davon aus, dass die Schüler beim Zuhören zur Passivität verurteilt seien und dass mit dem lehrerzentrierten Frontalunterricht eine unerwünschte Sozialform eingeübt werde.

Auch wenn man nicht grundsätzlich gegen die Bearbeitung von historischen Quellen – besonders in der Oberstufe – Stellung nimmt, muss man diese Einwände aus verschiedenen Gründen zurückweisen. Der Historiker weiß, dass jede einzelne Quelle, dass jedes Dokument nur in einem Gesamtzusammenhang aussagekräftig ist. Erst wenn man den Gesamtzusammenhang kennt, kann man ein Dokument einordnen und befragen. Wenn man zum Beispiel den berühmten dictatus papae des Papstes Gregor VII, eine wirklich sehr sprechende Aussage, überhaupt nur richtig lesen will, muss man nicht nur über die Zeitumstände in Deutschland, Italien und Byzanz, muss man nicht nur über die kirchliche Reformbewegung, sondern auch über Kirchenrecht und Kirchengeschichte und über den Zusammenhang dieses Dokuments mit den Handlungen Gregors VII. informiert sein. Über dieses Wissen verfügt nur der Lehrer, nur anhand dieses Wissens kann die Quelle überhaupt sinnvoll interpretiert werden. Das heißt: Der Lehrer muss den Kontext, in dem eine Quelle steht, er muss den Zusammenhang in jedem Falle auch dann liefern, wenn er diese Quelle durch Behandlung einiger anderer Quellen vorbereitet hat. Da darf man dann fragen: Ist es nicht ehrlicher, diesen Zusammenhang vorweg darzustellen und zu erzählen und die Quelle nur noch zur Illustration der Haltung Gregors einzuführen? In jedem Falle sind es der Lehrer oder der Verfasser des Schulbuchs, die die Quelle auswählen und die wissen, was sie mit dieser Quelle beweisen oder illustrieren wollen. So bleibt in Wirklichkeit der Unterricht «lehrerzentriert», und dem Schüler werden die Fragen, die er an die Quelle zu stellen hat (wie man aus den entsprechenden Schulbüchern sehen kann), vorgeschrieben. Damit wird die Aktivität der Schüler zu einer Scheinaktivität. Historisch ist die Geschichtsforschung immer so vorgegangen, dass sie von Erzählungen eines Gesamtzusammenhangs ausgegangen ist und die dargestellten Abläufe anhand von Quellen überprüft oder genauer gefasst hat. Ohne diese vorgängige Kenntnis des Ganzen können keine selbstständigen Fragen an Urkunden und Dokumente, an Bilder und Artefakte gerichtet werden. Dieses Verfahren gilt auch für einen Unterricht, der Schüler zu selbstständigem Fragen wecken will. Zweitens ist zu bedenken, dass ein aus den Dokumenten aufgebauter Unterricht sehr zeitaufwändig ist. Wenn die Quelle nicht ganz banal ist, muss oft in einem mühsamen Unterrichtsgespräch, mit hohem interpretatorischem Aufwand und unter Abwehr von allerlei Missverständnissen ein relativ einfaches Ergebnis erarbeitet werden. Wäre es da nicht menschlicher, die Sache einfach zu erzählen? Dass man um diese Erzählung nicht herumkommt, zeigen die einschlägigen Geschichtsbücher, die zwischen die wirklichen Quellen heutige Darstellungen der Verhältnisse einstreuen.

Drittens entsteht, wenn man sich primär auf Quellen konzentriert, zwar eine Kenntnis zahlreicher Mosaiksteine, aber gerade weil die Quellen für die Schüler zum Hauptgegenstand des Unterrichts gemacht werden und sich ihnen die Aufmerksamkeit zuwendet, gerät der Überblick über das Ganze ins Hintertreffen. Die vielen einzelnen Bröckchen werden schneller vergessen, weil das Gedächtnis das Einzelne nur über Ganzheiten und Sinneinheiten erfasst. Viertens ist immer zu bedenken, dass die Quelle für Schüler suggestiv ist. Der gebildete Historiker freilich weiß, dass auch nicht-propagandistische Quellen standortgebunden, absichtsvoll oder parteiisch sind. Wenn er dieses Wissen seinen Schülern vermitteln wollte und Quellen nicht einfach – was häufig genug geschieht – als Belege für Fakten vorstellt, müsste er noch zeitaufwändiger vorgehen und neben jede Quelle zwei bis drei weitere Quellen stellen. Das würde auf die Dauer den Rahmen des Schulunterrichts sprengen und die Klasse in ein historisches Proseminar verwandeln. Aufgabe der Schule ist es aber nicht, den Schüler ins Handwerk der Geschichtswissenschaft einzuführen, sondern dafür zu sorgen, dass er zunächst Bilder und Gedanken von den großen Entwicklungen und Zusammenhängen der Menschheitsgeschichte gewinnt. Diese braucht er später im Leben, und er braucht sie auch, wenn er Geschichte studieren will.

Wenden wir uns nun der Methode der Geschichtserzählung und Darstellung zu, so ist sogleich einzuräumen, dass das eine schwierige Kunst ist. Man tut als Lehrer zunächst einmal gut daran, sich zwei Dinge klarzumachen: Erstens hat man die Aufgabe – besonders in den ersten acht Schuljahren –, Gedächtnis und Fantasie auszubilden. Gedächtnis und Fantasie werden durch sinnvolle Bilder angeregt. Diese müssen einerseits sinnlich-konkret sein und andererseits Durchblick auf Bedeutsames, Interessierendes und Bewegendes eröffnen: Eine menschliche Gestalt und ihre Taten müssen so beschrieben werden, dass durch die konkret-räumliche, farbig-plastische Gestalt Charakter und Absichten hindurchschimmern, Konkrete Transparenz konstituiert das pädagogisch wirksame Bild, das Anteilnahme erweckt.

Zweitens muss man sich als Lehrer immer wieder klarmachen, dass den Schülern die Anschauung der Vergangenheit fehlt: Man muss sie durch die Erzählung für die Schüler schaffen. Um diese Aufgabe zu lösen, muss sich der Lehrer im Erzählen schulen. Für gewöhnlich denkt der heutige Mensch viel zu abstrakt, um wirklich erzählen zu können. Auch ist er viel zu sehr in seinen subjektiven Urteilen und Meinungen befangen: er will gar nicht erzählen, sondern Meinungen und Ansichten, moralische Urteile überliefern.

Man kann das an der Sprache des Ungeübten gut beobachten. Wenn die Eigenschaften eines Menschen beschrieben werden sollen, so fallen immer wieder die Worte «gut» und «böse», «klug» und «dumm», «schädlich» und «nützlich». Das sind keine Beschreibungen, sondern Urteile, die die Schüler langweilen und bei denen sie sich nichts oder alles vorstellen können. Ähnlich ist es mit der Abstraktheit der Darstellungen. Der Erwachsene sagt: «Und nachdem Kolumbus alle Vorbereitungen für die Reise getroffen hatte, fuhr er los.» Vielleicht denkt er sich bei dem Wort «Vorbereitungen» etwas, die Schüler aber können sich hier nichts bildhaft vorstellen, oder sie denken gar ans Kofferpacken. Nun ist die Sprache von Tausenden solcher abstrakter Redewendungen durchsetzt: «Unter großen Anstrengungen durchquerte Alexander die Wüste», «mit großer Beredsamkeit bewog Caesar seine Legionen, auszuhalten», «mit allen Mitteln beuteten die Imperialisten die unterdrückten Kolonialvölker aus». Um diese Sprache der Abstraktion, der Urteile und Vorurteile bei sich zu bekämpfen, kann sich der Lehrer fragen, ob er sich selber die Vorbereitungen des Kolumbus genau vorstellen kann: Wie sahen denn die Fässer aus, in denen das Trinkwasser für die Fahrt aufbewahrt wurde? Wie wurde das Wasser haltbar gemacht? Wie wurde es an Bord gebracht? Wie wurde der Schiffszwieback vor dem Vergammeln geschützt? Wie wurde das Fleisch konserviert? Was bedurfte es sonst noch zur Ausrüstung? Was nahm man als Geschenke für die Menschen jenseits des Meeres mit? Wie sah die Karavelle, mit der Kolumbus fuhr, genau aus? Wie die Mannschaftsräume? Wie hoch waren die Masten? Was heißt es: Die Karavelle war 30 Meter lang? Daran schließt sich die nächste Frage an: Wie vermittelt man den Schülern diese Tatbestände als wirkliche Erzählung und nicht nur als Aufzählung?

Wenn der Lehrer sich mit solchen Fragen um objektive Kenntnisse der wirklichen Vorgänge bemüht, dann schult er zunächst sein eigenes Vorstellen und seine Fantasie an Weltinhalten. Er bemerkt, dass die Tatsachen viel bunter und interessanter sind als die konventionellen Redensarten. Dabei bemerkt er, dass man für den Geschichtsunterricht sehr umfangreiche Vorstellungen braucht. Will man bewirken, dass Alexander für die Schüler nicht nur über die Landkarte Vorderasiens marschiert, so muss man sich Bilder von den Wegen machen: Man muss die Landschaften zwischen Tyrus und dem Tigris, zwischen Babylon und Persepolis vor sich sehen und schildern können, wie die makedonischen Soldaten den Einzug in Babylon erlebten, Nun gibt es hier ein Hilfsmittel, das für den Lehrer die eigene Vorstellungsbildung sehr unterstützen kann. Es ist nämlich in jedem Falle sinnvoller und leichter, sich das konkret Individuelle als etwas Allgemeines vorzustellen. Das Kloster, die mittelalterliche Stadt oder die Burg sind Schemen. Dagegen sind Maulbronn oder Bamberg reale Individuen, die man in einer bestimmten Epoche ihrer Geschichte, mit bestimmten Menschen studieren kann, ja man kann sie besuchen und trotz der seit dem Mittelalter eingetretenen Veränderungen sich die räumlichen Verhältnisse vergegenwärtigen. Wenn man in diesem Sinne auf den Ferienreisen innere Anschauungen erwirbt, kommt man in die Lage, aus ihnen heraus darstellen und schildern zu können. Anders ist es bei historischen Persönlichkeiten, aber auch hier gibt es eine Hilfe: Gute historische Darstellungen und Romane können in vielen Fällen helfen, wirklichkeitsgesättigte Anschauungen so zu gewinnen, dass man die Personen innerlich vor sich sieht.

Der Erwerb der Kenntnisse und Vorstellungen ist aufwändig und muss von langer Hand vorbereitet werden. Der Lehrer muss nicht nur über geografische und biografische Anschauungen verfügen, er muss sich auch Vorstellungen von mittelalterlicher Religiosität, von Frühformen des Handwerks und der Landwirtschaft erwerben, für die Darstellung der Neuzeit muss er sich technologisches Wissen aneignen – er bewegt sich nie im engen Rahmen des üblichen Fachs Geschichte, Das ist zwar anstrengend, aber auch für den Unterricht ökonomisch: Gewisse Partien der Geografie, der Sachkunde und der Technologie können im Geschichtsunterricht untergebracht oder vorbereitet werden.

Damit der Lehrer aber nicht unter der Last der Vorbereitungen zusammenbricht, kann er exemplarisch vorgehen, das heißt an zentralen Beispielen vieles behandeln. Er muss nicht die ganze griechische Geschichte von A bis Z abhandeln, Wenn die Schüler in der Mittelstufe nichts von Peisistratos oder dem Peloponnesischen Krieg erfahren, ist das kein Unglück, wenn sie dafür am Beispiel der Perserkriege und der Gestalt des Themistokles nicht nur den Gegensatz von griechischer und persischer Kultur, sondern auch etwas von attischer Demokratie, vom Leben Athens, vom griechischen Theater und Genaueres von der Geografie der

Ägäis erfahren, Die präzisen und bildhaften Darstellungen sind einprägsam. In diesem Sinne könnte man auch die römische Geschichte auf wenige charakteristische Gestalten beschränken, die Völkerwanderung am Beispiel der Ostgoten behandeln, das frühe Mittelalter durch die Zeit und Gestalt Karls des Großen repräsentieren. In der frühen Neuzeit bietet sich das Werk Gutenbergs an, nicht nur um im Einzelnen zu zeigen, welche verschiedenen Erfindungen (Handgießgerät, Lettern, Druckerschwärze, Druckerpresse usw.) zum Buchdruck gehören, nicht nur zu einem Exkurs über die Papierherstellung, sondern auch um das spätmittelalterliche Mainz oder Straßburg, um Handwerkertum und Handel im Spiegel dieser Erfindung und ihrer Auswirkungen darzustellen. In ähnlicher Weise kann man am Leben von Edison nicht nur die Techniken des systematisierten Erfindens, die Bedeutung der Elektrizität, sondern auch den modernen amerikanischen Kapitalismus abhandeln. Wenn der Lehrer sich selber ein Bild von der vielgestaltigen und komplexen Wirklichkeit macht, dann kann er an einzelnen, wohlausgewählten Gestalten eine ganze Epoche exemplarisch schildern: In einem Tropfen spiegelt sich die ganze Welt.

Für die Schüler werden derart präzise und welthaltige Darstellungen interessant. Sie erregen – anders als allgemeine oder moralisierende Betrachtungen und Redensarten, die den Schülern schon zum Halse heraushängen – Aufmerksamkeit. Auch wäre es ein Irrtum, wollte man annehmen, die Schüler verhielten sich beim Zuhören passiv. Es ist nämlich eine Anstrengung ganz eigener Art, eine gehörte, in Worten dargebotene Erzählung durch Fantasie in Bilder zu verwandeln. Wie intensiv Schüler in ihrem räumlichen Vorstellen ergriffen werden können, wurde mir einmal deutlich, als ich in einer fünften Klasse eine bestimmte Szene genau schilderte: Da standen zwei Buben in der letzten Bankreihe auf und stellten sich auf die Bänke. Ich fragte: Warum steht ihr denn da auf den Bänken? Antwort: Damit wir es besser sehen können. Die Schüler machen genaue, räumlich und dramatisch dargebotene Erzählungen leibhaftig mit. In diesem Sinne muss die Darstellung so sein, dass Menschen und Vorgänge räumlich imaginiert werden. Dabei kann es wichtig sein, auch das körperliche Befinden der Handelnden zu schildern: den Schmerz in Edisons Augen, als er sieben Stunden lang mit einem weißglühenden Nickeldraht experimentiert hatte.

Rudolf Steiner gibt nun den Ratschlag, gegen Ende des Hauptunterrichts nach dieser anstrengenden räumlich-konkreten Darstellung in einem kurzen Rückblick die Personen und Vorgänge zu charakterisieren, also vielleicht auf die Kühnheit oder die Ausdauer einer Person, auf das Hoffnungslose einer Lage nochmals kurz hinzuweisen und damit eine gewisse Besinnlichkeit eintreten zu lassen.[1] Damit klingt der Hauptunterricht aus. – Am nächsten Morgen kommen die Kinder in die Schule mit den Bildern des am vergangenen Tag Behandelten im Kopf. Nun kann man nach einer kurzen Wiederholung in das Unterrichtsgespräch mit der ganzen Klasse eintreten und die Bedeutung, die historische Bedingtheit und die Auswirkung der Vorgänge besprechen. Nun kann man die Berechtigung oder die Problematik der Handlungen herausarbeiten. Das ist ein wichtiges Prinzip: man sollte erst dann urteilen und Begriffe bilden, wenn man die Tatsachen zur Kenntnis genommen und durch die Nacht eine erste Distanz gewonnen hat. Der Lehrer kann sich nun mit seinen eigenen Urteilen zurückhalten: Erfahrungsgemäß entwickeln die Schüler ihre eigenen Gedanken, Urteile und Fragen. In der Klasse werden oft sehr verschiedenartige Ansichten und Meinungen laut. Das ist gut und für den Lehrer wichtig. Er bemerkt nicht nur, wie verschieden die Schüler denken, er sieht auch, ob seine Schilderung zu Missverständnissen Anlass gegeben hat – er kontrolliert sich selbst. Es kommt nun auch nicht in erster Linie darauf an, dass der Lehrer seine Beurteilung durchsetzt, sondern darauf, dass die Schüler angeregt werden, ihre Gedanken zu vertiefen und zu begründen. Der Lehrer wird also nicht sagen «Das ist richtig!» oder «Das ist falsch!» Viel-

1 Vgl. R. Steiner, *Menschenerkenntnis und Unterrichtsgestaltung*, GA 301, S. 48.

mehr wird er fragen: Warum siehst du das so? Was spricht denn noch für das, was du sagst? Und wenn eine Meinung allzusehr in die Irre geht, so kann er, wenn er nicht ganz schlecht dargestellt hat, mit Sicherheit erwarten, dass andere Schüler Einseitigkeiten durchschauen und korrigieren. Das Wichtige jedoch ist in jedem Fall, dass die Schüler zunächst ihre eigenen Gedanken und Urteile bilden und äußern. So lernen sie selbstständig denken. Wenn der Lehrer ihnen zu anderen Gedanken Anlass geben möchte, so kann er in den folgenden Tagen seine Schilderung so einrichten, dass die Schüler andere Gedanken bilden, Auch kann er sie durch Fragen auf übersehene Aspekte aufmerksam machen.

Wenn der Lehrer so vorgeht, ist das nur dem äußeren Schein nach ein lehrerzentrierter Frontalunterricht. Geistig und inhaltlich gesehen ist jeder Unterricht, bei dem das, was herauskommen muss, vorher feststeht und als Lernziel definiert wird, ein zentrierter Unterricht, und es ist Augenwischerei, wenn man mit ausgewählten und verkürzten Quellen sowie mit vorgegebenen Fragen und feststehendem Ergebnis die «Eigentätigkeit» der Schüler etc. organisiert. Entscheidend ist, dass die eigenständige Gedankenbildung der Schüler angeregt wird, dass Schüler von sich aus Probleme aufwerfen und Fragen stellen, dass der Lehrer im Unterricht Überraschungen erlebt und die Gedankenbildung der Schüler anregt, indem er ihren Gedanken zur Entfaltung verhilft und sie im Klassengespräch klärt. Dann kommt die wirkliche und freie Schüleraktivität dort zum Vorschein, wo sie kein Schein, sondern Realität ist. Das Herbeiholen, Sichten und Organisieren der Überlieferung, das Darstellen ist nach dieser Auffassung wesentlich die Sache des Lehrers, was nicht ausschließt, dass bei einer gemeinsamen Projektarbeit auch Schüler sich an Suche, Sichtung und Bewertung der Überlieferung beteiligen. Entscheidend ist aber, dass die Schüler aufgrund des vom Lehrer vorgetragenen Inhalts selber fragen, denken und formulieren lernen. Dann ist der Unterricht entgegen dem Schein nicht «lehrerzentriert», sondern an den Schülern orientiert.

Geschichtsverständnis und Altersstufen[1]

Das Kind im Vorschulalter hört mit Freude und großer Erwartung immer wieder dieselbe Geschichte, die in seinen Augen falsch ist, wenn sie nicht wörtlich genauso erzählt wird, wie sie das erste Mal erzählt wurde. Das Kind freut sich auf bestimmte Worte und Ausdrücke, die es intellektuell vielleicht noch gar nicht versteht, in deren Gestalt und Rhythmus es aber Wesentliches hört. Nach dem sechsten oder siebten Geburtstag wächst das Interesse für

1 Rudolf Steiners Darstellungen zu dieser Frage finden sich im Überblick in: *Verzeichnis der Äußerungen Rudolf Steiners über den Geschichtsunterricht*, von Erich Gabert. Manuskriptdruck, Stuttgart 1969. Vgl. ferner: Christoph Lindenberg, *Die Lebensbedingungen des Erziehens*. Reinbek 1981, S. 43–82.

eine neue Geschichte, Neue Bilder werden aufgenommen. Das Kind erwartet, dass die Gestalten der Erzählung in ihrer Erscheinung das zeigen, was sie innerlich sind, und es weiß innerlich, wie die Geschichte ausgeht – mit Spannung verfolgt es aber, wie das Gute und Kluge gegen alle Widerstände obsiegt. Im neunten Lebensjahr beginnt das Kind eine neue Forderung an die Geschichten zu stellen: Es sollen «wirkliche» Geschichten sein. Es fragt, ob die Geschichte auch «wahr» ist. In dieser Frage zeigt sich, dass das Kind nun Unterschiede macht; es stellt sich den Erwachsenen gegenüber und fragt: Woher stammt das, was du sagst? Diese Haltung des Kindes verbindet sich mit einer neuen Möglichkeit, den Erwachsenen und die Gestalten der Welt zu erleben. Es beginnt in bewussterer Weise die einzelnen Menschen zu unterscheiden: Ihr Auftreten und ihr Gebaren werden ihm wichtig. Wer sich selber an diese Zeit zwischen dem neunten und zehnten Jahr zurückerinnert, wird bemerken, dass aus seinem Gedächtnis Gestalten auftauchen, die zugleich Charaktere sind. Man erinnert sich an besondere Eigenheiten oder Eigenschaften, die einem damals als Kind bedeutsam erschienen. Diese Art des kindlichen Auffassens bietet die Möglichkeit, Geschichten aus der Geschichte zu erzählen. Diese um Gestalten und Ereignisse zentrierten Geschichten zielen aber noch nicht auf historische Zusammenhänge, auf weitreichende Folgen oder kulturellen Einfluss. Derartige Themen werden erst innerlich voll verstanden, wenn mit dem zwölften Lebensjahr der Sinn für kausale Zusammenhänge zu erwachen beginnt. Wie kann im Hinblick auf das Interesse der Kinder im zehnten und elften Lebensjahr der Geschichtsunterricht in der 5. und 6. Klasse gestaltet werden?

Erinnert man sich an Geschichten, die man selber in diesem Alter aufgenommen hat, so wird man bemerken, dass man mit neun oder zehn Jahren bereits sehr viel vorstellen und verstehen kann, wenn die Vorgänge bildhaft und biografisch dargestellt werden. Wer das Glück gehabt hat, in diesem Lebensalter von einem begabten Erzähler Geschichten aus der Geschichte dargestellt bekommen zu haben, der wird noch nach Jahrzehnten sich an die Einzelheiten dieser Geschichten erinnern können. Keineswegs müssen die Geschichten besonders einfach oder für Kinder zurechtgestutzt sein. Im Gegenteil: Die genaue Beschreibung macht großen Eindruck. Es kommt dabei in erster Linie darauf an, dass nicht in Urteilen gesprochen wird, sondern in fantasievollen Bildern. In Urteilen sprechen heißt, dass anstelle konkreter Einzelheiten Menschen dadurch charakterisiert werden, dass der Erzähler von einem Menschen sagt, er sei «sehr gut», «sehr schlau», «besonders gerissen», «einfältig» etc. gewesen. Derartiges hinterlässt keinen bleibenden Eindruck. Wenn aber vom grauen Haar, das fast gelb wurde, von blitzenden Augen, die auch im Dämmerlicht leuchteten, die Rede ist, wenn die Energie eines Menschen vielleicht dadurch angedeutet wird, dass man sagt: «Auch bergauf machte er weite und kräftige Schritte, immer war er den anderen voran und gönnte sich keine Rast, bis er den Bergrücken erklommen hatte», so kann der Schüler das auffassen, ja die Schüler begreifen auf diese Weise schwierige Dinge. Vor allem sind es Handlungen, die eine deutliche Sprache sprechen. So spiegelt sich die versucherische Kraft der Sirenen in den Zurüstungen, die Odysseus und die Seinen auf Anraten der Kirke vor der Vorbeifahrt treffen. Die Regungen der Seele finden ihren Ausdruck in leiblichen Gesten. Statt in romantischer Art zu sagen: «Sie weinte bitterlich», ist es für das Kind in diesem Alter anschaulicher zu erzählen: «Sie weinte, dass ihr Tüchlein ganz nass wurde, und auch der Kragen war von Tränen nass.» Auf diesem Gebiet muss sich der Lehrer schulen, er muss seine Sprache bewusst handhaben und versuchen, Ausdrücke wie «sehr groß», «sehr schön», «sehr mutig» aus seinem Sprachschatz zu streichen und an die Stelle konkrete Vergleiche zu setzen, genaue Angaben: Die Schilde waren so groß, dass sie die Männer von Kopf bis Fuß bedeckten und sicheren Schutz boten.

All dies hängt damit zusammen, dass ein freies, rein innerliches Fühlen und Urteilen dem Schüler im Alter von zehn, elf

Jahren noch nicht möglich ist. Gefühle und Eindrücke verbinden sich für ihn mit bildhaften Gestalten, konkreten Vorstellungen. Mit dem Wort «bildhaft» ist nicht die pure Anschaulichkeit gemeint. Bildhaft sind anschauliche Elemente dann, wenn sie auf bestimmte Qualitäten, auf menschliche Leistungen, auf seelische Regungen und auf geistige Zusammenhänge verweisen. Für die griechischen Geschichtsschreiber war die Größe des Perserheeres bereits ein Ausdruck der Unmenschlichkeit: Dieser Heereszug von 50 Kilometer Länge, der schon durch den bloßen Vormarsch weite Landstriche verödete, war Ausdruck der Masse, die als Sklaven dem Großkönig folgte. Wenn der Perserkönig das Meer, das die Brücke zerstört hat, peitschen lässt, so ist dies ein Bild des barbarischen Denkens.

Eine in diesem Sinne bildhafte Darstellung ergreift also durchaus das Gefühl der Schüler und regt ihre Urteile an. Aber diese Gefühle der Schüler sind nicht abstrakt, die Urteile sind nicht von den Erscheinungen abgezogen. So hat es auch noch keinen Sinn, Gedanken, Zusammenhänge, Kausalitäten abstrakt zu formulieren. Die antike Geschichtsschreibung kennt in diesem Sinne anstelle der Zusammenhänge und Ursachen menschliche Begegnungen und Taten: Die griechischen Weisen reisen nach Ägypten und lernen von den ägyptischen Priestern. Äneas flieht aus dem brennenden Troja und nimmt das Heiligtum der Stadt, das Palladium, mit, und so gelangt das Palladium schließlich nach Rom. Auf diese Weise kann Geschichte vor dem zwölften Lebensjahr bildhaft, an menschliche Taten und Biografien anknüpfend, unterrichtet werden.

Nun gilt auch für den Unterricht nach dem zwölften Lebensjahr bis zur 12. Klasse, dass Bildhaftigkeit den Unterricht trägt und belebt. Es ist keineswegs so, dass nach dem zwölften Lebensjahr der Lehrer gut daran täte, nun abstrakt zu unterrichten. Im Gegenteil, eine bildhafte und konkrete Darstellung der Ereignisse ist der fruchtbare Boden, aus dem Gedanken und Urteile erwachsen. Der Lehrer, der in der 7. Klasse von den Reisen der Entdecker berichtet, wird also keineswegs feststellen: Im 14. Jahrhundert hat man begonnen, seetüchtige Schiffe zu bauen, mit denen man sich auf den Atlantik hinauswagen konnte. Auch hier wird man ein solches Schiff genau beschreiben. Das gelingt am besten, wenn man erzählt, wie das Schiff gebaut wurde, welche Hölzer man verwendete, wie der Rumpf geteert wurde, wie groß die Kajüte des Kapitäns oder die Unterkünfte der Mannschaften waren, wie hoch der Mast. Dabei ist es gut, die einzelnen Tatbestände zu erläutern, etwa darauf aufmerksam zu machen, warum die Hölzer sehr gut ausgetrocknet sein mussten. Der Unterschied zum Unterricht in der 5. und 6. Klasse liegt nun vielmehr darin, dass man die Schüler, nachdem man den Bau eines derartigen Schiffes beschrieben hat, auffordert zu sagen, warum man in den Hansestädten solche Schiffe baute, warum im Mittelmeer andere Schifffahrtstechniken und Schiffe verwendet wurden. Wenn das geklärt ist, kann man die Schüler dazu veranlassen, die weiteren Notwendigkeiten der Hochseeschifffahrt zu entwickeln. In diesem Sinne können weitere Zusammenhänge erörtert werden, indem man fragt: Wodurch wurden die Europäer veranlasst, den Seeweg um die Südspitze Afrikas herum zu suchen, wie konnte Kolumbus auf den Gedanken kommen, Indien auf dem Wege über den Atlantischen Ozean zu erreichen? All diese Fragen greifen dann nicht ins Leere, wenn die Schüler ihre Gedanken aufgrund bildhaft-konkreter Kenntnisse entwickeln können.

In der 7. und 8. Klasse geht es darum, diese Zusammenhänge und Kausalitäten auf einem Felde zu erarbeiten, wo wirklich von eindeutigen Kausalitäten im physischen Sinne gesprochen werden kann. Ein Beispiel für eine sinnvolle Kausalbetrachtung könnte die Industrielle Revolution in England sein. Die Grundlagen dieser Revolution bilden die in England vorhandenen Kohle- und Erzvorkommen, die beide nahe der Erdoberfläche zunächst einen einfachen Abbau ermöglichten. Die Notwendigkeit des Kohleabbaus ergab sich aus dem Holzmangel: Im

Laufe der Jahrhunderte waren die Wälder Englands – u. a. für den Schiffsbau – abgeholzt worden, das nasskalte Klima macht aber das Heizen notwendig. Nach einiger Zeit des Kohleabbaus musste tieferliegende Kohle gefördert werden, so drang Grundwasser in die Gruben ein. Dieses Grundwasser musste aus den Gruben herausgepumpt werden. Bis zu diesem Punkt geht die strikte Kausalität. Es handelt sich dabei um eine Reihe von natürlichen Tatsachen. Nun wäre es durchaus denkbar gewesen, diese Pumpen durch Esel oder Pferde zu betreiben. Der Notwendigkeit, Wasser zu pumpen, kommt von der anderen Seite eine wissenschaftliche Entwicklung entgegen, die von Denis Papin zu Thomas Savery und Newcomen führt: Man baut Vorformen der Dampfmaschine. Was sich da vollzieht, ist keine kausale, sondern eine finale Entwicklung. Dieses Zusammenspiel von Kausalität und absichtsvollen menschlichen Handlungen kann man in der ganzen Industriellen Revolution beobachten, und es wäre gut, wenn dieser Unterschied im Unterricht auch deutlich zur Darstellung käme. Es handelt sich dabei um ein historisches Paradigma ersten Ranges.

Die Schüler können aber auch andere historische Verhältnisse in ihren notwendigen Zusammenhängen ergreifen. Ich erinnere mich, wie ich im Alter von zwölf Jahren – es war im Herbst 1942 – die Weltkarte betrachtete und beim Anblick der USA, des Britischen Empire, der Sowjetunion und der anderen Gegner der Achsenmächte und Japans zu dem Schluss kam, Deutschland könne womöglich den Krieg verlieren. Dieser Gedanke war damals in Deutschland völlig tabu, allenthalben erzählte man von den herrlichen Dingen, die nach dem Endsieg auf uns Deutsche warten würden. Mich aber ließ der einmal gefasste Gedanke nicht in Ruhe, und ich begann durch Abhören ausländischer Sender mir ein eigenes Bild vom Kriegsgeschehen zu machen. In diesem Sinne kann auch der Schüler mit zwölf, dreizehn Jahren historische Prozesse verstehen, etwa, warum England 1588 Spanien besiegte, wie die englische Insellage Seeherrschaft und Kolonialerwerb begünstigte, warum die deutsche industrielle Entwicklung so viel später einsetzte. Ferner kann der Schüler sehr wohl begreifen, dass das Verbot der Druckkunst in der Türkei zum geistigen und kulturellen Abstieg dieses Landes beitrug oder welche Bedeutung die Verstädterung am Ende des 19. Jahrhunderts für das soziale Leben hatte. All das sind anspruchsvolle Themen, sie zeigen soziale und geschichtliche Zusammenhänge auf. Der Schüler, der solches lernt, kann sich befriedigt fühlen, weil er hier wirklich Gesetzmäßiges verstehen kann. Er bemerkt, dass er von Geschichten zur Geschichtserkenntnis fortschreitet, er fühlt sich für voll genommen, der schon zart erwachende Intellekt wird beansprucht.

Es ist für die Methodik und Didaktik des Unterrichts ebenso wichtig, dass der Schüler nicht unterfordert wird, wie es notwendig ist, dass man ihn nicht überfordere. Es wäre sicher eine Verfrühung, wenn bereits in der 5. Klasse geografische Bedingtheiten und soziale Strukturen explizit zum Gegenstand des Unterrichts gemacht würden. Aber die kausale und gedankliche Geschichtsbetrachtung darf auch nicht verspätet einsetzen: Mit zwölf, dreizehn Jahren macht das kausale Betrachten Spaß, der Schüler hat das Gefühl, dass er nun wirklich etwas begreifen und formulieren muss. Nicht ohne Grund hat Steiner deshalb die Lehrer für dieses Alter auf Autoren wie Buckle und Lecky verwiesen, die zwar heute im Inhalt veraltet sind, deren Betrachtungsart aber gerade auf das Kausal-Gesetzmäßige in der Geschichte zielt. Die Ereignisse, so bunt sie sein mögen, müssen begründet und in einen Zusammenhang gestellt werden. Aber zugleich sollte man sehen, dass die Fakten, von denen hier die Rede ist, handfest sind. Es geht um geografische Tatsachen, um die Auswirkungen der Druckkunst, um die Entstehung moderner Großstädte, um die Folgen der Fabrikarbeit. Die Betrachtung orientiert sich also an sichtbaren Tatsachen, noch nicht an rein innerlichen Motiven, wie es die Ideen der Französischen Revolution sind. Für manchen Lehrer mag es eine gewisse Entsagung bedeuten, auf Themen wie Freiheit und

Gleichheit, auf politische Fragen im engeren Sinne nicht eingehen zu können: aber das wäre eine psychologische Verfrühung, die zur Folge hätte, dass die Schüler mit diesen Begriffen umgehen würden, ohne ihr Gewicht voll zu empfinden.

Die 9. Klasse behandelt die neuere Geschichte noch einmal unter dem Gesichtspunkt der inneren Motive, der Ideen und der Themen der einzelnen Jahrhunderte. Man kann deutlich bei den Schülern beobachten, wie jetzt das realistische Interesse einem ideellen Interesse weicht. In der 8. Klasse hat noch mancher Schüler ausführliche Darstellungen zu den Erfindungen und Leistungen von Daimler, Benz, Diesel, Edison oder Ford gegeben. Diese Interessen treten jetzt in der Regel in den Hintergrund. Ein Schüler, der sich einseitig für diese Dinge interessiert und gar politische Probleme durch technische Vorrichtungen lösen möchte, fällt in der Klasse auf und wird nicht ganz für voll genommen. Die Schüler ringen nun häufig um das Erfassen von Ideen: Freiheit, Gerechtigkeit, Gleichheit, Menschlichkeit und Frieden werden zu Themen ihres Denkens. Aber sie machen mit diesen Themen eine eigentümliche Erfahrung. Mit einem Wort wie «Freiheit» leuchtet die Idee innerlich in ihnen auf, doch sie ist schwer zu fassen, zu formulieren, in historisch-gesellschaftlichen Situationen zu konkretisieren. Sprach man in der 8. Klasse über technische und industrielle Entwicklungen, so hatte man es mit äußeren Einrichtungen zu tun. Man konnte sie je nach Begabung klar und leicht beschreiben oder musste sich auch bei der Beschreibung anstrengen. Jetzt wird das schwerer, weil sich das Innere äußern will. Die Beschreibung der äußeren Dinge verrät nicht viel von dem, was man selber denkt, von dem, wie man selber empfindet. Den Jungen fällt es in diesem Alter nicht leicht, sich zu äußern, wenn es um ideelle Fragen geht, sie zeigen ihre inneren Ideen und Gefühle nur zögernd. Hingegen finden sich in jeder Klasse nun einige Mädchen, die sich ausgesprochen gerne engagieren, die ihre Empfindungen und Ideen zur Darstellung bringen. Sie sind den Jungen voraus, und erst in der 11. Klasse haben die Jungen die Mädchen wieder eingeholt.

Die Geschichte soll in dieser Klasse helfen, die innerlich erlebten Ideen zu klären. Dazu ist es notwendig, dass diese Ideen zuerst als Ideen besprochen werden. Man kann z. B. die Idee der Freiheit besprechen und entwickeln, wie jeder Mensch die Freiheit hat, seine eigenen Gedanken zu entwickeln, dass dann aber derjenige, der Gedanken gebildet hat, sie auch mitteilen und besprechen möchte, dass er schließlich seine Gedanken verwirklichen will. So ergeben sich drei Stufen: innere Gedankenfreiheit, Redefreiheit, Handlungsfreiheit. In einem Vorblick auf die Geschichte kann dann gezeigt werden, wie diese drei Stufen der Freiheit in der Geschichte errungen werden: Die Gedanken- und Glaubensfreiheit entsteht, wo das Wahrheitsmonopol der Kirche gebrochen wird, wo eine neue Weltauffassung entsteht. Die Redefreiheit entsteht schrittweise, zuerst als freie Rede im Parlament, dann als freie Diskussion in den Salons; die Freiheit des Handelns ist vielfältig, aber als freie Berufswahl, als Freiheit der Vereinigung ist sie im 19. Jahrhundert zu beobachten, als freie und gemeinschaftliche Unternehmung wird sie heute in Freien Schulen realisiert. So wird die Idee der Freiheit zu einer Klarheit geführt, bevor man an die Geschichte herantritt.

Ähnlich kann man die Idee der Gleichheit behandeln, wenn man davon ausgeht, dass zunächst Ungleichheit geherrscht hat, dass es unbegrenzte Macht und Privilegien gegeben hat. Die Eindämmung der Macht, die Herstellung der Gleichheit durch die Herrschaft von Gesetzen, der Schutz von Eigentum und Wohnung ist ein erster Schritt zur Gleichheit, die Einschränkung wirtschaftlicher Macht, die Schaffung gleichgewichtiger gesellschaftlicher Kräfte ist ein zweiter Schritt auf dem Wege zur Gleichheit, die Schaffung gleicher Chancen in der Bildung ist ein dritter Versuch, Gleichheit zu ermöglichen. Wiederum kann man diese Stufen der Entwicklung der Gleichheit in der Geschichte im Vorblick entwickeln.

Schließlich ist eine dritte Vorschau von Nutzen. Die Ideen von Freiheit und Gleichheit widersprechen sich. Die Gleichheit setzt der Freiheit Schranken, bei absoluter Gleichheit gibt es keine Freiheit. Der Gebrauch der Freiheit führt ständig zu Ungleichheiten. Wie sind diese Widersprüche zu verstehen, wo finden die Ideen ihre Grenzen? Gelten sie unumschränkt? Nein! In welchem Bereich können sie dann gelten? Wie sieht es aus, wenn noch die Idee der Brüderlichkeit hinzutritt? Es wäre von größter Bedeutung, wenn es gelänge, die Begrenztheit der Gültigkeitsbereiche und Anwendungsfelder dieser Ideen auch ideell mit der Klasse zu klären, bevor man in die Geschichtsdarstellung eintritt. So lernen Schüler Geschichte im Lichte der Idee sehen, und die geschichtlichen Kämpfe erscheinen in ihrem symptomatischen Charakter.

Diese Ideen sind nun die Basis zum Verständnis der anderen Ideen, die die Jahrhunderte charakterisieren. Wenn z. B. als zusammenfassendes Thema für das 18. Jahrhundert formuliert wird «Die Auswirkung der Ideen der Aufklärung auf das geschichtliche Leben», so hängt das Verständnis der Ideen der Aufklärung mit dem Verständnis für die allgemeineren Ideen zusammen. Die zusammenfassenden Themen der Jahrhunderte verbinden die allgemeinen Ideen mit den geschichtlichen Ereignissen. Die Idee der Aufklärung ist hier ein Mittelbegriff. Er speist sich von den hohen Zielen der Gleichheit und Freiheit, die schrittweise Realisierung dieser Begriffe wird als Fortschritt, als Hellerwerden, als Aufklärung gesehen. In der Tat zeigt das 18. Jahrhundert, an dessen Anfang noch ein Ludwig XIV. steht, an dessen Ende die Ideen der Französischen Revolution Europa ergreifen, diesen Fortschritt. Für die Schüler der 9. Klasse ist es wichtig, dass die Tatsachen der Geschichte in diesem Sinne an die Ideen und inneren Motive angebunden sind, dass sie nicht als bloße, brutale Fakten – die man kennen und lernen muss – behandelt werden.

Das gilt nun besonders auch für das 20. Jahrhundert, in dem es darum geht, dass eine neue Kultur sich vorbereitet, während die alte, einseitig technisch-materialistische Kultur immer schwerere Krisen hervorruft. Um die neue Kultur des 20. Jahrhunderts zu beschreiben, braucht man einen neuen Begriff der Freiheit. Während die Freiheitsvorstellungen der Aufklärung in der radikalen Freiheit des Subjekts gipfelten, besteht die neue Freiheit in der Möglichkeit des einzelnen Subjekts, über sich hinauszukommen, im Erkennen und Fühlen die Welt zu ergreifen und aus diesem Ergreifen Kultur zu gestalten. Ein Beispiel für diese Befreiung des Subjekts von sich selbst wäre das neue Umweltverständnis, das sich seit einem Jahrzehnt anbahnt. Hatte früher das Subjekt die Freiheit, die Umwelt auszubeuten, so besteht die neue Freiheit darin, auf die Notwendigkeiten der Umwelt eingehen zu können, weil man die Gesetze der Umwelt und ihren Sinn erkennt. Durch diese neue Freiheit wird ein sinnvolles Handeln und die Entstehung einer neuen menschlichen, pädagogischen, ökologischen Kultur möglich.

Die innere Klärung der ideellen Impulse, die im Schüler in diesem Alter aufleuchten, soll zu einer seelischen Hilfe werden. Der Schüler beginnt in diesem Alter, die Welt zu beurteilen. Er urteilt fortwährend, doch zunächst kann er seine eigenen Urteile noch wenig leiten, die Urteilskraft überwältigt ihn. Lernt er aber, dass die absolute Realisierung der Freiheit im sozialen Zusammenleben – z.B. im Bereich der Wirtschaft – nur den Stärksten Macht verschafft, dass andere Menschen an die Seite gedrängt werden, so erkennt er die Grenzen dieses Prinzips. Er lernt mit Urteilen behutsamer umzugehen. Die Geschichte des wirtschaftlichen Liberalismus veranschaulicht ihm im Elend der Arbeitermassen, wohin absolute wirtschaftliche Freiheit führt. Das Beispiel eines Robespierre hilft erkennen, wie ein Einzelner, der seine Urteilskraft absolut setzt und sich zum Organ des allgemeinen Willens aufwirft, eine furchtbare Tyrannis der Idee entfesselt, die Hunderttausende das Leben kostet und schließlich den Tyrannen vernichtet. Die innere Dramatik dieser Entwicklung wird dann für den Schüler erlebbar, wenn er sich zunächst für die Ideen Rousseaus und Robespierres begeistern kann, wenn er dann im Kampf Dantons und Robespierres den Weg in die Katastrophe mitvollziehen kann. Georg Büchners Darstellung dieses Kampfes ist ein Vorbild für eine individuelle und lebendige Darstellung.

Die volle Ausbildung der Urteilskraft, die sich an Idealen orientiert, gelingt, wenn der Schüler einsieht, wie Ideen wirklich praktisch werden. Am Beispiel Robespierres wird nur das Scheitern deutlich. In den Ideen und Maßnahmen der Gewaltenteilung, im Arbeitsrecht, in der Einrichtung von Geschworenengerichten kann der Schüler aber sehen, dass die Verwirklichung der Ideen soziale Erfindungen verlangt, die nicht auf unmittelbare Weise Ideen realisieren. Die wichtigen sozialen Erfindungen verwirklichen Ideen gerade mittelbar: Sie schaffen Einrichtungen, die die Idee wirklich werden lassen, ohne sie direkt in die Tat umzusetzen. Den Sinn derartiger praktischer Einrichtungen und Verfahren sollte man deshalb in der 9. Klasse und auch später ausdrücklich behandeln und geradezu als Übung immer wieder die Frage aufwerfen: Was ist der Sinn einer praktischen Einrichtung? So wird die Urteilskraft an die Welt herangeführt.

In der 10. Klasse kann dieses neue Motiv der Geschichte in ganz anderer Weise fortgesetzt werden. In den Vorträgen für Waldorflehrer aus dem Jahre 1921, die unter dem Titel *Menschenerkenntnis und Unterrichtsgestaltung* erschienen sind (GA 302), führt Rudolf Steiner aus, dass es jetzt nach der Geschlechtsreife darum gehe, das Seelisch-Subjektive in ein Verhältnis zum Objektiven zu bringen. Mit dem Objektiven ist hier zunächst die physische Raumeswelt, ist aber auch das objektiv Lebendige, das uns als Lebenswelt umgibt, gemeint. Der Unterricht der 9. Klasse diente durchaus der Befreiung des Seelischen: Im Zeichen der Ideale erhob sich der Schüler über das bloß Faktische der äußeren, bildhaft erfassbaren Entwicklungen. Diese Befreiung bringt zunächst, da die Urteilskraft noch nicht voll gehandhabt werden kann, Unruhe und Tumult. Der Schüler rebelliert: Die Welt ist nicht so, wie sie sein sollte – er selber, der Schüler, freilich auch nicht. An dieser Stelle der Entwicklung kann man sich an die Worte Steiners erinnern, der im pädagogischen Kurs 1921/22 sagt: «Dieser Tumult muss da sein, und man muss während der ganzen vorhergehenden Erziehung auf diesen Tumult hinschauen, der notwendigerweise entstehen muss. Menschen, die vielleicht übertrieben elegisch veranlagt sind, die können glauben, es sei gut, wenn man dem Menschen diesen Tumult erspart. Dadurch wird man aber gerade sein größter Feind. Man soll dem Menschen diesen Tumult nicht ersparen. Man soll die ganze Erziehung vorher so veranlagen, dass sie nun dem innerlichen Arbeiten des Geistig-Seelischen am Menschen zur Hilfe kommt.»

Der Weg vom Tumult der Subjektivität zu einer neuen Orientierung im Objektiven kann in der 10. Klasse in gar keiner Weise mehr durch die Autorität des Lehrers vermittelt werden. Die Schüler verlangen für alles Gründe, sie wollen wissen, warum die Dinge so geworden sind, wie sie erscheinen, Der Weg zu einer neuen Objektivität kann nur durch Einsicht vermittelt werden. Derartige Einsichten müssen zuerst an klaren Paradigmen gewonnen werden. Geht man nun nach dem Lehrplan auf das Verhältnis von Geschichte und Geografie ein, so bilden die geografischen Tatsachen das eindeutig objektive Fundament. Auf der einen Seite ist es nun methodisch wichtig, das geografische Detail liebevoll und genau zu erfassen, zum anderen kommt viel darauf an, dass auch das Allgemeine durch eine Anzahl weiterer Beispiele hervortritt. Einfache und klare Beispiele sind die großen Stromtäler, die die Entstehung der ersten Hochkulturen ermöglichten (Euphrat, Tigris, Nil, Indus, Hoangho), Küstenländer, deren Lebensbedingungen zur Seefahrt anregen (Griechenland, Portugal, England, die Niederlande, Norwegen), aber vielleicht auch die Wüsten, aus denen erobernde Nomadenvölker hervorbrechen. Sehr bald werden die Schüler dann Fragen stellen, auf die der Lehrer vorbereitet sein muss: Wie steht es mit der Kultur der Inkas, Mayas und Azteken? Warum wurden die Japaner nicht frühzeitig eine Seefahrernation? Nur wenn der Lehrer auf diese

Fragen eingehen kann, entsteht bei den Schülern das Gefühl, dass es hier wirklich um Objektives gehe.

Ein zweites wichtiges Element ist hier der Arbeitsstil. Die Schüler müssen nun lernen, auch selber Geschichte zu rekonstruieren. Der Lehrer kann Aufgaben stellen, indem er an Dokumente, Funde oder Tatsachen anknüpft. So kann man fragen, was bestimmte Bauten – die Pyramiden oder Stonehenge – über die Gesellschaft aussagen, die sie erbaute. So können Texte aus der Odyssee, aus dem Perserdrama des Äschylos oder Platos Dialog über die Gründung einer Stadt (Staat, 2. Buch, Kap. 11-14), mit gezielten Fragen versehen, den Schüler zu eigener Gedankenbildung anregen. Für den Schüler bedeuten diese Dokumente aber auch wiederum eine Auseinandersetzung mit der Objektivität. Er sieht, dass er selber in der Auseinandersetzung mit der Objektivität sich ein Bild der Vergangenheit schaffen kann.

Insgesamt hat so in Thematik und Methode des Unterrichts die 10. Klasse einen stark rationalen Zug. Das tritt an den Stellen besonders hervor, wo Themen, die in der 9. Klasse idealistisch betrachtet wurden, etwa die Entstehung eines demokratischen Staates, nunmehr unter geografischen und sozio-strukturellen Gesichtspunkten zu durchdenken sind, um zu sehen, in welchem Milieu z. B. ein Sokrates möglich wird. Durch diese nüchterne Betrachtungsart, die völlig verständlich und einsehbar sein muss, kann das erwachende Subjekt, kann das rebellierende Gefühl sich klären; eine gefühlsbetonte oder einseitig idealistische Betrachtungsart hingegen würde in diesem Alter den jungen Menschen nicht weiterhelfen.

Wenn der Unterricht in der 9. und 10. Klasse glücklich verlaufen ist, wenn die Schüler eine erste allgemein-ideelle Orientierung und ein Verhältnis zur Objektivität gewonnen haben, so macht eine 11. Klasse einen ganz anderen Eindruck. Der Tumult ist an sein Ende gekommen, im Verhalten, in Fragen und Interessen zeigen sich die Schüler nun auf einer neuen Stufe. Sie fragen persönlicher, sie bringen innerliche, eigene Seelenerlebnisse geschickter oder ungeschickter in den Unterricht ein. Die allgemeine kulturelle Umwelt gibt ihnen Antworten auf manche Fragen, die sie beeindrucken: Sie diskutieren die Bedeutung der Vererbung und der Umwelt für die eigene Person, sie haben sich mancherorts das Vokabular der populären Psychologismen angeeignet und sprechen von Aggression und Verdrängung, von Minderwertigkeitskomplexen oder Mutterbindung. Diese Terminologie, die meist ohne irgendeinen genaueren Betriff aus freier Hand verwendet wird, zeigt aber, wofür man sich interessiert.

Der Deutschunterricht versucht diesem Interesse entgegenzukommen, indem er den Parzival des Wolfram von Eschenbach behandelt. Dieses Epos ist unter anderem auch ein Entwicklungsroman, der in Bildern Stufen und Stationen, Krisen und Konflikte des werdenden Menschen in die Anschauung erhebt. Wo der Ungebildete nur mit Worten hantiert, die er in der Regel nicht richtig verwenden kann, kann der Leser eines fein und genau gezeichneten Romans, etwa des Parzival, psychologisch sehen und verstehen lernen. Man denke nur an die Szene mit den drei Blutstropfen im Schnee, die Parzival so faszinieren, dass er völlig gebannt auch durch äußere Attacken nicht abgelenkt wird – bis Gawan die Blutstropfen den Blicken Parzivals entzieht, indem er sie verdeckt (denn Gawan verstand sich auf solche Situationen, er war ein praktischer Psychologe).

Der Geschichtsunterricht, der auf die latenten Fragen der Schüler eingehen will, hat es schwerer als der Deutschunterricht, denn Geschichte ist nicht in erster Linie Bild einer inneren, persönlichen Entwicklung. Dennoch muss der Geschichtslehrer in diesem Alter versuchen, auch in der Geschichte die Seiten zu entdecken, die die Schüler persönlich interessieren. Die Tatsachen der Völkerwanderung, die Gestalten deutscher Könige und mittelalterlicher Mönche sind auf den ersten Blick nicht in diesem Sinne interessant. Macht man jedoch den Versuch, die einzelnen Kulturen, die für das Mittelalter von Bedeutung sind, aus ihrem seelisch-geistigen Hintergrund zu entwickeln, sodass zum Beispiel der Islam mit seinem strengen Monotheismus, mit seinem Fatalismus, mit seinem Verbot, Bilder zu schaffen, in der arabischen Kultur physiognomisch sichtbar wird, so kann die Kultur von Bagdad oder die Welt der Alhambra in ihrer ganzen Höhe und in ihrem Feinsinn verstanden werden; zugleich wird aber auch spürbar, dass diese Kultur das Ende einer kurzen Entwicklung ist, dass sie keine Fortsetzung findet.

In eben diesem Sinne kann das iroschottische Christentum, das aus einem bildlosen, aber stark bewegten Naturerleben zur Gestalt hindrängt, als eine keimhafte, entfaltungsfähige Kultur gesehen werden, die dann in das frühe Mittelalter eingeströmt ist und Frankreich und Mitteleuropa befruchtet hat. In eben diesem Sinne kann man auf das Altwerden der antiken Welt und auf die Kraft des Christentums eingehen, aus der dann durch die germanischen Völker die alte Überlieferung völlig neu gestaltet wird.

Diese kulturphysiognomischen Betrachtungen werden aber erst voll verständlich, wenn sie von einem umfassenderen Leitgedanken durchdrungen werden. Es handelt sich dabei um den Gedanken einer Entwicklung, die durch Untergang und Wiedergeburt, durch Wandlung und Individualisierung, durch Ursprung und Ziel gekennzeichnet ist. Für den Schüler der 11. Klasse, der selber durch Zweifel und Krisen verborgenerer Art hindurchgeht, ist es wichtig zu erkennen, dass nicht nur seine individuelle Entwicklung, dass auch die Geschichte durch Niedergänge hindurchgehen und sich wieder erneuern kann. Die Kultur des Mittelalters hat Ursprünge in der Antike, aber die Antike und ihre Traditionen zerbrechen, wie in einem unterirdischen Strom verschwindet das alte Geistesgut. Es wird aber neu geschaffen, gewandelt und umgestaltet im Geiste des Christentums wiedergeboren. Die mittelalterliche Geschichte lebt von Zielen, die sie nur in seltenen Augenblicken erreicht. Aus den einfachen Keimen der Kultur des Frankenreichs gliedern sich im Laufe einer Entwicklung, die durch immer neue Zwiespälte und Krisen führt, individuelle Kulturen heraus, die sich ihre

Organe schaffen: Kirchen und Klöster, Kathedralschulen und Universitäten, Ritterorden, Städte mit Handwerkerzünften und Kaufmannsgilden, die sich aber in der Idee der Christenheit wie in einem Dom, der durch viele Gestalten geschmückt wird, vereinen. So wird für den Schüler die kultur- und seelenformende Macht des Geistes erfühlbar.

Die Schüler der 12. Klasse haben die Fähigkeit, Fragen nach Ursprung und Ziel der Geschichte überhaupt zu stellen. So wichtig ihnen das Detail sein mag, das eigentliche Interesse zielt auf grundsätzliche Fragen: Was die Geschichte gestalte, worauf sie ziele. Diese Fragen sind von den Schülern nicht abstrakt gemeint. Sie wollen sich im Leben orientieren, einen eigenen Lebensplan entwerfen, Geschichte soll hierbei helfen. Das schwerwiegendste Problem unserer Gegenwart, das von den 18jährigen mit elementarer Wucht erfahren wird, ist die Zukunft, die düster und aussichtslos erscheint. In der Tat ist diese Zukunftsperspektive auch für den Lehrer bedrängend, aber es ist nicht seine Aufgabe, die Angst zu mehren, die Schreckvisionen zu steigern. Man muss sich dazu klarmachen, dass die einseitig materialistischen Untergangsvisionen nicht auf das blicken, was sich auch zeigt: der Kampf um ein neues Bewusstsein.

Eine für die Schüler gesunde, hilfreiche Orientierung ergibt sich nur aus einem umfassenden, präzisen Überblick, der sie über den Augenblick erhebt. Sie brauchen Ideen, die nicht an der neuesten Mode der Zeitdiagnosen festgemacht sind und morgen schon wieder veraltet sind. Solche Ideen ergeben sich nicht aus soziologischen Analysen, die nur die Symptome des weltgeschichtlichen Verfalls anschauen, ohne auf die tieferen, treibenden Kräfte einzugehen. Die entscheidende Aufgabe unserer Zeit ergibt sich aus der Situation der Freiheit. Versteht man diese Freiheit aber nur als subjektive Meinungs- und Wahlfreiheit, so sieht man diese Aufgabe überhaupt nicht. Was die Freiheit ist, wird erst im Vergleich zu früheren Zeiten erkennbar. Die alten Hochkulturen haben in ihren Städten (Ur und Uruk,

Memphis, Harappa etc.) zwar einen kleinen Raum der von Menschen geschaffenen Kultur bilden können, aber sie waren völlig in die Rhythmen der Natur (z. B. des Nils) eingebettet, auch in ihrem Denken erhoben sie sich kaum über die Welt des Lebens, die sie trug. Sie waren so ganz unfrei und auf den Mitvollzug der Natur angewiesen. Die Griechen befreien sich von ihrem unmittelbaren Standort, als Seefahrer und Händler, als Siedler bewegen sie sich in den Räumen des Mittelmeeres, des Schwarzen Meeres, sie erforschen Ägypten und Persien und dringen schließlich bis Indien vor. Dieser freien Beweglichkeit entspricht auch ihr Denken. Dieses Denken ist ein beschreibendes oder spekulierendes Denken, das sich frei auf und in der Welt bewegt, ihre Gestalten ergreift und die Welt dort, wo es sich genau bewegt, versteht. Das ist die Position des Aristoteles. Unsere heutige Vorstellung der Freiheit entspricht noch immer diesem sich frei bewegenden Denken der Griechen. Verfolgt man aber dieses freie Denken der Griechen bis an sein historisches Ende in der Scholastik, so bemerkt man: Es gerinnt zum System. Sowohl das sich frei bewegende Denken der Griechen wie auch die Systematik der Scholastik bleiben aber beim Weltbetrachten. Aus dem frei schweifenden apollinischen Weltbetrachten der Griechen wird das immer genauer ausgefeilte Denken der Welt in klaren, richtigen Verstandesbegriffen durch die Scholastik. Dieses Verstandesdenken, diese Betrachtung der Welt mit dem Kopf und der damit verbundene Freiheitsbegriff der Gedankenfreiheit beherrschen unser Bewusstsein noch immer.

Die Wirklichkeit der neuzeitlichen Freiheit ist jedoch durch den handelnden, experimentellen, umgestaltenden Eingriff des Menschen in die Natur charakterisiert. Das Merkwürdige dabei ist aber das Folgende: Der Experimentator vergißt wie der Techniker, dass er handelt, dass er in die Natur eingreift. Er behält im Denken die griechische Einstellung zur Weltbetrachtung insofern bei, als er meint, er würde nur beschreiben was ist; sein eigenes Handeln, das die neuen Erscheinungen und Techniken hervorbringt, vergisst er. Er steht vor den Folgen seines Handelns, ohne zunächst zu sehen, dass es die Folgen seines Handelns sind, denen er gegenübersteht, er erkennt sich selbst nicht in seinem Tun. Was sich heute abspielt, ist, dass man ganz anfänglich sich des eigenen Handelns bewusst wird. In Zukunft wird aber ein neues Denken entstehen, das das eigene Handeln begleitet. Die Menschen werden dann weniger «mit dem Kopf» denken, sie werden vielmehr versuchen, ihr Tun, ihr Erfahren und Erleben, ihr Wahrnehmen bewusst im Willen zu spüren. Die Kultur wird vom Kopf auf die Füße gestellt werden. Was wir erleben, sind die Schmerzen und Krisen dieser Wende.

Die so skizzierte Perspektive der Geschichtsbetrachtung gibt eine mögliche Antwort auf die Frage, die die Schüler der Oberstufe, die namentlich die 12. Klasse bewegt: die Frage nach dem Sinn des Geschehens, in welchem sie stehen. Was heute als Krise, als Untergang erscheint, wird so verständlich. Darauf kommt nun alles in der 12. Klasse an, dass die Schüler nicht das Gefühl bekommen «Es hat alles keinen Sinn, wir wachsen im Absurden auf» und so nur fühlen: «no future». In der angedeuteten Skizze liegt auch ein Ziel – ein Ziel, das nicht ausgedacht ist, das sich aus den Tatsachen ergibt, wenn man auf das schaut, was sich in den Tatsachen verbirgt.

Für die Schüler der 12. Klasse ist es ein Lebensbedürfnis, über derartige Fragen zu sprechen. Der Lehrer ist hier zweifach gefordert: Einmal muss er sachlich kompetent sein und sich mit den Fragen, die die Schüler bewegen und die die Fragen der Zukunft sind, selber beschäftigen. Er wird sich zum Beispiel überlegen: Wie sieht ein neues Denken in sozialen, menschlichen Zusammenhängen aus? Er wird die Zeiterscheinungen beobachten, um die Ansatzpunkte des Neuen nicht zu verpassen. Zum anderen ist er aber auch ganz persönlich gefordert. Im Stil seines Unterrichts, in der Gesprächsführung kann etwas von dem Neuen leben, wenn der Lehrer sein eigenes Tun und Reden in dem gespiegelt findet, was ihm aus der Klasse entgegenkommt. Die inneren geistigen Schwierigkeiten des Lehrers – Abstraktion, Fantasielosigkeit, Pessimismus, starre Gedankenform, Verhaftetsein an der Stofffülle und wie die ganze Schar heißen mag –, sie alle kommen direkt oder verwandelt auf den Lehrer wieder zurück und geben ihm den besten Anlass, sich selbst ständig zu wandeln und den Unterricht aus den Fragen der Klasse, aus den Aufgaben der Zeit so zu erneuern, dass die Schüler ihre Zukunft ergreifen können.

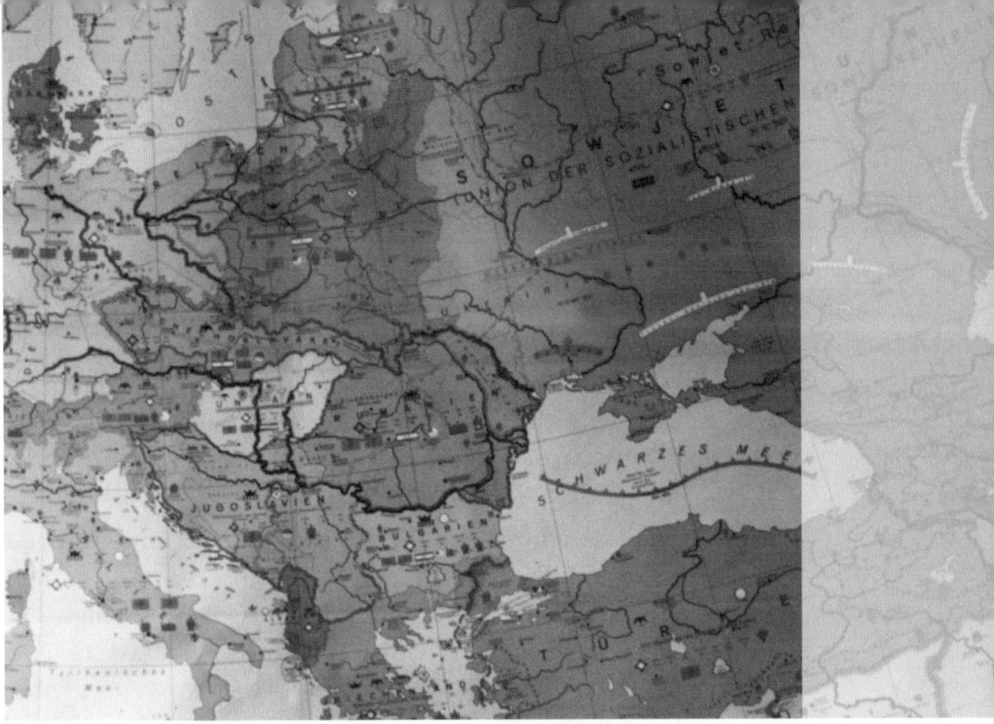

Vorschläge zur Themenauswahl für die Klassen 5 – 12 nach dem Lehrplan Rudolf Steiners

Rudolf Steiners Lehrplanhinweise für die einzelnen Klassen zeichnen sich durch größte Knappheit aus. Das hat seinen Grund, denn Rudolf Steiner wollte den Lehrern der Waldorfschule nicht vorschreiben, was sie im Einzelnen zu tun hätten. Noch in der letzten Konferenz vom 3. September 1924 sagt er zu den Waldorfschullehrern in Stuttgart: «Im Prinzip haben die Lehrer in allem, was Unterricht ist, volle Freiheit, aber nicht in dem, was die Verwaltung der Schule anbetrifft.» Auch die hier folgenden Anregungen beschränken sich bewusst auf Hinweise, sie deuten

Möglichkeiten an, aber sie wollen in gar keiner Weise ein ausgearbeitetes Curriculum darstellen. Die Erfahrung hat mir gezeigt, dass den meisten Kollegen der Unterricht in den Klassen 5, 6 und 7 nicht besonders schwer fällt. Ich habe mich also hier besonders kurz gefasst. Die Aufgabe, die dem Lehrer in der 8. Klasse gestellt ist, macht aber offensichtlich größere Schwierigkeiten. Deshalb ist hier der Versuch gemacht worden, die vielen Kollegen ungewohnte Thematik ausführlicher darzustellen. Dennoch bleibt der individuellen Arbeit des Lehrers genügend Raum. Das ist wichtig, denn pädagogisch wirksam ist das, was der Lehrer sich selber erarbeitet. Sollte es ihm gar gelingen, ganz eigene Entdeckungen zu machen, eigene Wege zu finden, so kann er darauf hoffen, dass der Funke der Begeisterung auf die Klasse überspringt.

Für die Vorbereitung des Geschichtsunterrichts ist es gut, wenn der Lehrer möglichst wenig von Vorlagen ausgeht, die bereits für den Schulunterricht zurechtgemacht sind. Die antiken Quellen, Herodot und Plutarch, sind, wenn der Lehrer von ihnen ausgeht, ebenso wie manche mittelalterliche Chronik in ihren Inhalten wahrer und pädagogischer als die Abstraktionen der Lehrbücher. Freilich kommt dabei alles darauf an, dass es dem Lehrer gelingt, selber ein anschauliches inneres Bild der Vorgänge in seiner Fantasie zu schaffen. Im Seminar für die ersten Waldorflehrer ruft Rudolf Steiner den Lehrern zu: «Versuchen Sie anschaulich diese Geschichte zu schildern, dann werden Sie eine wahrere Geschichte geben!» Die Bedeutung dieses Hinweises lernt man im Laufe der Zeit erkennen. Die üblichen Geschichtsbücher legen großen Wert auf bestimmte Begriffe: griechische Polis, theokratische Herrschaft, Feudalismus etc. Diese Begriffe sind dann völlig brauchbar, wenn sie beweglich bleiben und aus einer konkreten Anschauung der Einzelheiten genährt werden. Im Allgemeinen aber decken sie viele Probleme nur zu, wenn sie abstrakt verwendet werden. So möchte man dem Klassenlehrer, der in der Regel kein Historiker ist, raten, sich in der Vorbereitung stark auf einzelne Gestalten und deren Lebensumstände zu konzentrieren und sich Tag für Tag ein Bild von dem zu machen, was er am folgenden Tage im Unterricht darstellen will. Dabei ist es empfehlenswert, sich Häuser und Städte, Kleidung und Wege genau vorzustellen, um diese Elemente, die eine konkrete Vorstellung von Raum und Zeit ermöglichen, wie in Nebensätzen in den Unterricht einfließen zu lassen. Über die spezifische Art, wie diese Bilder auf jeder Altersstufe zu verbinden und mit Gedanken zu durchdringen wären, ist oben in dem Kapitel «Geschichtsverständnis und Altersstufen» bereits einiges gesagt worden.

Für die Klassen 9 bis12 ist es mir darauf angekommen, die inhaltlichen Anregungen Steiners in Umrissen auszuarbeiten. Hier gilt, dass es sich nur um Anregungen handelt, noch in verstärktem Maße. Besonders in den Klassen 11 und 12 wird nicht nur jeder Lehrer seine besonderen Wege gehen, auch die jeweiligen Klassen werden durch Fragen und Vorschläge den Unterricht mitgestalten. Bestimmte Anregungen Rudolf Steiners – zum Beispiel das «Jüngerwerden der Menschheit» in der 12. Klasse zu behandeln – habe ich nicht eigens erwähnt, weil ich meine, dass eine derartige Tatsache am besten an konkreten Beispielen verschiedentlich als Apercu erwähnt werden kann, sich aber nicht für eine systematische Behandlung in der 12. Klasse eignet. Wenn meine Ausarbeitungen für die Klassen 9 bis 12 ausführlicher geraten sind als die für die Klassen 5 bis 7, so bitte ich dennoch, sie als ein bloßes Arbeitsmaterial zu betrachten, dessen sich jeder Kollege auf seine Art bedienen möge.

5. Klasse

Im ersten Lehrplanvortrag vom 6. September 1919 formuliert Rudolf Steiner die Aufgabe des Klassenlehrers für den ersten Geschichtsunterricht: «Im 5. Schuljahr wird man alle Anstrengungen unternehmen, um mit wirklich geschichtlichen Begriffen für das Kind beginnen zu können. Und man soll durchaus nicht davor zurückschrecken, in diesem Lebensalter, in dem das Kind in der 5. Klasse ist, dem Kinde Begriffe beizubringen über die Kultur der morgenländischen Völker und der Griechen.» Und Steiner fügt hinzu: «Ein zehn- bis elfjähriges Kind kann ganz gut, namentlich wenn man an sein Gefühl appelliert, auf alles das aufmerksam gemacht werden, was ihm ein Verständnis beibringen kann für die morgenländischen Völker und die Griechen.»

Wie sehen die geschichtlichen Begriffe aus, um die es sich vor dem zwölften Lebensjahr handeln kann? Auf jeden Fall geht es noch nicht um eine konsequente, kausale Darstellung der geschichtlichen Entwicklungen und um die begriffliche Fassung der inneren Impulse der Geschichte. Indem auf die Kultur der morgenländischen Völker verwiesen wird, wird klar, dass es sich zunächst um die Andersartigkeit dieser alten Kulturen handelt, und in dieser Andersartigkeit liegt auch bereits der entscheidende historische Begriff. Für den Schüler der 5. Klasse wird diese Andersartigkeit der Kultur an menschlichen Gestalten, an ihren Werken und Taten sichtbar. In der Tat herrschen in den einzelnen morgenländischen Kulturen je ganz andere Stimmungen und Lebenshaltungen, die die Kulturen prägten.

Die schwierige Aufgabe, die gleich am Anfang steht, ist die Schilderung der alten indischen Kultur. Was von dieser Kultur aus geschichtlichen Zeiten erhalten ist, ist nur ein Abglanz jener Kultur, von der die indische Sage berichtet, wenn sie von dem großen Manu und den sieben Rishis erzählt, Diese urindische Kultur anschaulich darzustellen kann gelingen, wenn man von ihrem Abglanz in späteren Zeiten ausgeht. Der Lehrer kann von vedischen Texten, von den Upanishaden oder von der Bhagavad-Gita ausgehend sich ein Bild von jenem Bewusstsein zu schaffen versuchen, für welches sich der Götterhimmel in seiner unendlichen Gestaltenfülle öffnet. Diese Welt ist so mächtig, dass ihr gegenüber die Erdenwelt als Maya, als Schein erlebt wird. So richtet sich das Interesse des frühen Inders wie auch des heutigen indischen Weisen nicht auf Ackerbau, nicht auf Industrie und Broterwerb, sondern auf das Erleben, Erfassen der Götterwelt. Die ursprünglich reiche, üppige, vielgestaltige Vegetation des indischen Subkontinents gestattete in der Frühzeit auch ein Leben ohne großen Arbeitsaufwand und ermöglichte auf diese Weise ein nur wenig von irdischen Zwängen behindertes geistiges Leben, das sich in die Geheimnisse des Kosmos vertiefen konnte. Die Wertschätzung dieses geistigen Lebens bildet sich in der indischen Kastenordnung ab, die den Priestern den höchsten Rang einräumt. Es hat aber keinen Sinn, auf diese Kastenordnung einzugehen, wenn es nicht gelingt, den Schülern deutlich zu machen, dass diese Ordnung des sozialen Lebens in der Frühzeit der indischen Kultur ganz anders empfunden wurde als heute.

Für den Schüler der 5. Klasse kann aber diese Kultur nur wirklich deutlich werden, wenn sie auch ausführlich an einer Gestalt erlebbar wird. Diese Gestalt ist der Buddha. Glücklicherweise ist nun das Leben des Buddha in der Buddha-Legende in einer typisch indischen, bild- und gestaltenreichen Art erhalten und auch in dem Buch von Hermann Beckh vorzüglich dargestellt. Man kann also den Schülern gegenüber sagen: Jetzt wollen wir sehen, wie die Inder selber uns das Leben eines ihrer größten Menschen schildern, und mit dem Hinweis auf die Authentizität dieser Schilderung beginnt man mit der Darstellung des Herabstiegs des Bodhisattvas von den Göttern, man schildert dann anhand der Legende den Palast des Königs Suddhodana, das Eingehen des Boddhisattva in den Mutterleib und alle weiteren Elemente dieser Legende in einer gewissen Ausführlichkeit, denn diese Bilderfülle ist charakteristisch für die indische Geistigkeit. Diese Legende selber wird den Schülern etwas vom ganz eigentümlichen Aroma der frühen indischen Kultur mitteilen, und in der Tat spiegelt besonders der Palast des Suddhodana noch etwas von der urindischen Kultur, die das goldene Zeitalter Indiens war.

Es kommt zur gleichen Zeit viel darauf an, dass der Schüler begreift: Die Legende vom Buddha ist kein Märchen, die letzten Ausläufer der altindischen Kultur sind noch heute in Indien in verwandelter Form lebendig. Man kann das heutige Indien gleichsam als den archäologischen Rest einer alten Kultur betrachten, die viel großartiger und reiner war als das, was heute aus Indien ins Abendland dringt. Dabei wird wie nebenher deutlich, dass die uralten Kulturen keineswegs «primitiv» waren.

Eine ganz andere Stimmung liegt über der alt-iranischen Kultur, der Welt des Zarathustra. In ihr geht es um das Ergreifen der Erdenaufgaben, um Viehhaltung, Getreidezüchtung, um Hausbau, Kanalbau, Bewässerung der Felder in einem Gebiet, das viel weniger einladend war als der indische Subkontinent, handelt es sich doch um die Landschaften zwischen Pamir und Kaspischem Meer, etwa südlich des Oxus. Diese Welt zu einem Abbild göttlichen Willens und göttlicher Ordnung zu machen war der Wille der urpersischen Kultur.

Zunächst wird sich der Lehrer selber klarmachen, was das Sesshaftwerden für die Menschen jener Zeit bedeutete. Man opfert mit der Sesshaftwerdung die freie Beweglichkeit, das Leben, das noch keine Erdenbindung kennt, Wir kennen heute die Ergebnisse der Sesshaftwerdung, wir können uns das Leben kaum anders denken, als dass man in Häusern wohnt und regelmäßig das Brot und die anderen Früchte des Ackerbaus genießt, wir wissen, dass Getreidezüchtung und Siedlung möglich sind. Anders in der Zeit vor der Sesshaftwerdung, da gab es diese Erfahrungen und Vorstellungen nicht. Darüber hinaus bedeutet die Sesshaftwerdung eine völlige Änderung des Seelenlebens: Von einem bloßen Nutzer und Verbraucher der Naturprodukte wurde der Mensch nun zum Hervorbringer von Nahrung und Wohnung, vom Jäger wurde er zum Pfleger und Heger der Tiere. Dieser großartige Vorgang findet eine Spiegelung in der Sage von Zarathustra. Der Lehrer ist hier in der glücklichen Lage, dass diese Sage mitsamt einer großen Anzahl zarathustrischer Texte in dem Buch «Zarathustra» von D. J. van Bemmelen gesammelt vorliegt. Die Frage ist, wie man in der 5. Klasse vorgehen soll. Es scheint mir richtig zu sein – und zwar hier ebenso wie bei den griechischen Sagen des Kampfes um Troja und anderen –, dass zunächst die Sage von Zarathustra, das Leben des Zarathustra in kurzen Zügen erzählt wird und man dann anhand der archäologischen Befunde deutlich macht, dass diese Sagen auf eine Wirklichkeit verweisen. Der Schüler lernt auf diese Weise die Sagen schätzen, er lernt, dass in alten Zeiten die Menschen über viele Jahrhunderte hin die großen Ereignisse im Gedächtnis bewahrten und dass das an rhythmische Texte gebundene Gedächtnis Uraltes behält.

Im Vergleich zur indischen Kultur und zur Buddha-Legende wird der ganz andere Charakter der iranischen Kultur deutlich: Die Menschen sind in den Kampf zwischen Licht und Finsternis, zwischen Gut und Böse hineingestellt, und in diesem Kampf fassen sie langsam auf der Erde Fuß; Ackerbau ist ihnen Gottesdienst. Sie stehen im Kampf mit den Dämonenanbetern, sie entscheiden sich für den Geist der Sonne, Ahura Mazda:

«Ich verschmähe es, ein Devanbeter zu sein, ich bekenne mich als Mazdaanbeter, als Zarathustrier, als Feind der Devas (Dämonen), als Bekenner des Herrn, als Lober der unsterblichen heiligen Engel, als Anbeter der Unsterblichen. Dem weisen Herrn verspreche ich alles Gute, ihm dem Guten, Gütigen, Gerechten, Prächtigen, Herrlichen alles Beste, ihm, von dem die Kuh, von dem das Gesetz, die Himmelslichter sind! Die heilige Demut erwähle ich mir. Ich schwöre ab dem Diebstahl und dem Raub von Vieh, der Plünderung und Verwüstung der Dörfer. Den Hausbewohnern gönne ich freien Wandel, freies Wohnen, den Haustieren, mit denen sie auf Erden wohnen. Mit Ehrfurcht gelobe ich bei geweihtem Wasser dem heiligen Gesetz dieses: nicht will ich fortab Plünderung und Verwüstung in den Dörfern der Mazdaanbeter begehen, noch das Begehren nach Leib und Leben. Ich bekenne mich als Mazdaanbeter, als Zarathustrier mit Gelöbnis und Bekenntnis. Ich gelobe gutgedachtes Denken, ich gelobe gutgesprochenes Wort, ich gelobe gutgetanes Werk.» (Yasna 12, 1-3, 8).

Dieser Kampf und diese Entscheidung für das Gute charakterisiert auch das Leben Zarathustras, das von Anfang an bedroht ist. So hat Zarathustra auch stets gegen Feinde zu kämpfen, um die neue Lebensform zu sichern, um den Kult des Guten zu wahren.

Ein besonders schwieriges Problem der Auswahl stellt sich für den Lehrer der 5. Klasse, der die Kultur des Zweistromlandes beschreiben will. Das Zweistromland ist ohne Zweifel von großer Wichtigkeit: Hier kommt es zur Gründung der ersten Städte der Menschheit, hier wird die erste Schrift entwickelt, hier entstehen die Kulturen von Ur, Assur und Babylon. Man wird aber kaum den Schülern der 5. Klasse alle diese Kulturen, ihre Auf- und Untergänge schildern. Was sollte man auswählen? Als eine Geschichte bietet sich das Gilgamesch-Epos an – aber kann man anhand dieses Epos die Kultur Sumers schildern? Oder sollte man eher aufgrund der Berichte des Herodot eine Stadt wie Babylon darstellen? Will man die Entstehung der Schrift am Beispiel der Keilschrift vorführen, oder scheint einem die Entstehung der Hieroglyphen in Ägypten anschaulicher zu sein? Vielleicht ist es das Vernünftigste, dass man sich gleich zu Anfang klarmacht, welche Elemente der alten Hochkulturen man im Zusammenhang mit den alten Kulturen des Zweistromlandes und welche man im Zusammenhang mit Ägypten schildern will. Da ergibt sich für Ägypten eindeutig der Steinbau (Tempel und Pyramiden), die Herrschaft der Pharaonen, der Totenkult, für das Zweistromland die eigentliche Städtegründung und Arbeitsteilung, ferner kann man am Gilgamesch-Epos eine Schilderung der frühen Stadtkultur mit der Tempelwirtschaft geben und überdies die Geschichte einer missglückten Einweihung. Was die Schrift anlangt, so könnte man die Entwicklung der Schrift samt dem Schulwesen dem Zweistromland zuschlagen und am Beispiel der Hieroglyphen einmal auf die Entzifferung einer Schrift eingehen.

Der Anfang des Gilgamesch-Epos enthält eine kurze Beschreibung der Stadt Uruk, ihrer Mauer, die mit Blendsteinen geschmückt ist, ihres Ischtar-Tempels. Der Lehrer ist in der Lage, aufgrund der archäologischen Befunde diese Beschreibung zu ergänzen, er kann von der Gerichtshalle, den Handwerkern, den Wohnquartieren erzählen und das Leben der Stadt schildern, die vom Tempel aus regiert wird – vom Tempel, der auch alle Wirtschaftsgüter verwaltet, in dem das Tontafelarchiv ruht, in dessen Nähe die Schule ist, in der einige Kinder die Kelle in feuchte Tontafeln drücken und so das Schreiben lernen. Um die Stadt dehnt sich das fruchtbare Land, das von Kanälen bewässert wird. In dieser Umgebung erscheint Gilgamesch, von dem es im Epos heißt:

«Dies ist der Mann, der alles wusste, er ist der König, der die Länder der Welt kannte. Er war weise, schaute die Geheimnisse und kannte verborgene Dinge. Aus der Zeit vor der großen Sturmflut brachte er Kunde – die Mauer von Uruk erbaute er, den Schutzwall und den Tempel.» So kann in die Ausgangssituation des Epos die Schilderung der Stadt und ihres Lebens eingeflochten werden. – Der Lehrer, der dann eine größere Stadt auf dem Höhepunkt der Kultur behandeln möchte, hat dazu zwei vorzügliche Möglichkeiten: die Schilderung Assurs, die Walter Andrae geliefert hat und die viele Anregungen bietet, zum zweiten die Beschreibung Babylons durch Herodot in seinem ersten Buch der Historien. – Schwierig scheint es mir zu sein, auf die Kultur und Religion Sumers oder Babylons im Genaueren einzugehen, aber man kann zum Beispiel darauf hinweisen, dass hier die Himmelsbeobachtung besonders gepflegt wurde, dass die Einteilung des Tierkreises babylonischen Ursprungs ist, dass Sonne, Mond und Planeten als Erscheinungsformen der Götter galten: Sonne = Schamasch, Mond = Sin, Merkur = Nabu, Venus Ischtar, Mars = Nergal, Jupiter = Marduk, Saturn = Ninurta. Für die Babylonier war aber das ganze Universum ein geistiger Staat, eine Welt der Götter, die vielfach wirkten: Anu war der Himmel, der sich über alle spannte, Enlil der «Herr Sturm», Enki der Herr der Erde, die Erde, die in anderer Gestalt auch Nin-tu ist, die Herrin, die gebiert. Das Geistig-Göttliche wurde so in vielfachen Wirkungen und Werken erlebt. Am ehesten kann diese Auffassung des Kosmos im Zusammenhang des Gilgamesch-Epos für Schüler anschaulich werden.

Die Kultur Ägyptens ist, zumindest vordergründig, hierzulande viel bekannter als die Kultur des Zweistromlandes. Äußerlich gesehen hat man das der Tatsache zu verdanken, dass die ägyptische Kultur viel besser erhalten geblieben ist als etwa die Kultur Uruks oder Assurs. Das beruht zum einen auf der Tatsache, dass in Ägypten sehr viel mehr mit Steinen – und nicht mit Lehmziegeln – gebaut wurde, zum andern bewirkte der trockene Wüstensand die Konservierung vieler Gegenstände. Dennoch muss man sich, wenn man zum Beispiel eine Pyramide betrachtet, immer wieder klarmachen, dass alles, was wir sehen, nur die Trümmer einer herrlichen Kultur sind. Für den Unterricht ist es als Erstes wichtig, dass man die Schilderung dieser Kultur nicht mit dem Anblick der Trümmer beginnt. Bevor der Lehrer hier mit der Darstellung beginnt, hat er die Möglichkeit, diese Welt zuerst in seiner Fantasie neu zu schaffen. Man ist in der glücklichen Lage, den ersten Steinbau in Ägypten genau rekonstruieren und seine Bedeutung bestimmen zu können. Es handelt sich dabei um den Pyramidenbezirk des Königs Djoser bei Sakkara. Die Anlage, in Stein um die Pyramide herum errichtet, ist eine Nachbildung des königlichen Bezirks von Memphis. Bis auf die Stufenpyramide, die das Zentrum der Anlage ausmacht, bildet der Bezirk von Sakkara in unvergänglichem Stein die aus Lehmziegeln, aus Holz und Flechtwerk errichtete Königsresidenz in Memphis nach. In anderer, aber ähnlicher Weise lässt der Bildschmuck der Gräber uns das tägliche Leben der Ägypter anschauen.

Um nun die Leistungen der ägyptischen Kultur zu verdeutlichen, ist es sinnvoll, den Schülern erst ein Bild des fruchtbaren Niltals mit der üppigen Vegetation und der reichen Tierwelt zu schildern. Inmitten dieser Welt gibt es menschliche Siedlungen, Dörfer auf Hügeln am Rande des fruchtbaren Tals, einige größere Niederlassungen, die von Häuptlingen beherrscht werden, vielleicht auch ein Fürstensitz, aber alle Bauten sind aus Lehmziegeln, Holz oder Schilfrohrbündeln. In dieser Welt schaffen Könige binnen kurzer Zeit einen Staat. Der erste König, der wohl wirklich herrscht – nach einer Reihe von Vorläufern –, dürfte Djoser gewesen sein. Durch ihn und seinen weisen Ratgeber Imhotep wird nun praktisch ohne jede Vorstufe der Steinbau geschaffen, und zwar entsteht sofort mit aller Perfektion und im großen Maßstab die Pyramidenanlage von Sakkara. Schon die umgebende Mauer von 10 Meter Höhe umfasst 277 mal 544 Meter. Im Innern der Anlage fand man die erste große Rundplastik eines Pharao, Flachreliefs, die Urform der ägyptischen Schrift. Djoser und Imhotep haben auch den ägyptischen Staat geformt, ihn erst eigentlich organisiert und der ägyptischen Kultur die Grundform gegeben, die sie über 2000 Jahre behielt. Alles in allem ein unvorstellbarer Vorgang.

Auch der Bau der großen Pyramiden könnte in diesem Sinne besprochen werden. Allein das Ebnen der Grundfläche des Felsgrundes, auf dem die Pyramiden stehen, die haargenaue Orientierung der Seiten ist fast unvorstellbar, dann die Organisation des Baus der Pyramiden: Zur Großen Pyramide von Gizeh wurden etwa 2.600.000 Steinblöcke mit einem durchschnittlichen Gewicht von 2,5 Tonnen herbeigeschafft – wie viele Menschen haben hier über zwanzig Jahre gearbeitet, wie wurden sie ernährt? Hier steht der Lehrer vor der Aufgabe, diese Verhältnisse erst für sich, dann in der Klasse als Vorstellung zu realisieren, bis er sich wirklich eine Pyramide mit völlig glatten Außenwänden, 146 Meter hoch, an der Basis 230 Meter lang, nur vorstellen kann.

Ein nächster Schritt sollte im Unterricht mit dem ersten zusammen vollzogen werden: diese Gebäude und Anlagen aus der Perspektive des menschlichen Erlebens zu sehen; zum Beispiel sich vorzustellen, was ein Ägypter empfand, der den gedeckten Gang vom Taltempel der großen Pyramide zum Totentempel am Fuß der Pyramide hinaufging und dann auf einmal die leuchtende Pyramide vor Augen hatte. In Anbetracht dieser Aufgaben ist es sehr erfreulich, dass heute ein auch für den Lehrer sehr brauchbares Buch vorliegt, das viele Anregungen gibt und inhaltlich gesichert ist – das Werk von Frank Teichmann: *Der Mensch und sein Tempel. Band I: Ägypten*. Gerade der ägyptischen Kultur gegenüber neigt der Laie dazu, Phänomene wie die Pyramiden u. ä. aus freier Hand ohne große Vorkenntnisse zu deuten. Teichmann hat nun aus genauer Kenntnis der altägyptischen Aussagen Perspektiven eröffnet, die fachlich gesichert sind und die Deutungen enthalten, die, so gut es möglich ist, an das Denken der Ägypter anknüpfen.

Es ist wenig sinnvoll, die ägyptische Geschichte – das Alte Reich, die Zerfallszeit, das Mittlere Reich, den Einbruch der Hyksos und das Neue Reich – besonders zu behandeln. Man kann sich gut auf zwei Elemente des Alten Reiches, auf die Begründung der Kultur und den Bau der Cheopspyramide, beschränken. Wer hier gründlicher vorgehen möchte, kann zum Beispiel auf die Zeitrechnung, die Bestimmung des Jahres, auf die Berechnung der Erntemenge anhand der Nilüberschwemmung u. ä. eingehen. Die Behandlung einer Gestalt wie Echnaton aber überlasse man besser dem Kunstunterricht in der 9. Klasse, weil die für uns sichtbaren Leistungen dieses Pharaos im Felde der bildenden Kunst liegen. Sollte die Rede auf Tutenchamon kommen, so sollte man nicht vergessen, darauf hinzuweisen, dass man es hier mit einem ganz unbedeutenden Pharao zu tun hat und dass sein Grab das kleinste in der Reihe der Gräber im Tal der Könige war. Das Wesentliche der ägyptischen Kultur kann aber durchaus an wenigen Erscheinungen des Alten Reiches verdeutlicht werden und bedarf kaum der Hinweise auf eine eher ephemere Gestalt wie Tutenchamon.

Beim Übergang zur griechischen Kultur sollte eine ganz andere Stimmung in der Klasse auftreten. Die Größe der ägyptischen Leistungen, die Strenge der zarathustrischen Religion, die Weltabgewandtheit Indiens haben etwas Ehrfurchtgebietendes, ja fast Bedrückendes – auch der Lehrer, der diese Kulturen behandelt, wird immer wieder bemerken, dass er an Grenzen seines Verstehens kommt, dass ihn das Erhabene überwältigt. Bei den

Griechen aber beginnt unser Verstehen. Etwas von dem Übergang, der hier notwendig ist, wird durch einen Bericht Platons angedeutet, der im Dialog *Timaios* den Kritias von einer Reise des Solon nach Ägypten berichten lässt. Ein hochbetagter ägyptischer Priester sagte zu Solon, als dieser die Stadt Sais besuchte: «Solon, ach Solon! Ihr Hellenen bleibt doch immer Kinder, zum Greise bringt es kein Hellene!» – «Wieso? Wie meinst du das?», habe Solon gefragt. «Jung in den Seelen seid ihr alle, denn ihr bewahrt in euch keine alte, auf älteste Berichte gegründete Auffassung noch ein durch die Zeit ergrautes Wissen. Was sich bei euch und in anderen Gegenden, von denen uns Kunde ward, ereignete, ist von alten Zeiten her hier in den Tempeln aufgezeichnet und aufbewahrt worden.» Mit diesen Worten leitet der alte ägyptische Priester seinen Bericht über die versunkene Atlantis ein. Durch diesen Bericht wird deutlich, dass in Ägypten noch überindividuelle Weisheit, überindividuelles Gedächtnis fortlebte. Aus dieser überindividuellen Weisheit hatten Kulturschöpfer wie Imhotep und Djoser handeln können und Kultur begründet.

In Griechenland steht die Kultur im Zeichen der Entwicklung und des Gedankens. Während in Ägypten der Höhepunkt am Anfang der Kultur, also zwischen den Jahren 2700 und 2400 v. Chr., liegt, entwickelt sich die griechische Kultur aus einfachen Anfängen zu ihren Höhepunkten im 5. und 4. Jahrhundert v. Chr. Für die 5. Klasse ist es nun wichtig, durch möglichst lebensvolle Gestalten und Ereignisse ein Bild dieses Werdeganges zu gewinnen. Der Lehrer hat zunächst die Möglichkeit, anhand einer Reihe von Sagen die Heroen der Vorzeit zu schildern: Perseus, Theseus und Herakles kommen hier in Frage. In diesen Sagen sind so viele Urbilder unseres Denkens gegenwärtig, dass man auf sie kaum verzichten kann, freilich bleibt die Frage offen, ob man diese Ursagen der europäischen Kultur in der Geschichtsepoche behandeln will oder ob man sie als Erzählung den Schülern bei anderer Gelegenheit nahebringt. Die eigentliche Geschichte könnte man mit dem trojanischen Krieg beginnen lassen. Im Anschluss daran besteht die Möglichkeit, den Lebensweg und die Forschungen Heinrich Schliemanns darzustellen, damit der Schüler auf auschauliche Weise erfährt, wie für unsere Zeit diese Sage ihre Bestätigung gefunden hat. Von entscheidender Bedeutung ist es dann, die Gestalt des Odysseus darzustellen, weil in dieser Gestalt die intellektuelle Kraft, die später die griechische Kultur durchdringt, zur Anschauung kommt. Die Odyssee berichtet aber auch mit großer Genauigkeit vom Leben der Griechen in der Zeit Homers, etwa wenn die Ankunft des Odysseus bei den Phaiaken beschrieben wird. Man kann hier wie nebenher Leben und Sozialformen der frühen Griechen behandeln. Eine zweite Etappe der Darstellung ist Sparta. Man wird darauf verzichten, abstrakt über die dorische Wanderung zu sprechen, am Beispiel der Eroberung Lakoniens durch die Spartaner aber kann man dieses Ereignis andeuten. Im Zentrum des Themas Sparta sollte Lykurg stehen. Dabei muss für die Schüler erspürbar werden, dass die Gesetze des Lykurg einem menschlichen Geist entsprungen sind, dass alle seine Maßnahmen im hohen Grade künstlich sind und den Sinn haben, den natürlichen Lauf der Dinge aufzuhalten, man denke in diesem Zusammenhang nur an das Eisengeld oder an die spartanische Erziehung. Ein drittes Motiv können die Olympischen Spiele sein, diese Spiele stehen stellvertretend für die vielen anderen Spiele, die die Griechen veranstalteten, um die Götter zu ehren. Mit Solon beginnt dann die Geschichte Athens. Man hat wieder einen ähnlichen Vorgang wie bei Lykurg. Ein Mensch gibt Gesetze für das Ganze. Da es kaum sinnvoll ist, die ganze Entwicklung der attischen Demokratie von Solon über Kleisthenes bis hin zum Zeitalter des Perikles im Detail zu behandeln, sollte man auf die Gestalt des Solon, auf sein Amt als Ausgleicher, auf seine einzelnen Maßnahmen, soweit sie den Schülern verständlich zu machen sind, größten Nachdruck legen und die geistige Einstellung charakterisieren, die sich in der Tatsache dokumentiert, dass Solon, nachdem er sein Gesetzgebungswerk vollendet hatte, den Athenern erklärte, er werde jetzt auf Reisen gehen. Sie sollten ihm schwören, seine Gesetze zu halten, bis er wiederkomme. Solon ging auf Reisen, aber er kehrte nie nach Athen zurück, denn er wollte, dass Gesetze anstelle eines Mannes herrschten.

Für die Schüler der 5. Klasse ist es nicht notwendig, die auf Solon folgenden Ereignisse – die Tyrannis des Peisistratos und Ähnliches – kennenzulernen. Wohl aber kann man die Perserkriege behandeln unter starker Betonung des kulturgeschichtlichen Aspektes dieses Kampfes zwischen zwei Weltauffassungen. Folgt man den Darstellungen des Herodot, die im V. Buch seiner Historien beginnen, so bemerkt man immer wieder, dass die Griechen die Intelligenz als Kampfmittel oder als politisches Mittel einsetzen. Der Führer des ionischen Aufstandes, Anstagoras, bedient sich z.B. einer in Erz gegossenen Weltkarte, um die Griechen des Mutterlandes zur Hilfe für die ionischen Griechen zu überreden, Themistokles lässt ein Theaterstück, «Der Fall von Milet», schreiben und aufführen, um die Athener vor der Persergefahr zu warnen, ebenso zwingt er die Griechen durch eine List zur Schlacht bei Salamis etc. Die Perser erscheinen den Griechen als schiere Masse, der Perserkönig als Tyrann, der sinnloserweise den Hellespont auspeitschen lässt, weil der Sturm die Schiffsbrücke über die Meerenge zerstört hat. Als zentrale Gestalten dieser Zeit können Themistokles und Anistides gelten. Das tragische Schicksal des Themistokles nach dem Sieg über die Perser gehört auch ausgesprochenermaßen mit zur griechischen Geschichte: die Ostrakisierung, die Verfolgungsjagd durch Griechenland und der Tod als Tyrann im Machtbereich des Perserkönigs.

Eine pädagogisch besonders schwierige Aufgabe ist die Darstellung Athens zur Zeit des Perikles, es geht dieser Zeit das leicht darzustellende dramatische Geschehen ab. Diese Zeit ist aber der Höhepunkt des antiken Dramas, es ist die Zeit, in der die Akropolis neu erbaut wird, es ist die Zeit der großen Plastiker, es ist die Zeit, in der Sokrates aufwächst, es ist zugleich die Zeit der radikalen Demokratie, in der das attische Volk jede Angelegenheit auf dem Marktplatz berät. Eine Möglichkeit, diese Zeit mit den Schülern zu erarbeiten, ist das Zeichnen und Malen. Man könnte beispielsweise ein Bild der Akropolis oder des Parthenon malen, man könnte versuchen, eine attische Vase zu kopieren oder eine griechische Plastik wiederzugeben – etwa eine Metope vom Parthenon –, den Kampf der Lapithen mit den Kentauren zu skizzieren oder eine Karte Athens und seiner Beziehungen zur Mittelmeerwelt anzulegen. Man kann sich auch andere Wege denken, kann versuchen, den Bau des Parthenon aus der Perspektive des Phidias zu entwickeln, man könnte an dieser Stelle auch auf die attische Erziehung eingehen und das Leben Athens vom Gesichtspunkt eines heranwachsenden Jünglings beschreiben, man könnte auch von der Gestalt des aus Halikarnass stammenden Herodot ausgehen, seine Reisen, sein Forschen, seine Neugier zum Thema machen und ihn schließlich nach Athen kommen lassen – so wie es der Wahrheit entspricht.

Als Abschluss der griechischen Geschichte empfiehlt es sich, unter Weglassung des Peleponnesischen Krieges und der Zeit der Vorherrschaft Thebens sogleich zur Gestalt des Makedonen Alexander und seines Lehrers Aristoteles weiterzugehen. Die Gestalt Alexanders zu schildern ist leicht, es liegen genügend viele Biografien vor. Das Problem der Darstellung liegt in zwei Elementen: Erstens neigt man dazu, die Jugend zu ausführlich zu behandeln und die großen Alexanderzüge durch Striche auf der Wandkarte zu absolvieren. Nun bieten aber gerade die Alexanderzüge die Möglichkeit, die Geschichte der 5. Klasse rückwärtsgehend zu wiederholen und zusammenzufassen. Es wäre deshalb sinnvoll, sich besonders auch mit dem Thema «Alexander in Ägypten, im Zweistomland, im Iran und in Indien» zu beschäftigen. Das andere Problem liegt in der Beurteilung Alexanders. Es kommt darauf an, hier keine falsche Heldenverehrung zu pflegen. Die Morde an Philotas, Parmenion und Kleitos stellen seinem Charakter ein so schlechtes Zeugnis aus, dass manche Forscher mit guten Gründen behaupten, auch die Ermordung Philipps sei durch Alexander inszeniert worden. Vielleicht könnte man dieses Problem dadurch angehen, dass man die Enttäuschung des Aristoteles über die Maßlosigkeit seines Zöglings schildert. Auch die Frage nach Alexanders Rolle als griechischer Kolonisator in Asien berührt die Problematik der Beurteilung. Der Lehrer sollte wissen, dass in der wissenschaftlichen Literatur der Gegenwart diese Frage kontrovers behandelt wird: die einen sehen in den etwa dreißig Städtegründungen des Alexander nur militärische Stützpunkte, die anderen sehen in Alexander den Apostel des Griechentums, der den Barbaren die griechische Kultur bringen wollte. Wie es auch immer um die Motive Alexanders bestellt sein mag, in der Öffnung des Orients für das Griechentum liegt seine weltgeschichtliche Bedeutung.

Literatur

Die nachfolgende Liste ist bewusst knapp gehalten. Wo irgend möglich, wird erreichbare Literatur angegeben. Manches Taschenbuch wird angeführt, wenn man ihm brauchbare Materialien entnehmen kann – auch wenn etwa die materialistische Orientierung der Verfasser nicht gebilligt wird.

Hermann Beckh: *Buddha und seine Lehre*, Stuttgart ^{6}1998

D. J. van Bemmelen: *Zarathustra*, Stuttgart 1975

Jonathan N. Leonard: *Die ersten Ackerbauern*. Time-Life-Buch, Reinbek 1977

Helmut von Glasenapp: *Die nichtchristlichen Religionen. Fischer-Lexikon 1*, Frankfurt 1957

Wilson / Frankfort / Jacobsen: *Frühlicht des Geistes*, Stuttgart 1954

Hartmut Schmökel: *Ur, Assur und Babylon*, Stuttgart o. J.

Samuel Noah Kramer: *Mesopotamien*. Time-Life-Buch, Reinbek 1971

Walter Andrae: *Das wiedererstandene Assur*, München ²1977

Das Gilgamesch-Epos (verschiedene Ausgaben, die billige Reclam-Ausgabe ist nicht leicht lesbar)

Victoria Brockhoff, *Götter, Dämonen, Menschen*, Stuttgart 1987

John A. Wilson: Ägypten. In: *Propyläen Weltgeschichte Band 1*, verschiedene Auflagen

Frank Teichmann: *Der Mensch und sein Tempel. Bd. I: Ägypten*, Stuttgart ³2003

Jean-Philippe Lauer: *Saqqara*, Bergisch Gladbach 1977

H. D. F. Kitto: *Die Griechen*

Herodot: *Historien* (verschiedene Ausgaben, billig bei Reclam, neu und gut übersetzt bei Artemis)

Plutarch: *Große Griechen und Römer. Band 1-6* (leicht und gut erreichbar in dtv)

Peter Bamm, *Alexander oder die Verwandlung der Welt*

Zur Archäologie: Heinrich Schliemann: *Selbstbiografie*

C. W. Ceram: *Götter, Gräber und Gelehrte,* Hamburg 1949

6. Klasse

Der Geschichtsunterricht in der 6. Klasse erhält bereits durch seine Thematik einen ganz anderen Charakter als der Unterricht in der 5. Klasse. Die führenden geschichtlichen Persönlichkeiten treten nun viel stärker als Glieder der Gruppe, als Exponenten sozialer Verbände auf. Damit hängt zusammen, dass nun sehr oft eine Dualität auftritt: zwei Personen, zwei Gruppen, zwei Lebenshaltungen stehen einander gegenüber, und zwischen diesen Gruppen spielt die Geschichte:

– im Anfang der römischen Geschichte: Romulus und Remus
– in der Zeit der Ständekämpfe: Patrizier und Plebejer
– beim Kampf um die Weltherrschaft: Rom und Karthago
– im Mittelalter: Araber / Franken, Kaiser / Papst, Mönche / Ritter.

Damit tritt die Geschichte aus den hohen Regionen der Kulturstiftung in die Dimension menschlicher Auseinandersetzung. Gewiss kann man dieses Prinzip nicht absolut setzen, aber man kann immerhin bedenken, dass sogar die nun neu auftretende Religion des Christentums in diese Auseinandersetzungen hineingezogen wird: Schon die Apostelgeschichte berichtet von Meinungsverschiedenheiten, die sich später im Dogmenstreit und in der Auseinandersetzung zwischen Rom und Byzanz fortsetzen. In all diesem zeigt sich das dialektische Prinzip der Verstandesseele.

Der Lehrer muss angesichts der Fülle dieses Stoffes auch seine eigene Verstandesseele gut gebrauchen und Entscheidungen treffen: Was aus der Fülle des Stoffes will er behandeln, was will er weglassen? Die Thematik der 6. Klasse erfordert mehr als manche andere Klasse einen Plan, der recht genau eingehalten werden muss, denn mit dem Ende der zweiten Geschichtsepoche der 6. Klasse muss das Jahr 1400 erreicht sein. Auf gar keinen Fall darf die Thematik der 6. Klasse in die 7. Klasse hineingenommen werden. Die Gefahr ist immer, dass man am Beginn einer neuen Klasse ebenso wie zum Beginn einer neuen Epoche in epischer Breite beginnt, um nachher erstaunt festzustellen, dass man nur die Hälfte des Pensums geschafft hat. Überlegt man sich, wie man die zwei Epochen verteilt, so scheint es sinnvoll zu sein, die erste Epoche auf die Geschichte des Römischen Reiches, der Frühzeit des Christentums und auf die Völkerwanderung zu beschränken: ein ungeheuer umfassendes Programm. Die zweite Epoche hätte dann den Islam und das Arabertum als Beginn und würde über Karl den Großen zur Entstehung des deutschen Reiches und zum Hochmittelalter fortschreiten. Als eine Orientierungsmöglichkeit soll an dieser Stelle ausnahmsweise ein Zeitplan für diese beiden Epochen vorgeschlagen werden:

I. Epoche

1. Woche: In den ersten Tagen die Gründung Roms und die 7 Könige bis 510, in den folgenden Tagen die Kämpfe zwischen Patriziern und Plebejern und wie durch die Kämpfe das Recht und die Verfassung entsteht.

2. Woche: Der Kampf zwischen Rom und Karthago (Hannibal und Scipio), die Gracchen und der Kampf um Sozialreform, Caesar als Beispiel für den Beginn einer neuen Herrschaftsform.

3. Woche: An der Gestalt des Paulus die Ausbreitung des Christentums im Römischen Reich, Paulus in Rom. Die letzten drei Tage: Hunnen und Goten in der Völkerwanderung, der Untergang des Römischen Reiches.

II. Epoche

1. Woche: In der ersten Wochenhälfte: Mohammed und der Islam bis zur Eroberung Spaniens durch Tank. In der zweiten Wochenhälfte: Karl Martell und die Franken. Karl der Große und die Erneuerung des Römischen Reiches.

2. Woche: Die Entstehung des deutschen Reiches: Heinrich I. und Otto I., die Kultur der Klöster, die Reform von Cluny und der Beginn des Kampfes zwischen Kaiser und Papst.

3. Woche: Die Kreuzzüge, Rittertum und Ritterorden, die Begegnung von Orient und Okzident, Friedrich II. und der Beginn der Städtekultur. Versuch einer Zusammenfassung: Verlagerung der Geschichte vom Mittelmeer nach Nordwest- und Mitteleuropa.

Um diesen Vorschlag sogleich zu relativieren und ihn nicht als verbindlichen Kanon erscheinen zu lassen, soll gesagt sein, dass man sich gut einen Lehrer denken kann, der sich sagt: Den Kampf zwischen Rom und Karthago, die Gracchen und ihre Sozialreformen lasse ich weg, mir erscheint es wichtiger, dass zum Beispiel im Mittelalter der Franziskanerorden und die Hanse behandelt werden. Diese Entscheidung, die in Bremen, Hamburg und Lübeck fast unvermeidlich ist, kann man nur begrüßen. Worauf es ankommt, ist einzig und allein, dass sich der Lehrer vor Beginn seiner Geschichtsepochen einen wirklichen Plan macht und alles daran setzt, so ökonomisch zu unterrichten, dass er ihn durchführt.

Mit der Vorgeschichte der Begründung Roms wird man im Anfang der 6. Klasse noch einmal in den Bereich der Sage geführt. Die Geschichte Roms erscheint auf dem Hintergrund des Mythos, der in der Sage von der göttlichen Herkunft der Zwillinge, in der Aussetzung der beiden, in der Gestalt der römischen Wölfin angedeutet ist. Bedeutsam der Mord an Remus, der das Gesetz der heiligen Mauer verspottet. Die neu gegründete Stadt wird zur Freistatt des heimatlosen Volkes der Umgebung. Diese Stadt kann nur durch Kampf und Raub groß werden. Nun zeigt die Sage der 7 Könige namentlich in der Gestalt des Numa Pompilius, aber auch in der des Ancus Martius, mit welchen Mitteln das Leben dieser Gemeinschaft geordnet wird. Die Ordnung der Rechtsverhältnisse ist dann auch das Thema der Geschichte der frühen Römischen Republik. An die Stelle des einen Königs treten die zwei Konsuln, die sich beraten, von denen jeder das Recht der Einrede hat. An den Ständekämpfen kann dann die Regelung einfacher Sozialverhältnisse beschrieben werden, weil hier Probleme, Positionen und Lösungen klar und einfach sind: die Formierung der Plebs als einer Eidgenossenschaft (coniuratio, Verschwörung), der Auszug auf den Heiligen Berg, die Mission des Menenius Agrippa und seine berühmte Fabel von den Gliedern, die dem Magen den Dienst verweigern, und schließlich der Kompromiss in der Einrichtung der zehn Volkstribunen, die auch allesamt mit dem Vetorecht ausgestattet werden. In ähnlicher Art geht es dann weiter zum Zwölftafelgesetz: Die Publikation des Rechts macht die Rechtsgleichheit möglich, von 367 an können Plebejer Konsuln werden, vom Jahre 300 an Priester, vom Jahre 287 an sind die Volksbeschlüsse (Plebiscita) für das ganze Volk bindend. – Ebenso einleuchtend können für die Schüler der 6. Klasse die Bestimmungen der römischen Verfassung sein, die sich in der Ämterlaufbahn (cursus honorum) und in den Prinzipien der Kollegialität und Annuität sowie in der Institution des Censors niederschlagen: dass das höchste Staatsamt nur nach Bewährung in den Ämtern des Quästors, des Ädils, des Prätors zugänglich war, dass ein Censor die Amtsführung kontrollierte, dass jedes Amt – bis auf das Amt des Diktators, dessen Zeit ein halbes Jahr (einen Sommerfeldzug) währte – auf ein Jahr begrenzt war, dass jedes Amt von mindestens zwei Bürgern besetzt wurde, um Machtkonzentration zu verhindern: alles das ist so einsichtig, dass es die Schüler tief befriedigen kann.

Der zweite Abschnitt könnte das Thema haben: Die römischen Tugenden schaffen ein Weltreich, und das Weltreich richtet die römischen Tugenden zugrunde. Hier wäre stark der kulturgeschichtliche Aspekt der Entwicklung zu schildern: Das Bauernvolk der Römer lässt sich in einen Kampf mit der Handelsmacht Karthago ein. Indem Rom siegt, verwandelt sich die Stadt. Die Lehmhütten weichen größeren Häusern, die Straßen werden gepflastert, griechische Kultur kommt mit griechischen Sklaven in die Stadt, die Bauernkultur verschwindet, mit ihr der römische Krieger, der Haus und Hof verteidigt. An seine Stelle tritt der Söldner, der auf Sold und Beute angewiesen ist. In den Mietskasernen hausen nun Menschen, die von Öl- und Getreidespenden leben, die im Circus Schaukämpfe sehen wollen. In der Gestalt und am Leben Caesars kann die kulturelle und politische Szene der Weltstadt Roms veranschaulicht werden. Rom wird zur Mitte eines wohlorganisierten Weltreiches, eine 200-jährige Periode des Friedens und des Wohlstandes bricht an, die Innenstadt Roms wird mit Marmor gepflastert, die Gehwege sind überdeckt, Aquädukte leiten frisches Wasser aus den Bergen in die Stadt, in den Thermen baden sich die Reichen, die Armen werden durch Gladiatorenkämpfe bei Laune gehalten. Das Römertum ist zugrunde gegangen.

Die Ausbreitung des Christentums ist für die gesamte folgende Geschichte von allergrößter Bedeutung, sie gehört deshalb auch in den Geschichtsunterricht hinein. In der Gestalt des Apostels Paulus vereinigen sich in einzigartiger Weise drei bestimmende Elemente der damaligen Welt, Judentum, Griechentum und Römertum, und treten in den Dienst des christlichen Impulses. Von Geburt und religiöser Herkunft war Paulus ein strenggläubiger Jude, seiner Bildung nach war er, der in Tarsus aufgewachsen ist, vom griechischen Geist berührt, schließlich war er römischer Bürger, diese Rechtsposition genossen keineswegs alle Einwohner des Römischen Reiches. Seine Reisen führen ihn von Asien nach Europa: Er führt das junge Christentum aus der kleinen jüdischen Welt durch seine Predigt in die Kultur der Antike, er gründet die Gemeinden in Ephesus, Philippi, Thessaloniki, Athen, Korinth und wohl auch in Rom. Hier kommt es nun darauf an zu zeigen, wie inmitten einer alten Kultur in kleinsten Menschenkreisen der Keim für Neues entsteht, wie ein Mensch, der von Geist und seiner Aufgabe durchdrungen ist, Gemeinden bildet, die trotz Verfolgung und Verachtung die Zeit überdauern und den Untergang der äußeren Zivilisation überstehen.

Ungemein schwierig ist es, den Vorgang der Völkerwanderung, der sich mit dem Untergang des Römischen Reiches verbindet, für Schüler deutlich zu machen. Das ungewöhnlich komplexe Geschehen, in das verschiedene germanische Völker, Hunnen, Byzanz und Rom verwoben sind, kann vielleicht am ehesten am Schicksal der Westgoten dargestellt werden, denn es führt uns in der Zeit der Völkerwanderung aus den fruchtbaren Gebieten nördlich der Donau vor die Tore von Byzanz (378), zur Eroberung und Plünderung Roms (410), nach Gallien, wo die Westgoten an der Schlacht auf den katalaunischen Feldern teilnehmen, bis nach Spanien, wo schließlich das Westgotenreich entsteht. Die Eigenart der Germanen charakterisiert man am besten durch ihre Lebensform – die kleinen dörflichen Siedlungen, den Bauernhof, die Gefolgschaft – und durch die Art der Rechtsprechung. In all diesen Lebensformen zeigt sich der Anspruch des Einzelnen auf Freiheit. Frei schloss sich der Gefolgsmann einem Führer an, den er auch wieder verlassen konnte, in freier Beratung wurde über das Recht und gemeinsame Unternehmungen entschieden. Die Frau war bei den Germanen geachtet, als Priesterin konnte sie eine bedeutsame Wirkung entfalten.

Die Organisation des Römischen Reiches bricht, soweit sie nicht schon vor der Völkerwanderung funktionsuntüchtig geworden war, nun zusammen: Die Verkehrswege werden unsicher, der Handel bricht zusammen, Städte entvölkern sich, von einer staatlichen Verwaltung konnte kaum noch die Rede sein; die urbane Welt der Antike war der agrarischen Gesellschaft des frühen Mittelalters gewichen.

Auf die Behandlung Mohammeds und des Islam kann heutzutage nicht verzichtet werden. Am Anfang steht hier die Biografie Mohammeds, seine Visionen, seine Berufung zum Propheten, seine Kämpfe. Es ist dann wichtig zu zeigen, dass der Islam einen ganz anderen Typus von Religiosität als das Christentum darstellt. Der Islam kennt keine Sakramente, keine geweihte Priesterschaft, wesentlich ist die Einhaltung der fünf religiösen Pflichten: das Bekenntnis zu dem einen Gott und seinem Propheten, dem Menschen Mohammed, das fünfmalige tägliche Gebet, das Almosengeben, das Fasten tagsüber im Monat Ramadan, die Wallfahrt nach Mekka. Aus der Vorstellung vom Heiligen Krieg (Dschihad) ergibt sich dann die Eroberung weiter Gebiete durch diese Religion. Ein zweiter Schwerpunkt nach der Biografie Mohammeds könnte in einer Erarbeitung der kulturellen Errungenschaften des Kalifenreichs zur Zeit Harun al Raschids liegen, wobei zum Beispiel ein Krankenhaus in Bagdad behandelt werden könnte. Wichtig und eindrucksvoll ist auch ein Blick in die islamische Kunst: das bildlose Kunstwerk, wie es sich vielleicht in der Alhambra oder in der Moschee Abbas des Großen in Isfahan darstellt. So entsteht das Bild einer großartigen Kultur, die, auf eine ganz einfache Religion aufbauend, das damalige Abendland weit überragt, aber merkwürdigerweise nach dieser hohen Blüte sich nur noch wenig weiterentwickelt.

Die Franken hatten sich im Gegensatz zu den Goten, Vandalen, Burgundern etc. nicht herrenmäßig als dünne Oberschicht niedergelassen, sondern sich volksmäßig ausgedehnt. Daher übersteht das Frankenreich anders als die übrigen germanischen Reichsgründungen der Völkerwanderungszeit die nachfolgenden Jahrhunderte. An den Franken bricht sich dann auch der Ansturm der Araber in der Schlacht bei Tours und Poitiers. Diese Ereignisse sollten in der 6. Klasse aber besser nur am Rande gestreift werden, um dafür Zeit zur Behandlung Karls des Großen zu gewinnen. Karl der Große schuf den Boden, auf dem die westeuropäische Kultur hinfort aufbauen sollte, durch sein Werk, die karolingische Renaissance, entstand der Ansatz einer Durchdringung von Germanentum, Christentum und Antike, der sich in späteren Jahrhunderten zur abendländischen Kultur entwickeln sollte. Es handelt sich dabei um einen äußerst merkwürdigen Vorgang: Die germanischen Stämme West- und Mitteleuropas eignen sich schrittweise im Zeichen des Christentums die antike Kultur an. Die Aufgabe des Unterrichts liegt hier darin, dass diese Kulturerneuerung auch wirklich sichtbar wird. Gewiss ist die Sicherung und Ausweitung des Reiches nicht zu unterschätzen, dieses letztere wäre aber ohne entscheidende Bedeutung, wenn der kulturelle, die Zeiten überdauernde Kern fehlen würde. Es sollte das Bild des Kaisers entstehen, der mit Petrus von Pisa, Paulus Diaconus, Theodulf von Orleans und Alkuin bedeutende Gelehrte seiner Zeit um sich versammelte, der Unterricht und Seelsorge förderte, Klöster schützte und begründete. Diese

Klöster waren zum Beispiel durch den Anbau von Wein, Obst, Kräutern ein Vorbild in der ländlichen Umgebung. In dem Capitulare de Vilis ordnete Karl an, dass in allen Hofgütern ein Heilkräutergärtlein anzupflanzen war mit Beifuß, Springwurz, Liebstöckel, Schwertlilie, Möhre, Salbei, Rosmarin, Gartenminze und vielen anderen Pflanzen. So kümmerte sich Karl nicht nur um Bildung und Theologie, um Klosterzucht und Baukunst, zu seiner Kulturerneuerung gehörte auch das praktische Vorbild für die Landbevölkerung.

In diesem Sinne könnte man dann auch den Beginn der deutschen Geschichte, den König Heinrich I. und den Kaiser Otto I. behandeln: Der Vorgang der Kulturaneignung setzt sich nun in den Gebieten fort, die erst am spätesten zum Frankenreich gekommen waren. Die Auseinandersetzung zwischen Papst und Kaiser sollte man vielleicht in der 6. Klasse noch nicht eigens thematisieren, wohl aber den Vorgang, der ihr zugrunde liegt: die soziale Differenzierung. Es handelt sich darum, dass zunächst die Klöster und dann die Geistlichkeit selbstständiger werden und sich der Geistlichkeit ihres Amtes erinnern. Für die Priester wird der Zölibat eingeführt, damit sie sich allein dem geistlichen Amt widmen, für die Klöster wird die freie Abtwahl durchgesetzt, und der weltliche Einfluss auf die Besetzung dieses Amtes wird ausgeschaltet. In derselben Zeit nimmt die Landwirtschaft einen bedeutsamen Aufschwung: Langsam setzt sich in West- und Mitteleuropa der Räderpflug durch, in stärkerem Maße wird Eisen als Werkstoff verwendet, neben dem Ochsen wird auch das Pferd vor den Pflug gespannt. Dies alles gründet auf der Tatsache, dass seit der Mitte des 11. Jahrhunderts die Friedensbewegung (Treuga dei) immer breiteren Raum gefunden hat. Die übliche Form des Kampfes um Recht ist im Mittelalter die Fehde, die nach bestimmten Regeln abläuft: Nun werden durch ein Friedensgebot die Tage der Woche, an denen der Herr gelitten hat – Donnerstag, Freitag, Samstag und Sonntag – zu Friedenstagen erklärt, an denen die Fehde ruht. Das gibt dem ganzen Leben, namentlich den Bauern, Händlern und Handwerkern, größere Sicherheit. Diese Sicherheit der Verkehrswege wirkt auch auf die mönchische Bewegung zurück: Sie bleibt nicht auf einzelne Klöster beschränkt, vom Kaiser unterstützt setzt sie sich in West- und Mitteleuropa durch und ergreift zuletzt auch Rom. Dadurch entsteht schließlich der Kampf zwischen Kaiser und Papst.

Durch die Trennung von Geistlichem und Weltlichem breitete sich in Westeuropa ein neuer, asketischer Geist nicht nur in den Klöstern, sondern auch in großen Teilen der Bevölkerung aus. Aus diesem Geist heraus entstehen die Kreuzzüge. Die ursprüngliche Idee war, den Griechen in Byzanz gegen die Seldschucken zu helfen und im Osten an den heiligen Stätten ein neues Reich zu begründen. Die Kreuzfahrer, die mit großem Enthusiasmus und heiligem Ernst aufbrachen, waren ihren Zielen nicht gewachsen. Je weiter sie nach Osten vordrangen, desto fragwürdiger wurde ihr Verhalten. Die Eroberung von Jerusalem 1099, der Verlauf des 4. Kreuzzuges erscheinen als grausame Perversionen des ursprünglich Erstrebten. Die kulturelle Bedeutung der Kreuzzüge ist in der modernen Forschung umstritten. Früher wurde allgemein der kulturelle Einfluss, den der Orient auf das Abendland ausgeübt hat, der Begegnung der Kreuzfahrer mit dem Orient zugeschrieben. Neuere Forscher machen darauf aufmerksam, dass die Übernahme arabischen Kulturguts sich eher in den friedlicheren Kontaktzonen auf Sizilien und in Spanien abgespielt hat. In jedem Falle aber führt in Italien das Bekanntwerden mit den Produkten und Produktionstechniken des Orients zu einem starken Aufblühen der Städte. An den bekannten, aus dem Arabischen oder Persischen stammenden Lehnwörtern kann auf die Art der Produkte und neuen Kenntnisse hingewiesen werden: Damast, Kattun, Musselin, Gaze, Kaffee, Marzipan, Zucker, Sirup, Orange, Spinat, Aprikose, Muskat, Zimt, Kümmel, Tasse, Karaffe, Pantoffel, Divan, Sofa, Matratze, Magazin, Tarif, Schach, Algebra und Ziffer.

Um all dieses zusammenzufassen, könnte man das Leben

Friedrichs II. von Hohenstaufen erzählen: wie er auf Sizilien aufwächst und dort der arabischen Kultur begegnet, wie er dann von Papst Innozenz III. als Gegenkönig nach Deutschland entsandt wird, wie er sich im Konflikt zwischen den Fürsten und den nunmehr selbstständig werdenden Städten entscheidet, die Kaiserkrönung 1220 und – wiederum besonders typisch – die Gründung der Universität Neapel 1224 und Friedrichs Naturinteresse, das an seinem Buch über die Falkenjagd erkennbar wird. Auf seinem Kreuzzug 1228/29 verhandelt der Kaiser persönlich in arabischer Sprache mit dem Vertreter des Sultans und erlangt die Rückgabe der heiligen Stätten an die Christen und eine gesicherte Verbindung zur Küste. Es gibt noch manche andere wichtige und charakteristische Situation im Leben dieses Staufers. Das Bild des Mittelalters aber wäre zu einseitig gezeichnet, wollte man es abschließend in dieser einen Gestalt vergegenwärtigen. Eine diesem glanzvollen und tragischen Kaiser wie polar gegenüberstehende Person ist Franziskus von Assisi. Er und sein Orden stellen einen neuen Typ der Frömmigkeit dar. Durch die absolute Armut nicht nur der Mönche, sondern auch der Klöster war dieser Orden in dem städtischen Proletariat Oberitaliens, bei den Armen glaubwürdig. Aus diesem Aspekt des Wirkens der Franziskaner lässt sich das Bild der Gesellschaft ergänzen, sodass also nicht nur das Handeln der großen Herren, sondern auch das Schicksal des kleinen Mannes, der armen Frau sichtbar wird.

Es besteht die Möglichkeit, diese chronologisch und an Themen der deutschen Geschichte orientierte Darstellung der Geschichte zugunsten einer noch stärker kulturgeschichtlich betonten Themenauswahl in den Hintergrund treten zu lassen. Für das frühe Mittelalter wäre es ausgesprochenermaßen glücklich, wenn die Schüler zunächst verstehen lernten, was der Wald im Mittelalter bedeutete: Er war die Einöde, in die sich Eremiten und Gesetzlose zurückzogen, er war wild und bedrohlich. In vielen Gebieten Europas gehörte die Wolfsjagd zu den Pflichten der Bauern und Ritter. Der Wald war zunächst Gemeinbesitz, die Eichelmast ernährte die Schweine, Honigjäger wagten sich in die Tiefe des Waldes, um die begehrte Süße zu ernten. Im Laufe der Zeit wurde der Wald durch Rodungen immer mehr zurückgedrängt, und die Jagd wurde zum Herrenrecht, der Gemeinbesitz wurde zum Herrengut. In den Wäldern wachsen aus kleinen Siedlungen die Dörfer, die Bauern bewirtschaften das Land in Zwei- oder Dreifelderwirtschaft. Die unfreien Bauern sind zum Herrendienst verpflichtet und mancher schaut mit Grimm zu der Burg, zu deren Mauern er die Steine herbeikarren musste. Immer wieder hört man im Mittelalter von Volksaufständen: Bauern, die sich gegen den Herren, etwa Heinrich IV., erheben. Mancher Bauer, besonders in Süddeutschland und Frankreich, war froh, wenn er in den Schutz und unter die Herrschaft eines Reformklosters gelangen konnte, denn diese Klöster hatten keine Vögte, die über den Dienst für das Kloster die Bauern auch noch für ihre Arbeiten hinzuziehen konnten. Die Klöster boten den Bauern nicht nur Schutz und Anregung für den Landbau, die Mönche wandten sich mit ihrer Predigt oft unmittelbar an das Volk – das hatte es vor den Reformen von Cluny und Hirsau nicht gegeben –, und so erfuhr der Bauer nicht nur von den Inhalten des Glaubens, sondern auch von den Dingen, die in der weiten Welt vor sich gingen.

Die Grundrisse mittelalterlicher Klöster – z. B. der Plan von Sankt Gallen – zeigen, dass die Klöster eine abgeschlossene Welt für sich und zugleich eine Welt für andere waren. Im Inneren des Münsters erkennt man fünfzehn Altäre, und die Priestermönche sangen oder lasen hier mehrmals täglich die Messe und beteten Tag und Nacht für die Verstorbenen, für die Lebenden. Zu diesem Kloster gehören außer Bibliothek und Skriptorium, außer Abthaus und Kreuzgang auch die Pilgerherberge, das Gästehaus, das Spital, die Schule, das Haus für Handwerker und all die Wirtschaftshäuser von den Ställen über die Mühlen bis zum Backhaus, da gibt es ein Arzthaus und eine Apotheke und einen

Heilkräutergarten. So wird nach dem Gebot des heiligen Benedikt zum Gebet die Arbeit hinzugefügt.

Wie im Kloster so herrschte auch in der Stadt im Mittelalter prinzipiell Friede. Friede bedeutet Schutz und Recht. Die Stadtmauer schützte die Bürger, die Tore waren bewacht, das Recht, die Markt- und Messordnungen, schützten im Inneren. Stadtluft machte frei, und diese Freiheit führt in vielen Städten zur Selbstverwaltung. In Köln gliedert sich die Stadtgemeinde in zweiundzwanzig Gaffeln oder Zünfte, diese wählen mit dem scheidenden Rat die Ratsherrn, die wiederum die beiden Bürgermeister auf ein Jahr wählen. Der Rat beschließt über Ausgaben und Einnahmen, über Steuern, über Bündnisse und über Krieg und Frieden. Die Bürgermeister vertreten die Stadt nach außen. Im Inneren regeln die Zünfte den Handel, die Qualität der Waren, die Maße und Gewichte. Diese Fähigkeit zur Selbstverwaltung, das Bewusstsein der Freiheit führte in Städten wie Köln, Straßburg, Basel und anderen dazu, dass man sich von der Herrschaft der Bischöfe befreite und dass so die Städte die Wiege eines neuen rechtlichen, künstlerischen und geistigen Lebens wurden.

Quellen

1. Rom:

Als Grundlage eignen sich noch immer die Darstellungen des Livius und Plutarch (s. 5. Klasse) am besten.

Für Schüler und Lehrer: Hans R. Niederhäuser, *Römische Sagen und Geschichten*, Stuttgart 1980

Heinz Oppermann, *Caesar*, rororo-monografie 135

Jochen Bleiken, *Rom und Italien. Propyläen Weltgeschichte, Band 4,* Berlin 1963

Wilhelm Hoffmann, *Roms Aufstieg zur Weltherrschaft*. Ebenda

Alfred Heuß, *Das Zeitalter der Revolutionen*. Ebenda

Karl Heyer, *Von der Atlantis bis Rom*, Breslau 1939

Friedrich Häusler, *Weltenwille und Menschenziele in der Geschichte*, Kapitel: Historische Metamorphosen, Dornach 1961

Christentum: Die Apostelgeschichte

Emil Bock, *Caesaren und Apostel*, Stuttgart ⁶1978

Emil Bock, Paulus, Stuttgart ⁴1981

Islam: Emile Dermeughen, *Mohammed*, Reinbek 1960

Andre Clot, *Harun al Raschid*, München 1990

2. Mittelalter:

August Nitschke: Frühe christliche Reiche. In: *Propyläen Weltgeschichte* Band 5

Josef Fleckenstein, *Grundlagen und Beginn der deutschen Geschichte*, Göttingen 1974

Horst Fuhrmann, *Deutsche Geschichte im hohen Mittelalter*, Göttingen 1978

Wolfgang Braunfels, *Karl der Große*

Jacques Le Goff, *Das Hochmittelalter*. Band 11 der Fischer Weltgeschichte, Frankfurt 1965

Herbert Nette, *Friedrich II. von Hohenstaufen*, Reinbek 1975, rororo-monografie 222

7. Klasse

In den Lehrplanvorträgen des Jahres 1919 steht der einzige direkte Hinweis auf die Thematik der 7. Klasse: «Im 7. Schuljahr wird es sich darum handeln, dass man dem Kinde recht begreiflich macht, welches Leben in der neueren Menschheit mit dem 15. Jahrhundert heraufzieht, und dass man dann etwa bis zum Beginn des 17. Jahrhunderts die europäischen usw. Verhältnisse schildert. Es ist dies der allerwichtigste Zeitraum, auf den man viel Sorgfalt verwenden muss. Er ist wichtiger sogar als das Nachfolgende.» Dieser Einschätzung entspricht auch die Tatsache, dass jetzt, nachdem man in der 6. Klasse in zwei Epochen zwei Jahrtausende abzuhandeln hatte, für zwei bis drei Jahrhunderte zwei Epochen zur Verfügung stehen. Nun ist die Frage, welche Themen hier zu behandeln sind. Geht es um die Kaiser und Könige, um Sigismund, Friedrich III., um Maximilian und Karl V.? Um Reichsreform und Konzilien? Oder sind andere Themen wichtiger? Der eigentliche Charakter der Neuzeit kommt ganz gewiss nicht in der Fortsetzung der mittelalterlichen Lebensformen und Probleme zur Erscheinung. Das wesentlich Neue erscheint zunächst in den Entdeckungen, also in Vasco da Gama, Columbus, Magellan; in den Erfindungen: also namentlich in Gutenberg mit dem Buchdruck, in der Entwicklung der Uhren, der Erfindung des Schießpulvers, in Mühlen und Turbinen; in der neuen Form des Handels, also bei Jacques Coeur, bei Jakob Fugger, den Welsern und anderen, ferner, wenn auch mit einer gewissen Einschränkung, in der deutschen Reformation – politisch wird es im Freiheitskampf der Niederlande, in der Besiegung der spanischen Armada sichtbar.

Ein allerwichtigstes, neues Element zeigt sich in dem Verhältnis der Menschen zur Sinneserfahrung. Im Mittelalter war es üblich gewesen, die Sinneserscheinungen symbolisch zu betrachten. Der gebildete Theologe zum Beispiel wusste, was über die einzelnen Tiere in der Bibel gesagt war, in welchen Prophezeiungen sie auftraten. Deshalb war ein Wildesel nicht einfach ein Wildesel. So fällt Luidprandt von Cremona, als er in Byzanz Wildesel sieht, der Spruch des Hippolytus ein – «Der Löwe und sein Welf werden zusammen den Wildesel verjagen» –, und das Problem ist, wie dieser Spruch zu deuten sei. Ähnlich ist es auch bei den Himmelserscheinungen: Sie sind Offenbarungen Gottes, die es zu lesen, zu verstehen gilt. Das alles bedeutet gewiss nicht, dass die mittelalterlichen Menschen nicht Wildesel und Löwen auch nüchtern sahen, dass sie nicht auf einem Viehmarkt Alter und Tüchtigkeit, Gewicht und Wert eines Tieres abzuschätzen wussten. Aber das Denken über die Dinge wird noch nicht aus dem Erfassen der schieren Sinnesdaten bestimmt.

Genau das ändert sich. Wer die ersten neuzeitlichen Seekarten anschaut, sieht, wie das genaue Vermessen der Küstenlinie, die exakte Bestimmung der Breitengrade nun die rein physische Gestalt darstellt. Die Erde wird mit einem Netzwerk genauer Messungen überzogen. Auch die Anatomie, die den Leichnam seziert, liefert eine genaue Beschreibung des physischen Leibes: Jedes Organ wird seiner Gestalt und Lage nach beschrieben. Mit diesem Erfassen geht das Ergreifen und Handhaben von Kräften und Mechanismen einher: Man lernt, Wind und Wasser in Mühlen einzufangen, man lernt, die Geschwindigkeit eines Schiffes zu messen, man misst die Zeit mit Sonnenuhr, Stundenglas und schließlich mit der mechanisch konstruierten Uhr. Wer sich einen Einblick in diese neue Art des Anschauens verschaffen will, findet das am schönsten und eindrucksvollsten bei Leonardo da Vinci dargestellt. So wie bei Leonardo ändert sich das Bewusstsein ganz allgemein: Der Sinn für das Praktische, Mechanische, Technische nimmt zu, der Sinn für das Wunderbare und Heilige nimmt ab.

Damit kommt hier etwas in Betracht, was früher nicht eine derart große Rolle gespielt hat und was auch jetzt in der 7. Klasse nicht überzeichnet werden sollte: der wirtschaftliche Aspekt des Handelns. Rudolf Steiner hat darauf aufmerksam gemacht, dass die wirksamen Kräfte der Geschichte nicht zu allen Zeiten dieselben sind: Es gibt Zeiten, die vornehmlich geistig impulsiert sind, in anderen Zeiten kommt mehr das rechtliche Verhältnis unter den Menschen zur Geltung, in der frühen Neuzeit spielt aber für das Handeln der Menschen die Wirtschaft eine besondere Rolle. Wenn man das sagt, behauptet man noch keineswegs, dass sich das ökonomische ganz selbstständig macht, dass also rein wirtschaftliche Vorgänge selbsttätig wirksam seien, wohl aber, dass die Motivation der Menschen von ökonomischen Gedanken geleitet werden kann oder dass nun die Menschen den Ton angeben, die ökonomisch denken. So führt Rudolf Steiner einmal aus: «Untersucht man im Lichte der Wahrheit, nicht im Lichte der Illusion, dasjenige, was geschehen ist und was durch die Reformation im Beginne der neueren geschichtlichen Entwickelung eine Metamorphose erlitten hat, so muss man sagen: Es hat allerdings eine mächtige Umschichtung der Bevölkerung stattgefunden, eine ziemlich rasch vor sich gehende Umschichtung der Bevölkerung im Beginne der neueren Zeit. Diese Umschichtung der Bevölkerung ist dadurch zustande gekommen, dass vor dem Eintritte der Reformation andere Menschen, namentlich in Westeuropa, Grund und Boden innegehabt haben als nach der Reformation. Denn die führenden Menschen, die gewissermaßen für die soziale Struktur vor der Reformation maßgebend waren, die haben ihre Herrschaft durch die Reformation verloren. Weit mehr, als man denkt, war aller Grund- und Bodenbesitz vor der Reformation in umfassendstem Sinne abhängig von der Priesterherrschaft. Die Priesterherrschaft war vor der Reformation überhaupt für die ökonomischen Verhältnisse außerordentlich maßgebend. Diejenigen, die Grund und Boden besaßen, besaßen ihn zum großen Teil gewissermaßen im Auftrage und durch Überantwortung von irgendwie mit der Kirche zusammenhängenden Behörden.

Nun, wenn man vielleicht weniger idealistisch, aber dafür mehr wahr den geschichtlichen Hergang prüft, so findet man, dass fast über ganz Europa hin mit der Reformation der alte Kirchen- und Geistlichenbesitz den Inhabern entrissen und übertragen wird auf die weltlichen Herrscher. Das war in hohem Maße in England der Fall; das war auch in hohem Maße im späteren Deutschland der Fall. Im späteren Deutschland ist ja ein großer Teil der Territorialfürsten zur Reformation übergetreten. Aber es war nicht etwa überall – um mich nicht gar zu anzüglich auszudrücken – die Begeisterung für Luther oder für die anderen Reformatoren, sondern es war der Hunger nach den Kirchengütern, die Sehnsucht, die Kirchengüter zu säkularisieren, Unendliches Kirchengut des Mittelalters ging ja an die weltlichen, an die Territorialfürsten über. In England war es so, dass ein großer Teil derjenigen, die im Besitze von Grund und Boden waren, enteignet wurden, expropriiert wurden und auswanderten nach

Amerika. Ein großer Teil der Einwanderer nach Amerika – wir haben gestern von einem anderen Gesichtspunkte auf das hingewiesen, was hier zugrunde liegt – waren die expropriierten Besitzer von Grund und Boden in Europa. Also ökonomische Verhältnisse waren in hohem Grade maßgebend bei jener Metamorphose der neueren geschichtlichen Entwickelung, welche man gewöhnlich als Reformation bezeichnet. An der Oberfläche nimmt sich die Sache etwa so aus, dass man sagt, dass neuer Geist in die menschlichen Seelen einziehen müsse, dass die alte Kirchenverwaltung zu stark das weltliche Element mit dem geistigen Elemente verknüpft habe, und dass man überhaupt einen geistlicheren Weg zu dem Christus finden müsse und so weiter. Etwas tiefer, etwas weniger an der Oberfläche betrachtet, findet eine ökonomische Umschichtung statt in dem Übertragen der geistlichen Güter an die weltlichen Menschen.»[4]

Nun geht es nicht darum, das, was Steiner hier formuliert hat, in dieser Gestalt zum Inhalt des Unterrichts in der 7. Klasse zu machen. Aber es ist schon ein Unterschied, ob man in der Darstellung der Entdeckungen zum Beispiel von der mythischen Gestalt des Priesterkönigs Johannes ausgeht oder ob man davon spricht, dass seit dem Anfang des 14. Jahrhunderts der Landweg der Karawanen nach dem Fernen Osten (Mongolenweg) und der Orienthandel durch die Macht der Türken und andere Entwicklungen im Orient stark behindert bzw. zum Erliegen gekommen war, ob man das Abfließen der Goldvorräte Europas in den Orient erwähnt oder nicht. In der 7. Klasse sind also derartige ökonomische Zusammenhänge sowohl sachlich begründet wie auch für das Alter verständlich.

Ebenso kann bei derartigen Themen der Stil des Unterrichts sich ändern. Bestimmte Themen können nunmehr im Unterricht erarbeitet werden. Zum Beispiel kann man die Frage aufwerfen: Was war für die Entdeckung Amerikas alles notwendige Voraus-

4 Rudolf Steiner: *Soziales Verständnis aus geisteswissenschaftlicher Erkenntnis*, GA 191, Dornach 1972, Vortrag vom 12. Oktober 1919.

setzung? Von dieser Frage ausgehend kann man den Schiffsbau, die astronomisch sich orientierende Nautik, den Kompass, die geografischen Kenntnisse und die Entwicklung der Karten so behandeln, dass man die Schüler diese Voraussetzungen selbst entdecken lässt; der Lehrer hat dann die Aufgabe, die besondere historische Form dieser Voraussetzungen zur Erscheinung kommen zu lassen. Dabei wird er aber vielleicht feststellen, dass sich in der Klasse Schüler befinden, die über die Entwicklung der Koggen, des Jakobsstabs oder des Quadranten bereits Kenntnisse erworben haben, die sie in den Unterricht einbringen können. Das Gleiche gilt auch für die Erfindung der Druckkunst oder der Uhren.

Damit also das Neue der Neuzeit in der 7. Klasse sogleich zur Erscheinung kommt, empfiehlt es sich, mit den Entdeckungen zu beginnen. Trotz aller wissenschaftlichen Einwände und trotz der Tatsache, dass die Leistungen der Portugiesen nicht einen absoluten Neuanfang der Entdeckungen darstellen, kann man mit Heinrich dem Seefahrer beginnen. Die Bedeutung dieses Mannes liegt eindeutig darin, dass er die treibende Kraft der Entdeckungen war. Als Verwalter der Mittel des Christus-Ordens, der in Portugal die Fortsetzung des Templerordens war, konnte er dessen Mittel einsetzen, um die besonders schwierige Phase der Entdeckungen entlang der Saharaküste zu fördern. Mit diesen Fahrten, die sich dann bis zum Äquator und schließlich zum Kap der Guten Hoffnung und bis nach Indien ausdehnten, zerbrachen aber auch die mittelalterlichen Vorstellungen von den unbewohnbaren Gebieten und kochenden Meeren des Südens.

An die Behandlung der Entdeckung Amerikas durch Kolumbus – zu der man als Quelle sehr wohl das Bordbuch heranziehen kann und bei der man auf das weitere tragische Schicksal des Kolumbus eingehen sollte – könnte man dann auch die Eroberung Mexikos oder Perus anschließen. Als ein Gegengewicht gegen diese Darstellungen, die ja eine Vorwegnahme der Problematik des Kolonialismus darstellen, sollte man aber auch auf das Wirken des Bartholomé de las Casas eingehen, der sich für die menschliche Behandlung, Erziehung und Unterrichtung der Indianer einsetzte. Ein Brennpunkt dieses Kampfes des Dominikaners ist seine Audienz bei Karl V. Ferner dient es der Ökonomie des Unterrichts, wenn man z. B. anhand der Reisen des Kolumbus auf die Meeresströmungen eingeht oder bei der Eroberung Perus eine Vorstellung des Inkareiches, der Anden und der geografischen Verhältnisse des westlichen Südamerikas und des östlichen Pazifiks hervorzurufen sucht.

Beim Überblick über das 15. Jahrhundert stellt sich die Frage, ob und wie Jeanne d'Arc zu behandeln sei. Wenn man auf die Bedeutung der Tatsache blickt, dass nach dem Eingreifen Jeanne d'Arcs die Engländer dauernd aus Frankreich vertrieben worden sind, dass sich nun England und Frankreich immer deutlicher als nationale Staaten herausbilden, dann kann man an diesem Ereignis nicht vorübergehen. Zum anderen empfiehlt es sich aber, in der 7. Klasse das Leben der Jeanne d'Arc mit großer Nüchternheit unter Hinzuziehung zeitgenössischer Quellen darzustellen. Dabei könnte man anhand der Jugend der Jungfrau von Orleans das dörflich-bäuerliche Leben im späten Mittelalter behandeln, anhand des Prozesses gegen Jeanne d'Arc über mittelalterliche Justiz oder die Behandlung von Ketzern sprechen. Zum Abschluss könnte man auf den Frieden von Picquigny eingehen, in welchem Ludwig XI. von Frankreich dem englischen König Edward seine Ansprüche auf den französischen Thron abkauft.

Nach diesem Intermezzo der politischen Geschichte führt die Erfindung des Buchdrucks wieder zur Kulturgeschichte zurück. Das Symptomatische dieser Erfindung ist, dass sie – ebenso wie die Entdeckungen – nicht ein Zufallsprodukt, sondern das Ergebnis langer, zielbewusster Anstrengungen ist. Handelt es sich doch keineswegs allein darum, dass das Drucken erfunden wurde. Die Idee des Drucks mit beweglichen Lettern, die man nach einer Matrize serienweise gießen kann, ist mehr als bloßes Drucken, und gerade diese Erfindung stellte hohe Anforderungen: So musste zum Beispiel, damit die Lettern weder zu weich noch zu hart wurden, eine entsprechende Legierung aus Blei, Zinn und Wismuth entwickelt werden, es musste eine Druckerschwärze geschaffen werden, die an den Lettern haftet, die auf dem Papier schnell trocknet, es musste saugfähiges Papier geben. Die Bedeutung der Erfindung, ihre Auswirkungen entsprechen dann auch diesen Vorarbeiten. Das Schicksal des Erfinders gleicht in manchem dem des Kolumbus: Beide ernten nicht die Früchte ihrer Leistung.

Der Lehrer ist vor die Aufgabe gestellt, die Auswirkungen dieser Erfindung sichtbar zu machen. Hier eignet sich vor allem der Verlauf der deutschen Reformation. Man hat einmal gesagt, das Wort der Reformation habe sich verbreitet, als seien die Engel Botenläufer gewesen. Nun, die Engel waren es nicht, aber nachdem die 95 Thesen Ende Oktober 1517 in Wittenberg erschienen waren, wurden sie bereits im November in Leipzig nachgedruckt, in Nürnberg erschienen sie in deutscher Übersetzung, in Basel in Buchform. Nach der Erfindung Gutenbergs hatte sich die Druckkunst mit größter Geschwindigkeit ausgebreitet. Um 1500 gab es in Augsburg 20, in Köln 21, in Venedig 151 Druckereien, in ganz Europa in 250 Städten etwa 1120 Druckereien. Durch die Reformation erhöhten sich der Lesehunger und das Diskussionsbedürfnis beträchtlich, namentlich wurden nun auch Schriften in deutscher Sprache gedruckt, 1518 waren es 150 Schriften, 1521 bereits 620, und 1524 erschienen 990 Schriften in deutscher Sprache.

Ein sehr viel prosaischeres Thema ist die Entstehung des deutschen Frühkapitalismus, in Deutschland ist hier Jakob Fugger die herausragende Gestalt. Ursprünglich im Textilhandel engagiert, waren die Fugger 1487 in die Montanindustrie eingestiegen, als sie gegen ein Darlehen von Sigmund von Tirol das Recht erhielten, bis zur Tilgung der Schuld alles in Schwaz geförderte Silber und Kupfer zu einem Vorzugspreis zu beziehen. Bald befanden sich immer größere Bereiche der damaligen Montanindustrie in der Hand der Fugger, die ihr Geschäft nach Ungarn ausdehnten. Die dinglichen Sicherheiten, die die Fürsten für Darlehen zu stellen hatten, wurden effektiv verwaltet, und so werden die Fugger zum größten Bankhaus Europas, entscheiden dann, wie bekannt, durch ihr Kapital über die Besetzung von Bischofsstühlen und über die Wahl zum römischen Kaiser.

Mit dem Buchdruck und dem Frühkapitalismus ist auf zwei wichtige Faktoren der Reformationszeit gedeutet. Wenn die komplexen Auseinandersetzungen und die religiösen Probleme der Reformation den Schülern in der 7. Klasse nicht voll zugänglich sind, so sollte doch eine kurze Skizze der Wirksamkeit Luthers gegeben werden. Dabei beschränkt man sich am besten auf die Zeit bis 1525, die später folgenden Verwicklungen – Schmalkaldischer Bund, heilige Liga etc. – lasse man tunlichst weg. Man kann darstellen, wie Luther in der spätmittelalterlichen Frömmigkeit aufwächst, wie er sich «im Blitz» entschließt, Mönch zu werden, wie er sich mit großem Ernst seinen Bußübungen hingibt, dann die Romfahrt und daraufhin die großen, bekannten Ereignisse: Thesenanschlag, Disputation mit Eck, das Erscheinen vor Kaiser und Reich auf dem Wormser Reichstag, Wartburg, Bibelübersetzung, die Rückkehr nach Wittenberg, um den dortigen Schwärmern entgegenzutreten, und schließlich die Stellungnahme gegen die Bauern im Bauernkrieg. Bei alledem ist es wichtig, das zu betonen, was Conrad Ferdinand Meyer so schön formuliert hat: Sein Geist ist zweier Zeiten Schlachtgebiet – das heißt, Luther ist nicht in unserem Sinne ein «moderner» Mensch, in ihm lebt Neues und Altes, Mittelalter und Neuzeit. Diese Haltung Luthers kommt z. B. beim Marburger Religionsgespräch mit Zwingli ganz deutlich zum Vorschein.

In der üblichen Darstellung der Geschichte würde man nun zur Gegenreformation, zur Begründung des Jesuitenordens, zum Augsburger Religionsfrieden, eventuell auch zu Calvin und zu den Hugenottenkriegen fortschreiten. Diese religiösen Auseinandersetzungen sind aber erstens für den Siebtklässler kaum verdaulich, zweitens sind diese Fragen heute in eine weite Ferne gerückt. Es gibt nun manche Themen, deren Behandlung äußerst wünschenswert ist, die aber schwer darzustellen sind: so zum Beispiel Paracelsus als Kämpfer für eine auf Beobachtung und Erfahrung gründende Heilkunst, so der Kampf um die kopernikanische Weltauffassung von Kopernikus über Giordano Bruno zu Kepler und Galilei. Man sollte als Lehrer diese Dinge aber nur behandeln, wenn man sie zur vollen Anschaulichkeit bringen kann. Gerade der Lebenslauf des Paracelsus, der dramatische Kampf gegen die Tradition und das Stubengelehrtentum, seine berühmten Kuren können von großem Interesse sein, freilich muss man sich in die Denkart dieses Mannes hineinarbeiten, und da liegt die Schwierigkeit. Ähnlich bedeutsam, dramatisch und anschaulich verläuft das Leben des Galilei. Im Gegensatz zu Paracelsus erscheint es aber zwiespältiger, und für den Unterricht käme sehr viel darauf an, dass gerade diese Zwiespältigkeit nicht moralisierend behandelt, sondern wirklich verständlich gemacht würde.

Die großen und die Zukunft entscheidenden Kämpfe in der zweiten Hälfte des 16. Jahrhunderts spielen sich in Westeuropa ab. Auf der einen Seite steht das Spanien Philipps II., auf der anderen Seite die Niederlande, Wilhelm von Oranien und das elisabethanische England. Hier lohnt es sich nun, bevor man mit den kriegerischen Auseinandersetzungen beginnt, das Spanien Philipps II. wirklich zu schildern: das strenge spanische Hofzeremoniell, den Escorial, eine Sitzung des Staatsrates, das persönliche Auftreten Philipps, dazu dann ergänzend einen Blick auf die innere Situation dieses Landes, besonders die Frage der Moriskos von Granada: In dieser Provinz, der blühendsten des Königreiches, lebte eine außerordentlich zahlreiche maurische Bevölkerung, die auch sechzig Jahre nach ihrer «Bekehrung» dem Christentum noch innerlich fremd gegenüberstand, die mit den Mauren jenseits der Meerenge mehr gemein hatte als mit den Spaniern der Halbinsel. Als Philipp die arabische Sprache, arabische Bücher, maurische Gebräuche verbietet, bricht der Aufstand aus, ein Kampf, der auf beiden Seiten mit größter Härte geführt wird, die ganze Provinz Granada wird schließlich von Mauren (Moriskos) gesäubert. So wurde eine der reichsten Landschaften Europas in eine Wüste verwandelt; aber das Problem der Moriskos war durch die Deportation nicht gelöst, in den Jahren 1609 bis 1614 wurden sie ganz aus Spanien vertrieben. Mit den Moriskos hatte Spanien die handwerklich tüchtigste Bevölkerungsschicht verloren: Trotz des Silbers und Goldes der Kolonien wird Spanien nun langsam ein armes, ein rückständiges Land; das Geld bleibt nicht in Spanien, es wird für die Glaubenskriege in anderen Teilen Europas verbraucht. – Der Untergang der in Spanien herrschenden Ritterschicht ist bekanntlicherweise in einem Stück Weltliteratur, dem Don Quichote des Miguel de Cervantes, dargestellt worden.

Eine ganz andere Welt betritt man, wenn man in die südlichen Niederlande kommt, In den Städten Gent, Brügge, Antwerpen, Brüssel und vielen anderen lebte ein reiches Bürgertum, Kaufherren, Handwerker, Fabrikanten. Die Führung lag beim Adel, die bekanntesten Vertreter dieser Gruppe waren die Grafen Egmont und Hoorn. Als die Inquisition in den südlichen Niederlanden eingeführt wird, kommt es 1566 zur Massenpetition des Adels, der um Zurückziehung der spanischen Truppen und um die Widerrufung des Inquisitionsedikts bittet. Dem Adel schließen sich auf ihre Weise Handwerker, Bauern, Schiffer und niederes Volk an: Es kommt zum berüchtigten Bildersturm. Daraufhin wird Alba mit dem Kommando in den Niederlanden betraut, und es kommt zu der bekannten Entwicklung. Das Symptomatische ist nun, dass letztlich die reichen, südlichen Niederlande unterliegen. Das viel ärmere, unwirtliche Holland aber setzt sich in einem lange währenden Freiheitskampf – zunächst unter der Führung Wilhelms von Oranien – durch. Hier entsteht die neue Kultur. Leiden wird zur führenden Universität Europas, durch die Toleranz, die in Holland in religiösen Dingen herrscht, kommen zahlreiche bedeutende Gelehrte ins Land, das Leben dieser Welt, die hier, den wahren Zeitgeist repräsentierend, entsteht, kennt man aus den Bildern Rembrandts.

Der andere Gegner Spaniens war England. Auch in England war ein Gemeinwesen im Entstehen, das dem Individuum größere Möglichkeiten ließ. Die englische Gentry war im House of Commons vertreten, ebenso die aufstrebenden englischen Städte. Elisabeth verstand es, mit dem Parlament zu regieren, sie regierte sparsam, förderte die Unternehmungen ihrer Untertanen, hielt in England kein stehendes Heer; die englische Flotte, die die Armada besiegte, wurde erst in den letzten zehn Jahren, bevor es zum Kampf mit Spanien kam, erbaut: nicht mehr als vierzig relativ kleine, aber bewegliche Kriegsschiffe, die allerdings von erfahrenen Seeleuten, Seeräubern und Kriegern bemannt waren. Die spanische Armada mit ihren 130 schwer beweglichen Schiffen bot noch das Bild der mittelalterlichen Kampftaktik: Die Krieger auf den spanischen Schiffen, eigentlich Landsoldaten unter ritterlichem Kommando, waren auf den Enterkampf eingestellt. Wo die Spanier ihre Schiffe zu Blöcken zusammenfassten und so ihre Beweglichkeit hinderten, verließen sich die Engländer auf ihre Artillerie und ihre Manövrierkunst, sie vermieden jede Annäherung, die sie der Entergefahr aussetzte. Für die Spanier war dies ein Zeichen der Feigheit, meinten sie doch, die Engländer könnten nichts als schießen und bei Gefahr fliehen. – So wie in Holland nach dem siegreichen Freiheitskampf das goldene Jahrhundert anbricht, so folgt in England auf den Sieg über die Armada das Zeitalter Shakespeares. Dieses Phänomen des Theaters erlebte gewiss nur eine kurze Blüte – aber anders als andere Vergnügungen faszinierte das Schauspiel alle Volksschichten: Pro Woche waren es bis zu 20.000 Menschen, die in Southwark die Vorstellungen besuchten.

Literatur der 7. Klasse

O. Peschel, *Geschichte des Zeitalters der Entdeckungen*, Neudruck Berlin 1968

Urs Bitterli, *Die Entdeckung und die Eroberung der Welt. Dokumente und Berichte. Band 1: Amerika, Afrika*, München 1980. *Band 2: Asien, Australien, Pazifik*, München 1981.

Richard Konetzke, Überseeische Entdeckungen und Eroberungen. In: *Propyläen Weltgeschichte Band 6*

Die großen Entdeckungen, hrsg. von Eberhard Schmitt, München 1984

John R. Hale, *Die Reisen der Entdecker*, Reinbek 1971

Salvador de Madariaga, *Kolumbus*, München 1978

Christoph Kolumbus, *Bordbuch*, Frankfurt 1981

Ferner mit Einschränkungen, oft nur in wenigen Kapiteln brauchbar, folgende Bücher zu Entdeckungsreisen:

Heinrich Harrer / Heinrich Pleticha, *Entdeckungsgeschichte aus erster Hand*, Würzburg 1968

Paul Herrmann, *7 vorbei und 8 verweht*, Hamburg ^{10}1978

Paul Herrmann, *Das große Buch der Entdeckungen*, Reutlingen 1958

M. J. Krück von Poturzyn, *Das Mädchen Jeanne d'Arc*, Stuttgart 2008

Herben Nette, *Jeanne d'Arc*, Reinbek 1977

Helmut Presser, *Johannes Gutenberg*, Reinbek 1968

Ernst Kaiser, *Paracelsus*, Reinbek 1969

G. Frhr. von Pölnitz, *Die Fugger*, Tübingen ^{3}1970

M. Brion, *Die Medici*, Wiesbaden 1970

Bernd Moeller, *Deutschland im Zeitalter der Reformation*, Göttingen 1977

Robert van Roosbroek, *Wilhelm van Oranien, der Rebell*, Göttingen 1959

8. Klasse

«Im 8. Schuljahr versuche man, den Kindern die Geschichte bis herauf zur Gegenwart fortzuführen, wobei man aber wirklich das Kulturgeschichtliche durch und durch berücksichtigt. Das meiste von dem, was den Inhalt der heute noch gebräuchlichen Geschichte ausmacht, erwähne man überhaupt nur nebenbei. Es ist viel wichtiger, dass das Kind erfahre, wie die Dampfmaschine, der mechanische Webstuhl usw. die Erde umgestaltet haben, als dass es solche Kuriositäten wie die Korrektur der Emser Depesche erfahre.» (Rudolf Steiner, 1. Lehrplanvortrag, 6.9.1919.)

Will man deutlich machen, wie die industrielle Revolution die Gestalt der Welt verändert hat, so muss man zunächst die vorindustrielle Welt beschreiben. In der vorindustriellen Welt herrschte kaum das, was wir heute Wachstum nennen. Nach einer Zeit der Bevölkerungsvermehrung traten Seuchen, Kriege, Hungersnöte auf, die die Menschenzahl wieder reduzierten. So waren in den Städten die Handwerker in Zünften organisiert, und die Zunft sorgte dafür, dass es nie zu viele Handwerksbetriebe einer Art in der Stadt gab: Jeder Meister sollte sein Auskommen haben. In Tübingen gab es 1714 zum Beispiel 73 Metzger, 54 Schuhmacher, 46 Schneider, 36 Weißbäcker, 26 Roggenbäcker, 21 Leinweber, 20 Küfer, 19 Tuch- und Zeugmacher, 18 Fuhrleute, 14 Rotgerber, 14 Schreiner, 12 Barbiere, 9 Schlosser, 8 Hafner (Töpfer), 8 Zimmerleute, 7 Maurer, 7 Weißgerber, 7 Wagner, 6 Schmiede und etwa 130 weitere Handwerker, unter ihnen Knopfmacher, Nagelschmiede, Siebmacher, Färber, Sattler und Bortenwirker, insgesamt werden 64 Handwerke aufgeführt. Ferner gab es natürlich Bauern, Weinbauern, Gärtner, Jäger und in Tübingen die Studenten und Professoren, die Stadtsoldaten, Polizei, Richter, Schreiber etc. Die Handwerker arbeiteten vielfach auf Bestellung, man produzierte noch nicht für einen anonymen Markt.

Bis zum Jahre 1800 etwa und noch darüber hinaus lag das Wohngebiet der Bürger innerhalb der Stadtmauern, die eine sichtbare Grenze des Wachstums darstellten. Neben diesen sichtbaren Grenzen gab es unsichtbare: Die Städte mussten, wenn sie nicht an großen, schiffbaren Flüssen lagen, aus ihrer unmittelbaren Umgebung versorgt werden. Der Transport auf dem Landwege war so kostspielig, dass es sich nur bei extremen Hungersnöten lohnte, Getreide über größere Entfernungen herbeizuschaffen. Auch nur wenige Bürger erfuhren aus den wenigen Zeitungen, die es gab, was in der weiten Welt vor sich ging.

Das Verzeichnis der Tübinger Handwerker nennt noch keinen Uhrmacher. Gewiss gab es in Tübingen schon Uhren, aber offensichtlich nur wenige. Das Leben der Menschen in der vorindustriellen Welt war – und man muss das immer wieder betonen – keine Idylle, doch es wurde noch nicht von der Uhr bestimmt. Der

Tagesablauf, der Arbeitsanfall in der Landwirtschaft – auch die Handwerker hatten in der Regel Feld und Garten – bestimmten das Leben. Jede Jahreszeit hat ihre Arbeiten, das Leben hatte seinen Rhythmus.

Die Darstellung und Erarbeitung der industriellen Revolution ist nun ein Vorgang, der dem Bedürfnis nach kausaler Betrachtung angemessen ist. Die Tatsache, dass diese Umwälzung unserer Lebensverhältnisse in England ihren Ausgangspunkt hat, ist kein Zufall. Zuerst sind da die Bodenschätze Englands zu erwähnen, allen voran die Kohle, die so nahe an der Erdoberfläche lagerte; dann die vielen kleinen Wasserläufe, etwa am Abhang der Penninen, die Mühlen treiben konnten und es dank der relativ häufigen Regenfälle auch meist taten. Die zweite Voraussetzung war das englische Patentrecht. Bereits im Jahre 1624 hatte das englische Parlament ein Gesetz erlassen, das die Erteilung von Patenten regelte und den Missbrauch des Patentrechts durch die Krone verhinderte: Die Krone konnte den wirklichen Erfindern und Herstellern das Recht der ausschließlichen Nutzung auf 21 Jahre verleihen. Eine weitere Voraussetzung war die Verbesserung der landwirtschaftlichen Anbaumethoden, durch die mit weniger Arbeitskräften größere Menschenmengen ernährt werden konnten; überdies waren durch die Enclosures (Einhegungen) zahlreiche Kleinbetriebe zugrunde gegangen, und dementsprechend waren die Arbeitskräfte freigesetzt worden, die später in der industriellen Revolution gebraucht wurden. Schließlich dürfte auch die Arbeitsethik des Puritanismus, die Wertschätzung der Zeit durch die Puritaner, die sich später zu dem Schlagwort: «Time ist money» entwickelte, eine Rolle spielen. Nun ist es keineswegs notwendig, alle diese Voraussetzung in der 8. Klasse im Detail zu behandeln, aber auf das eine oder andere kann durchaus hingewiesen werden.

Die Geschichte der eigentlichen Erfindungen ist von zahlreichen Legenden verfälscht. So ist zum Beispiel James Watt nicht angesichts des mütterlichen Kochtopfs auf die Idee, die Dampfmaschine zu erfinden, gekommen. Der Vorgang war ein anderer. Bereits 1711 hatte Newcomen eine Dampfmaschine konstruiert, die bei den Kohlebergwerken zum Leerpumpen der Gruben verwendet wurde. Diese Maschine verschlang unglaubliche Mengen an Kohle, denn jede Hubbewegung der Pumpe wurde durch das Abkühlen des Zylinders bewirkt. Mit 21 Jahren war James Watt als Universitätsmechaniker an die Universität Edinburgh gegangen, dort bekam Watt den Auftrag, ein Modell der Newcomen-Maschine zu reparieren, und nach langen Überlegungen kam ihm bei einem Sonntagsspaziergang die Idee, den Abkühlungsvorgang in einem vom Zylinder separierten Kondensator durchzuführen. Das war im Mai 1765, erst im Januar 1769 wird ihm ein Patent erteilt. Es dauerte aber noch bis zum Jahre 1776, also bis zum Jahre der amerikanischen Unabhängigkeitserklärung, bis endlich zwei neue von Watt erbaute Dampfmaschinen in Betrieb waren. Es lag dies nicht an einem Mangel der Nachfrage. Vielmehr war Watt zunächst als einfacher, praktisch mittelloser Mechaniker auf einen Partner angewiesen, der die eigentliche Herstellung der Maschine unternehmen konnte. Dass das nicht leicht war, sieht man daran, dass der erste Versuch der Zusammenarbeit mit John Roebuck, dem Besitzer der Carron-Eisenwerke, scheiterte. Es kam dann zu der klassischen Kooperation von Watt und Boulton, einem führenden Fabrikanten in Soho nahe Birmingham. Aber auch hier gab es neue Schwierigkeiten: Man benötigte für die Zylinder der Kondensatoren sehr präzise und stabile Zylinder und Kolben. Erst als John Wilkinson eine neue Bohrtechnik – ursprünglich zum Herstellen von Kanonen bestimmt – entwickelt hatte (1774), konnte die Produktion der eigentlichen Dampfmaschinen aufgenommen werden. Die nun gebauten Maschinen – Watt und Boulton stellten insgesamt 496 Maschinen her – waren allerdings Muster der Präzision, einige arbeiteten 120 Jahre lang. Ich habe diese Erfindung deshalb in ihren Umrissen ausführlicher dargestellt, weil ich der Ansicht bin, dass diese Wirklichkeit wesentlich wahrer ist als die legendären Geschichten, zeigt die Wirklichkeit doch, wie Erfindungen in umfassende soziale Zusammenhänge eingebettet sind, dass große Erfindungen auf umfassenden Vorarbeiten beruhen und die Mitwirkung vieler Menschen erfordern.

Ein zweiter Gesichtspunkt für die Darstellung lenkt den Blick auf die sozialen Folgen jeder Erfindung. Dies lässt sich besonders gut an der Textilindustrie darstellen. Im Jahre 1733 hatte John Kay den sogenannten Schnellschützen oder das fliegende Weberschiffchen erfunden. Diese Vorrichtung ermöglichte es, breitere Stoffe mit doppelter Geschwindigkeit herzustellen. Zugleich stieg die Nachfrage nach Textilien, sodass eine befürchtete Arbeitslosigkeit nicht eintrat. Aber die Spinner konnten mit dem Garnbedarf kaum mithalten, die Arbeitszeit in den Spinnereien wurde deshalb bis zu 15 Stunden ausgedehnt, acht bis zehn Spinner waren beschäftigt, das von einem Weber benötigte Garn herzustellen. So setzte 1751 die Royal Society of London einen Preis «für die beste Erfindung einer Maschine aus, die gleichzeitig sechs Fäden Baumwolle, Flachs oder Hanf spinnt und nur von einer Person bedient wird». Es dauerte aber bis 1764, bis James Hargreaves eine derartige, sogar mit acht Spindeln versehene Maschine vorweisen konnte. Bald darauf stellte Arkwright eine verbesserte Spinnmaschine her, die das Garn wesentlich stärker zwirnte; nunmehr konnte in England reines Baumwollgewebe hergestellt werden. Arkwright begründete dann in Cromford auch die erste als Fabrik anzusprechende Spinnerei. Die Spinnmaschinen wurden binnen kurzem weiter verbessert, sodass mit einer Maschine zwanzig bis fünfzig Fäden gesponnen wurden. Es war dann wieder Arkwright, der als Erster den bisher üblichen Antrieb der Maschinen mittels einer Mühle durch Dampfmaschinen ersetzte und so von der nicht gleichmäßig fließenden Wasserkraft unabhängig wurde.

Dieser Maschineneinsatz von Spinnmaschine, Dampfmaschine und mechanischem Webstuhl, der allerdings erst vom Jahre 1805 an gegen den Handwebstuhl bestehen konnte, führt nun zur Entstehung der eigentlichen Fabriken, in denen Maschinen menschliche Geschicklichkeit und Arbeitskraft ersetzen oder unterstützen. Nun ist die Entstehung von Fabriken von gewichtigen sozialen Folgen begleitet. Bis zur Errichtung von Fabriken fand fast alle Arbeit – sieht man von Manufakturen, Bergwerken und vom Fuhrbetrieb ab – im Hause statt. Das Haus war der Ort des Lebens, der Arbeit, der Erziehung, es war Altersheim und Vorratslager in einem. Mit Otto Brunner spricht man vom «alteuropäischen Haus» als jenem Ort des ungeteilten Lebens. Man kann sich das ganze bildhaft vorstellen: So wie mit dem Bauernhaus die Viehhaltung und die Lagerung von Futter, Getreide und Vorräten verbunden war, so gehörte zu jedem Handwerkerhaus die Werkstatt, meist auch ein kleiner Viehbestand, ein Garten. Im Keller bewahrte man die Vorräte auf, im Erdgeschoss war die Werkstatt, die Küche, ein Wohnraum, und hinter dem Haus, auf dem Hof oder im Hinterhaus wurden Hühner, vielleicht Schweine und Ziegen gehalten. Im Obergeschoss wohnten die Großeltern, schliefen Kinder und Eltern. Unter dem Dach lagerten Heu und Stroh. Zu jedem Haus gehörte ein Garten vor der Stadt, wohl auch eine kleine Wiese, ein Acker. Die Kinder wuchsen in einer Welt der Arbeitsnotwendigkeit auf und lernten sehr bald, durch allerlei Hilfen den Eltern nützlich zu sein. Die Erziehung verlief nicht verbal, sondern durch Vorbild und Arbeit. Auch die Großeltern waren, wenn sie noch lebten, an der Arbeit des Hauses voll beteiligt, sie hüteten die Kleinsten, rieten und halfen der Mutter bei Geburt und Kindbett. So war das Leben überschaubar: Geburt und Tod, Arbeit und Konsum lagen vor aller Augen. – Gewiss war dies keine Idylle. Man muss wissen, dass noch um 1750 sechzig bis siebzig Prozent aller Kinder vor Vollendung des fünften Lebensjahrs starben, dass im Frühjahr fast alle frischen Nahrungsmittel fehlten, dass alles Wasser gepumpt und oft vom Brunnen geholt werden musste, dass man das Brennholz selber aus dem Wald herbeizuschaffen hatte, dass Beleuchtung ein Luxus war.

Die Fabrik aber trennte Arbeitsplatz und Wohnung. Bald entstanden in der Nähe der Fabriken erste Arbeitersiedlungen, in denen die Arbeiter auf engstem Raum untergebracht waren. Oft lebte die ganze Familie in einem Wohn- und Schlafraum zusammen. Es gab einen Herd, ein oder zwei Betten, einen Tisch, zwei Bänke. Wer konnte, ging zur Arbeit – Männer, Frauen und Kinder. Aber die mechanische Arbeit gab nicht mehr das Bild des vollen Lebens. Das Elend der Frühindustrialisierung wurde erst in der zweiten Hälfte des 19. Jahrhunderts entscheidend gelindert. Langsam trat an die Stelle der Kinderarbeit der Schulbesuch, in Deutschland wurden in den 80er Jahren des 19. Jahrhunderts die Versicherungen geschaffen, die die ärgste Not im Alter, bei Krankheit und Invalidität linderten.

Eine ganz andersartige Folge trat durch die gesteigerte Nachfrage nach Baumwolle ein. Diese Baumwolle wurde damals hauptsächlich in den Südstaaten der USA angebaut. Dieser Anbau war äußerst arbeitsintensiv, denn die Baumwolle musste entkernt werden: Eine Arbeiterin benötigte zum Entkernen eines Pfundes Baumwolle einen ganzen Tag. So führte, da nicht genügend Negersklaven zur Verfügung standen, die Entkernung zu einem Versorgungsengpass, bis es Ely Whitney im Jahre 1793 gelang, eine gut funktionierende Baumwollentkernungsmaschine zu erfinden; sie erbrachte eine Tagesleistung von 50 Pfund Baumwolle im Handbetrieb. Die Baumwollproduktion stieg von 190.000 Ballen im Jahre 1791 auf 41.000.000 Ballen im Jahre 1803. Diese Steigerung des Baumwollanbaus erforderte den Einsatz weiterer Negersklaven, die bis zum Jahre 1807 in Massentransporten von Afrika herbeigeschafft wurden.

Vom Jahre 1800 an begann England, das infolge der napoleonischen Kriege keine Baumwollprodukte nach Europa ausführen konnte, nach neuen Exportmärkten zu suchen. Man lieferte nicht allein nach Afrika billiges Kattun, vor allem begann der Export nach Indien, das bereits eine englische Kolonie war und sich gegen britische Einfuhren nicht wehren konnte. Die Folge war die

Vernichtung der indischen Weberei als einer eigenen Industrie; von nun an beschränkte sich die indische Baumwollverarbeitung auf reine Heimarbeit für die Landbevölkerung. Nach dem Ende der napoleonischen Kriege begannen dann die englischen Textilien auch auf dem Kontinent Absatz zu finden. Die englische Produktion und die beginnende deutsche Textilindustrie führten dann beispielsweise zum Elend der schlesischen Weber, das von Hauptmann in seinem Drama *Die Weber* dargestellt wurde.

An den bisher angeführten Beispielen aus der Geschichte der Industrialisierung wird erkennbar, dass der Prozess der Verwandlung der Welt durch die neuen Maschinen ebenso voraussetzungsreich wie folgenschwer ist. Die Vorgänge sind sehr komplex und keineswegs für eine lineare Denkweise geeignet. Die bisherige Beschreibung ist zum Beispiel auf die Rückwirkung der rapide wachsenden Textilindustrie für das Transportwesen und für den Maschinenbau nicht eingegangen. Der Maschinenbau wiederum brachte neue Impulse für die Produktion von Eisen und Stahl, alles zusammen wirkte als starker Anreiz zur Förderung der Kohle.

Auch in der 8. Klasse stellt sich das Problem der Auswahl des Stoffes. Ein vernünftiges Kriterium dürfte die soziale Bedeutung und Auswirkung eines Erfindungskomplexes sein. Unter diesem Gesichtspunkt sollte sich nach Behandlung der Startphase der industriellen Revolution folgende Auswahl ergeben:

- die Umwälzungen im Transportwesen
- die Elektrizität und ihre Anwendungen
- die Chemie oder die Medizin

Bei all diesen Komplexen von Erfindungen und Neuerungen kommt es darauf an, dass die tiefgreifenden Folgen der Erfindungen für das menschliche, soziale Leben auch wirklich zutage treten. Es wäre zum Beispiel recht banal, wenn als Folge der Erfindung der Eisenbahn etwa nur gesagt würde: Früher brauchte ein Wanderer, der von Basel nach Hamburg gelangen wollte, für diesen Weg, wenn er täglich 30 Kilometer zurücklegte und drei Ruhetage einschaltete, 30 Tage, heute fährt man mit dem Intercity diese Strecke in acht Stunden. Vielmehr sollte man darauf schauen, dass der Eisenbahnbau der größte Schrittmacher in der industriellen Revolution überhaupt war. So wurden z. B. im Deutschen Reich zwischen 1860 und 1900 fast 40.000 Kilometer Eisenbahnstrecken gebaut. Zunächst bedeutete das, dass nun die Produktion von Eisen und Stahl, die Förderung der Kohle einen nie dagewesenen Aufschwung nahmen (Kohle von 12,3 Mio. Tonnen im Jahre 1860 auf 109,3 Mio. Tonnen im Jahre 1900). Der Bau von Eisenbahnstrecken forderte neue Künste heraus: Tunnelbau, Brückenbau, Dammbau, das Signalwesen wird ausgebaut, der Morsetelegraf findet Verwendung, es werden nicht nur Lokomotiven, sondern auch Wagen aller Art gebaut. Das setzte Millionen von Arbeitern über Jahrzehnte in Brot. An einzelnen Beispielen, z. B. dem Bau der Gotthard-Bahn und des -Tunnels, wird anschaubar, welche Leistungen in jenen Jahren erbracht wurden. Die Finanzierung dieser Riesenunternehmungen erforderte Kapitalien, die ein Einzelner nicht aufbringen konnte, so wurden Aktiengesellschaften gegründet, Banken, die die Aktien ausgaben, die Börsen begannen eine Rolle zu spielen.

Entscheidend ist die Wirkung der modernen Transportmittel insgesamt: Die Dampfschiffe und die Eisenbahn im Verein bewirkten, dass Waren, die früher nur unter günstigen Umständen transportabel waren, nun als Massengüter transportiert werden konnten: Kanadischer und argentinischer Weizen konnten mit den Eisenbahnen zu den großen Häfen und von dort nach Europa gebracht werden, Neben Weizen und Futtermitteln können Tabak, Kaffee, Tee, Kakao, Zucker und Kautschuk, Ölfrüchte und Ölsaaten, Erze und Edelhölzer billig transportiert und in die Ballungsräume der Industrienationen gebracht werden. Diese wiederum liefern Industrieausrüstungen und Industrieprodukte in ferne Länder. Der Welthandel entsteht, und Gebiete, die sonst kaum je erschlossen worden wären, werden nun zugänglich:

Sibirien, das mittlere Kanada, Teile des mittleren Westens der USA.

Auch diese Entwicklung hat ihre Helden, es sind die Unternehmer. Man sollte sich als Lehrer hier nicht von einem falsch verstandenen Sozialismus leiten lassen, denn selbst ein Karl Marx wusste, dass das unternehmerische Bürgertum in der Entwicklung der Produktivkräfte seine weltgeschichtliche Aufgabe hat. Für Deutschland sind hier unter anderem die Namen von Borsig, Krupp und Harkort zu nennen. Ihre Biografien werden zu Biografien ihrer Unternehmungen, und ihr Erfolg ist der Erfolg der Industrie. Man vergisst aber allzu leicht, wie viele ähnliche Unternehmungen in der Frühzeit des Industrialismus scheiterten. Der Erfolg entsprang keineswegs allein kapitalistischer Skrupellosigkeit, sondern, wie leicht zu sehen ist, auch persönlicher Tüchtigkeit, Umsicht und Initiative. Es empfiehlt sich deshalb, auf die Biografie von Borsig oder Harkort in diesem Zusammenhang einzugehen und diese Entwicklung zuerst positiv darzustellen. Eine Kritik der sozialen Verhältnisse wird man dann anfügen durch die Schilderung der Arbeits- und Wohnverhältnisse, die in jener Frühzeit herrschten.

Der technische Fortschritt im 19. Jahrhundert überzog also das Land mit einem gut funktionierenden Verkehrsnetz, dieses Netz wurde auch zur Grundlage dessen, was man Verstädterung nennt. Man kann das gut an den Einwohnerzahlen ablesen: So hatte Berlin 1850 419.000 Einwohner, 1900 waren es 1.889.000, Hannover 1850 29.000 Einwohner (es lag an keinem größeren Fluss), 1900 236.000 Einwohner usw. Die industrielle Revolution schuf in diesen Städten ganz neue Lebensverhältnisse, große Menschenmassen wohnten auf engem Raum, Mietkasernen, Arbeitersiedlungen sind ebenso Kennzeichen dieser Zusammenballungen wie die Villenviertel. Im Gegensatz zum 20. Jahrhundert war aber die Technik im 19. Jahrhundert noch kaum in die Häuser und Haushaltungen eingedrungen. Vor 1890, 1900 gab es noch kaum elektrisches Licht. Wenn die Wohnungen ordentlich ausgestattet waren, hatten sie fließendes Wasser, Herd und Ofen. Was völlig fehlte, waren alle Haushaltsmaschinen: Kühlschrank, Elektroherd, Waschmaschinen, ferner waren Zentralheizung, Telefon, Bäder ganz rar, es fehlte auch an der Haushaltschemie, die heute reichlich zur Verfügung steht: Waschmittel, Putzmittel, Kosmetika waren rar und in vielen Haushalten nicht zu finden. Kurzum: Die industrielle Revolution des 19. Jahrhunderts wirkte sich vornehmlich im Großen aus – sie schuf Städte, Fabriken, Werften, Kanäle, Bahnen, Bahnhöfe, Bergwerke und Hochöfen, aber sie stellte den Einzelmenschen noch nicht die vielen individuell zu nutzenden Annehmlichkeiten zur Verfügung, über die man heute verfügt: Haushaltsmaschinen, Unterhaltungsmaschinen, Autos. So wie der Haushalt, so waren auch der Bauernhof und das Dorf erst in einem geringen Maße von Technik und Industrie berührt. Gewiss: Irgendwo im Umkreis von vielleicht zehn Kilometern gab es einen Bahnhof, vielerorts gab es Dreschmaschinen, bessere Pflüge, Mähmaschinen, Heuwender, in den USA sogar schon Mähdrescher, die sich aber wie die relativ seltenen Dampfpflüge nur zum Einsatz auf sehr großen Feldern eigneten. So war das bäuerliche Leben und Arbeiten um das Jahr 1900 dem Leben um das Jahr 1820 ähnlicher als dem Leben um das Jahr 1980. Diese Zwischenbilanz ist erforderlich, um zu verdeutlichen, was durch die Erfindungen der Elektrotechnik, durch die Großchemie, die Revolution im Bauwesen und durch Erdöl und Erdgas bewirkt worden ist.

Bei allen Erfindungen muss man zwischen der Erfindung, der auf sie folgenden Entwicklungsphase, die zur Produktionsreife führt, und der Anwendung unterscheiden. Die Anwendung der Elektrizität begann mit dem Telegrafen. Zum Telegrafieren verwandte man Schwachstrom, der auf chemischem Wege aus galvanischen Elementen gewonnen wurde. Erst die Entdeckung der elektromagnetischen Induktionsströme durch Michael Faraday (1831) legte den Grund zur Erzeugung wirtschaftlich und technisch nutzbarer Stromerzeuger. In dieser Technik wurde in Deutschland die Firma Siemens führend. Werner Siemens hatte bereits 1847 – damals noch als Artillerieoffizier – eine Telegrafenleitung von Berlin nach Potsdam gebaut, 1849 schied er aus der Armee aus und gründete mit dem Mechaniker Halske zusammen die Firma Siemens und Halske, eine Telegrafenbauanstalt. Die erste wichtige Erfindung, die Siemens gelang, war die nahtlose Isolierung der Leitungsdrähte durch eine Ummantelung mit Guttapercha. Bald erhielt die Firma Großaufträge, so baute sie noch vor 1860 die Telegrafenlinie St. Petersburg – Moskau – Krim. Entscheidend aber war die Entwicklung von Maschinen, die mechanische (Bewegungs-)Energie in Elektrizität verwandelten: 1856 wurde der Doppel-T-Anker gebaut und 1866 eine Gleichstrommaschine nach dem Dynamoprinzip – jetzt erst konnte die Entdeckung Faradays angewandt werden.

Auf Siemens' Erfindung konnte dann Thomas A. Edison aufbauen: Er verwendete als Erster die Dampfmaschine zur Erzeugung von Elektrizität und baute nach diesem Prinzip das erste Kraftwerk. Ferner erfand Edison die Kohlenfadenglühlampe, den Lichtschalter, die Sicherungen, und er entwickelte den Stromzähler zur Produktionsreife. Nachdem durch Oskar von Miller das Problem der elektrischen Kraftübertragung gelöst war – er baute 1891 die erste Fernleitung über 179 km von Lauffen am Neckar nach Frankfurt – konnte der Elektromotor seinen Siegeszug beginnen: Das Stromversorgungsnetz brachte eine billige und wirtschaftlich leicht einsetzbare Energie nicht nur in die Großbetriebe, sondern bald standen elektrische Antriebsgeräte in Kleinbetrieben, in den Werkstätten der Handwerker, für die eine Dampfmaschine unrentabel gewesen wäre. An vielen Beispielen könnte gezeigt werden, wie durch die Elektrizität technische Anwendungen, die bis etwa zum Jahre 1900 eher grobmaschig über das Land verteilt waren, sich nun in feinsten Verästelungen und vielfältigsten Anwendungen über das Land ziehen.

Für den Unterricht besonders lohnend ist die Biografie Thomas Alva Edisons. In diesem Leben zeigt sich nicht nur der Aufstieg eines selfmademan, sondern auch der Prozess systematischer Forschungen und Erfindungen, soweit er 1880 gediehen war, ferner die Art, wie an ein und derselben Erfindung an verschiedenen Orten zugleich gearbeitet wurde (z. B. Swan und Edison an der Glühlampe) und wie es schnell zur Fabrikation und Anwendung kommt. Bei all diesen Erfindungen von Faraday, Siemens, Edison und anderen sollte immer deutlich werden, dass sie auf zielbewusster Arbeit, genauen Überlegungen und nicht auf irgendwelchen Zufällen beruhen.

Es gibt gute Gründe, einige Gestalten aus der Entwicklung der Medizin im 19. Jahrhundert darzustellen. Zum einen verdankt man der Medizin die Bekämpfung der Seuchen, die Senkung der Säuglingssterblichkeit, die Verlängerung des menschlichen Lebens: demografische Faktoren von kaum zu überschätzender Bedeutung. Zum anderen ist es wichtig, auch diesen schon in der Absicht humanen Aspekt des Fortschritts kennenzulernen. Es besteht ja heute allzuleicht die Tendenz, die moderne Technik zugunsten einer romantischen Verklärung der Postkutschenzeit zu verteufeln. Gerade das sollte aber in der 8. Klasse vermieden werden. Andererseits ist es recht schwierig, gerade die Entwicklung der Medizin im 19. Jahrhundert so darzustellen, dass sie den Schülern der 8. Klasse voll verständlich ist. Es bleibt unter diesen Umständen der Weg, ein oder zwei Gestalten aus der Entwicklung der modernen Medizin oder des Krankenhauswesens zu skizzieren. Vielleicht kann Robert Koch als ein Paradigma dieser Forschungen dienen, wobei aber zumindest auch auf die Arbeiten von Pasteur hingewiesen werden sollte, sodass der soziale Zusammenhang der Entwicklungen nicht übersehen wird. – Die moderne Medizin gelangt durch die Kenntnis von der Rolle der Mikroben zur neuen Auffassung der Hygiene. So wird aus den alten Hospitälern das moderne Krankenhaus mit seinen hygienischen Einrichtungen, dem Röntgengerät, dem Operationssaal, den Möglichkeiten zur Narkose etc., die heute ganz selbstverständlich geworden sind.

Die moderne Medizin ist ohne die moderne Chemie, insbesondere die Pharmazie, nicht denkbar. Die Chemie wurde im frühen 19. Jahrhundert zunächst als Zulieferer der Textilindustrie entwickelt: Soda wurde nach dem Leblanc-Verfahren vor allem für die Wäsche der Baumwolltextilien, Chlor als Bleichmittel produziert, auch die Farbenindustrie dient zunächst der Textilwirtschaft. Ein Name wie BASF = Badische Anilin- und Soda-Fabrik ist für diese Frühzeit typisch. Neben die Farbenindustrie trat sehr bald die Agrikulturchemie, die weitgehend auf Justus von Liebig zurückgeht: Produkte wie Ammonsulfat, Salpeter, Kalkstickstoff, Kalisalze wurden massenhaft produziert und der Landwirtschaft angeboten. Das 20. Jahrhundert wird schließlich zum Jahrhundert des Kunststoffs. Es begann mit Bakelit und Zellophan, führte zu Nylon, Perlon und den anderen Kunstfasern und den abertausend Produkten, wie künstliche Aromen, Lacke, Plastikstoffe etc. Man könnte sich denken, dass ein derartiges Thema nun nicht unbedingt wiederum anhand von Biografien dargestellt werden muss. Es kann der Klasse in diesem Zusammenhang auch einmal die Aufgabe gestellt werden, sich gemeinsam einen Überblick über die Herkunft der chemisch produzierten Stoffe, mit denen sie umgehen, zu verschaffen.

Nun fehlen unter diesen Themen der industriellen Revolution eine ganze Reihe populärer und weniger populärer Erfindungen: das Auto, das Flugzeug, Radio und Fernsehen, aber auch die Zementindustrie, die neuen Drucktechniken: Rotationspresse und Offsetdruck, Mineralölindustrie, Computer. Auch wurde alles weggelassen, was zur Waffentechnik gehört. In der Tat gibt es eine Reihe von Erfindungen, die die Schüler in aller Regel auf andere Weise als durch die Schule kennenlernen, bei denen sie durch eigene Lektüre oder durch das Elternhaus einiges erfahren: Diese fehlenden Elemente können schließlich bei der Zusammenfassung durch die Schüler ergänzt werden; es kommt nur darauf an, dass die Schüler an einer Reihe von exemplarischen Erfindungen wirklich etwas über deren Bedeutung und Auswirkung erfahren.

Der soziale Aspekt der technischen Entwicklung

Schon bei der Textilindustrie und dem Eisenbahnwesen wurde auf den sozialen Aspekt der industriellen Entwicklung hingewiesen: das Elend der Verstädterung, die Auflösung des alteuropäischen Hauses mit seiner Großfamilie und Selbstversorgung. Die Phase des sozialen Elends dauerte in Deutschland etwa bis 1900/1905 und setzte dann noch einmal mit der Weltwirtschaftskrise des Jahres 1929 ein. Dieses Elend ist eindringlich dokumentiert, z. B. in *Deutsche Sozialgeschichte Band I und II* (vgl. Literaturverzeichnis). Im Laufe der Zeit trat aber auch eine entscheidende Besserung der sozialen Verhältnisse ein. Die Arbeitszeit, die Mitte des 19. Jahrhunderts noch oft mehr als zwölf Stunden am Tag betrug, konnte im Laufe der Zeit reduziert werden. Um das Jahr 1910 betrug sie meist zwischen neun und elf Stunden, 1918 wurde sie auf acht Stunden begrenzt, das heißt, die Wochenarbeitszeit lag bei 48 Stunden. Heute liegt die Arbeitszeit bei 40 Stunden oder darunter; verglichen mit früheren Zeiten müsste man den heutigen Anspruch auf Urlaub noch in Anschlag bringen, man kann also im Vergleich von nur ca. 36 Arbeitsstunden reden. Das heißt aber, dass die wöchentliche Arbeitszeit, die um 1850 noch bei 72 Stunden lag, heute auf die Hälfte gesunken ist. Von 1850 bis 1910 hatte sich der Wochenlohn je nach Region und Gewerbe verdrei- bis vervierfacht, ebenso verdoppelte sich der Reallohn von 1950 bis 1964. Besonders drastisch wird dieser Vergleich, wenn man die Bruttostundenverdienste von 1913/14 mit 1976 vergleicht: Setzt man 1970 = 100 %, so betrugen sie 1913 8,1 %, 1976 168,8 %, das heißt, der Bruttoverdienst stieg um das zwanzigfache.

Dieser Zunahme des Verdienstes entspricht der Massenwohlstand. Er betrifft nicht nur den Konsum an hochwertigen Lebensmitteln, er betrifft genauso Kleider und Schuhe. Kinder ärmerer Volksschichten trugen z. B. im Winter Holzpantinen, im Sommer liefen sie barfuß, noch um 1936 herum besaßen Kinder oft ein einziges Paar Schuhe. Das Entsprechende galt für Kleidung. Auch in kleinbürgerlichen Kreisen wurden Anzüge und Kleider nach einigen Jahren des Tragens gewendet. Selbstverständlich fehlten vor 1910 langlebige Güter wie Autos, Fernsehgeräte, Elektrogeräte. Wichtiger ist die Wohnsituation. 1976 gab es zum Beispiel in der Bundesrepublik fast genau 24.000.000 Wohnungen mit durchschnittlich 4,2 Räumen, auf jede Wohnung kommen im Durchschnitt 2,5 Personen. Schließlich muss aber auch die Summe der öffentlichen Dienstleistungen wie die soziale Sicherheit mit zum Gesamtwohlstand gerechnet werden: Diese Art des Wohlstandes beginnt bei den Straßen und Wegen, setzt sich über die Beleuchtung, die Spielplätze bis zu den Badeanstalten und Einrichtungen der Fürsorge fort.

Das Elend der ersten Phase der industriellen Revolution, in der sich die primäre Akkumulation des Kapitals vollzog, wurde also bereits um 1910 von einer nächsten Phase abgelöst, in der das materielle Wohl der Menschen in den industrialisierten Ländern sichtbar zunahm, vom Jahre 1950 an kann man sogar von einem weitverbreiteten Wohlstand reden. Die Frage, inwieweit der Industrialismus am Elend in der Dritten Welt Schuld trägt, ist nicht so schnell zu beantworten. Gewiss hat gerade die moderne Medizin zum Bevölkerungswachstum – einem Hauptproblem der Dritten Welt – entscheidend beigetragen, gewiss sind auch durch Einsatz moderner Maschinen alte, traditionelle, ökologisch sinnvolle Produktionsweisen zerstört worden. Zum anderen zeigt sich aber, dass dort, wo mit der modernen Technik sinnvoll umgegangen wird, wie etwa in China, von der modernen Technik nicht nur eine Steigerung des Lebensstandards der Bevölkerung ausgeht, man wird sogar sagen können, dass China ohne die technischen Hilfsmittel seine so stark wachsende Bevölkerung kaum ernähren könnte. Oft sind politische Zustände die Ursache für das Elend in der Dritten Welt. An diesen Zuständen sind die alten Kolonialmächte freilich nicht unschuldig.

Die entscheidenden Folgen der modernen Technik sind aber anderer Art. In sozialer Hinsicht trat durch die industrielle Revolution die alte Gliederung der Gesellschaft in feste Schichten und Klassen, in die der Mensch hineingeboren wurde, stärker in den Hintergrund. Die Gesellschaft gliedert sich heute immer mehr nach ihren verschiedenen Funktionssystemen. Früher bestand in der Gesellschaft eine Oberschicht, die Latein oder Französisch sprechen konnte und sich so verständigte, heute gibt es Gruppen in der Gesellschaft, die sich auf Computersprachen verstehen, andere auf chemische Produktionsprobleme, die dritten auf Maschinenbau usw. Die beruflichen Kenntnisse sind aber nicht nur in den technischen Berufen sehr weitgehend funktionell spezialisiert, auch die verschiedenen Arten der Verwaltung haben ihre eigenen besonderen Fachkenntnisse: Versicherungen, Banken, Sozialämter, Justizbehörden zeigen ihre je besonderen Denkweisen. Gewiss hat es auch in früheren Jahrhunderten «Spezialisten» gegeben, heute aber beruhen alle Spezialgebiete auf besonderen Wissenschaften, die sich erst durch ein besonderes Studium erschließen. In früheren Jahrhunderten konnte dagegen durch das Anschauen der Produktionsprozesse ein Verständnis (nicht ein Können!) für die meisten Arbeiten der Spezialisten entstehen.

An diese erste Tatsache schließt sich eine zweite an: Die heutigen technischen Geräte, Einrichtungen, die Fabriken und Produktionsprozesse verbergen, was in ihnen und durch sie vor sich geht – der Anblick der Naturprozesse wird dem Menschen entzogen. So sind die technischen Prozesse für den Laien unverständlich. So wie sich der technische Vorgang unseren Augen entzieht, so sorgt auch die Technik selber dafür, dass wir mit der Natur immer weniger in Berührung kommen. Wer sich mit dem Auto auf einer asphaltierten Straße bewegt, wer durch die Einkaufsstraßen einer Großstadt geht, wer seine Unterhaltung aus dem Fernsehen bezieht, wer in eine moderne Klinik eingeliefert wird, begibt sich in eine Welt, in der er weitgehend gegen jeden Natureindruck abgeschirmt ist. So kennen immer weniger Menschen die Prozesse, die sie letztlich tragen und erhalten: So wie die Waren in einem Geschäft heute fertig abgepackt dem Kunden zur Verfügung stehen, ohne dass noch irgendetwas auf ihre Herkunft deutet, so steht uns Licht und Wärme, Wasser und Kälte zur Verfügung, ohne dass wir wüssten, woher sie stammen.

Damit kommt man zu der dritten großen Veränderung, die durch die industrielle Revolution bewirkt worden ist: In früherer Zeit waren die meisten Haushalte bis zu einem gewissen Grade autark, sie versorgten sich selbst aus eigenem Brunnen, aus eigenem Garten, von eigenen Feldern und durch das eigene Vieh. Im Keller lagen die Vorräte für den Winter, auf dem Hof war das Brennholz gestapelt. Auf jeden Fall war man in der Lage, sich über längere Zeit zu versorgen und zu erhalten. Sollten heute plötzlich der elektrische Strom und das Benzin nur für vierzehn Tage nicht zur Verfügung stehen, so wären wir alle zum größten Teil hilflos. Katastrophen wären die Folge. Was für den Haushalt gilt, gilt auch für das gesamte Arbeitsleben: Die industrielle Arbeit stellt nicht nur mehr als die Hälfte aller Arbeitsplätze, sie versorgt praktisch auch alle Menschen, die nicht in der Industrie tätig sind.

Diese drei Aspekte der Auswirkungen der industriellen Revolution sollten im Unterricht der 8. Klasse nicht im Sinne einer Kulturkritik behandelt werden. Man kann aber deutlich machen, dass die Spezialisierung neben der hohen Leistung, die nicht zu unterschlagen ist, auch eine soziale Differenzierung zur Folge hat; dass die Bequemlichkeit der technischen Einrichtungen zugleich erfordert, dass die Prozesse verborgen ablaufen; dass die Steigerung des Lebensstandards durch die Technik auch eine Abhängigkeit von der Technik bedeutet. Also Vorteile und Nachteile sollten deutlich und ausgewogen dargestellt werden. Die modische, einseitige Technikkritik ist in den meisten Fällen verlogen, weil die Kritiker ja doch in aller Seelenruhe direkt oder indirekt die Leistungen von Technik und Industrie in Anspruch nehmen. Selbst wer ein Buch liest, profitiert von der Technik der

Druckkunst, von der Papierherstellung und vom Transportwesen, das ihm das Buch angeliefert hat. Dass heute Kinder und junge Menschen bis zum achtzehnten Lebensjahr zur Schule gehen können, verdanken sie der Tatsache, dass sie nicht mehr als Arbeitskräfte dringend gebraucht werden.

Literatur zur 8. Klasse

Für das Durchschauen der Probleme der Industrialisierung:

Friedrich Häusler, *Brot und Wein – Stoff und Geist in der Wirtschaft*, Stuttgart ²1972

Rudolf Rübberdt, *Geschichte der Industrialisierung*, München 1972

Werner Kohl, *Die Feuermaschine*, Heusenstamm 1973

Jakob Hardmeyer, *Die Gotthardbahn*, Zürich 1979

Kurt Pierson, *Borsig – ein Name geht um die Welt*, Berlin

Ernst Schröder, *Krupp*, Göttingen 1957

Matthew Josephson, *Thomas Alva Edison*, Icking und München 1969

Sigfrid von Weiher, *Werner von Siemens*, Göttingen 1970

Ferner findet sich teilweise brauchbares biografisches Material in:

Die großen Deutschen, Band 3-5. Hrsg. von H. Heimpel, Th. Heuss, Benno Reifenberg. Unter anderem biografische Skizzen zu: Friedrich List, August Borsig, Justus Liebig, Julius Robert Mayer, Adolf Kolping, Friedrich Harkort, Robert Bunsen, Ernst Abbe, Robert Koch, Rudolf Diesel, Daimler und Benz, Hugo Junkers.

Anschauliches zu den Erfindungen:

Hans W. Gaebert, *Der große Augenblick in der Technik*, Bayreuth 1971

Als Quellensammlungen brauchbar:

W. Treue / H. Pönike / K. H. Manegold, *Quellen zur Geschichte der industriellen Revolution*, Göttingen 1966

Werner Pöls, *Deutsche Sozialgeschichte. Dokumente und Skizzen, Band I, 1815-70*, München 1973

G. A. Ritter und J. Kocka, *Deutsche Sozialgeschichte. Band II, 1870-1914*, München 1977

9. Klasse

Es ist die Aufgabe der 9. Klasse, die neuere und neueste Geschichte noch einmal, aber jetzt unter dem Gesichtspunkt der Ideen, der inneren Motive und großen Züge der Geschichte zu behandeln. Steiner schlägt für die einzelnen Jahrhunderte zusammenfassende Themen vor, durch die der Schüler einen Überblick über die großen Züge der Geschichte gewinnt: Für das 15. und 16. Jahrhundert die Erweiterung des Gesichtskreises der Menschen und die Bedeutung dieser Erweiterung für das geschichtliche Leben, für das 17. Jahrhundert die Auflösung der alten Sozialverbände und die Entstehung der neuen Staatsverbände, für das 18. Jahrhundert die Auswirkung der Aufklärung auf die Geschichte und für das 19. Jahrhundert das «Zusammenfließen der Völkergeschichte». Heute steht der Geschichtslehrer zusätzlich vor der Aufgabe, auch das 20. Jahrhundert in diesem Sinne zusammenzufassen und damit die Geschichte bis an die Gegenwart heranzuführen. Aus diesem Grund wird er den Rückblick auf die früheren Jahrhunderte auch dementsprechend sehr kurz fassen müssen.

Die Erweiterung des Gesichtskreises im 15. und 16. Jahrhundert verbindet sich mit einem ganz neuen Weltgefühl. Das Weltbild des Mittelalters hatte einen religiös-mythischen Charakter. Die flache Erde war der Mittelpunkt der Welt, um den sich alles drehte. Im Mittelpunkt dieses Mittelpunkts lag Jerusalem, die Grenzen der Welt verschwammen im Ungewissen und Unzugänglichen: Im Süden kochte das Meer, im Norden drohte das Eis, im Westen war die Welt durch den Ozean verschlossen. Es waren nun nicht nur die Entdeckungen, die die Kugelgestalt der Erde nachwiesen, nicht nur die Theorie des Kopernikus, die die Erde als kleinen Planeten um die Sonne kreisen ließ, sondern es waren auch die Karten, die einen Aufblick auf das Ganze ermöglichten, die Anatomie, die einen Einblick ins Innere eröffnete, die Druckkunst, die dies alles schnell verbreitete. So wurde insgesamt ein säkularisiertes Weltbild vermittelt und die Menschen in einen Raum gestellt, der freie Bewegung erlaubte. Diese freie Bewegung im Raum, der nicht mehr qualitativ besetzt war, ist die Vorstufe späterer Freiheiten.

Wie Menschen am Ende dieser Epoche der Welt und dem Raum gegenüberstehen, wird an Cervantes (Don Quichote), an Shakespeare (Hamlet), an Giordano Bruno und an Bacon deutlich: Die mittelalterliche Geisteswelt, die alte Ordnung, die Herrschaft des Rittertums sind versunken. Man steht einer neuen Welt, einer Weltbühne gegenüber, in der die alten Figuren lächerlich geworden sind, man empfindet aber auch wie Hamlet, dass die Welt aus den Fugen ist – sie muss neu geordnet werden. Bacon empfiehlt das empirische Verfahren, um diese Welt zu erforschen. Das nächste Jahrhundert schafft durch Galilei, Kepler,

Newton eine neue Ordnung und zeigt, wie Menschen die Welt, in der sie stehen, begreifen können. In politischer Hinsicht entsteht die Frage, wie der Staat, die Gesellschaft beschaffen sein sollten. Es ist charakteristisch, dass von Thomas Morus, Thomas Campanella und von Bacon die ersten Utopien geschrieben werden, dass Jean Bodin seine Staatstheorie entwirft: überall das Bewusstsein, dass die alte Ordnung untergegangen ist und dass eine neue Ordnung zu schaffen sei, eine Ordnung, die Menschen entwerfen, gestalten oder denken können.

So sieht denn das nächste Jahrhundert überall deutlich die Ansätze zur Schaffung eines neuen Staatswesens. Bereits die Auswanderer der Mayflower, die 1620 die alte Welt verließen, schließen angesichts von Cape Cod den berühmten «Mayflower Compact», um sich bewusst zu einem «body politic» zusammenzuschließen, der sich selbst Gesetze geben und seine Angelegenheiten regeln will. Deutlicher wird dieser neue Geist freilich in der Gründung Pennsylvanias. In seinem Sendschreiben an die ersten Siedler Pennsylvanias schreibt William Penn: «Ihr werdet von Gesetzen regiert werden, die ihr euch selbst gegeben habt, und als ein freies und, wenn ihr wollt, fleißiges Volk leben». Bis in die Planung der Stadt Philadelphia hinein ist dieser Geist spürbar.

Schwieriger wird die Begründung eines neuen Staatswesens, wo noch alte, feudale Ordnungen bestehen, und so ist es nicht verwunderlich, dass z. B. in Frankreich der Begründung des absolutistischen Staates jene Kämpfe Richelieus und Mazarins, der Aufstand der Fronde vorhergehen, bis schließlich Ludwig XIV. seinen absolutistischen, merkantilistischen und von Beamten verwalteten Staat errichten kann. Ähnlich ist es in England, wo der moderne Staat zwar eine ganz andere, geradezu gegenteilige Form annimmt als in Frankreich, wo aber auch der neue Staat erst durch lange Kämpfe entsteht. Beide Staaten, das England nach dem Jahre 1688 und das Frankreich Ludwigs XIV. haben ihre ihnen je eigene Rationalität: In England ist es die Rationalität der parlamentarischen Kontrolle der königlichen Macht und die Idee der Herrschaft des Rechts, in Frankreich ist es die Rationalität der zentralen Verwaltung, der merkantilistischen Wirtschaft mit Manufakturen, Straßen und Kanälen, des uniformierten, geübten, stehenden Heeres.

In Deutschland verzögerte sich diese Entwicklung durch den Dreißigjährigen Krieg, der das Land um mehr als ein Jahrhundert zurückwarf, erheblich, überdies war die Zersplitterung des Landes in dreihundert verschiedene Herrschaften einer fortschrittlichen Entwicklung ungünstig; schließlich war das Reich vom Osten durch die Türken, im Westen durch die Raubkriege Ludwigs XIV. bedroht und geschwächt. So kommt es, dass in Deutschland die Erneuerung der Staatsorganisation erst im 18. Jahrhundert in größerem Umfang Gestalt gewinnt. In Russland hingegen wird durch das Wirken Peters I. mit der alten Tradition gebrochen, und Petersburg wird zur neuen Hauptstadt des Reiches. In dieser Stadt zeigt sich der Wille, in Planung und Anlage, in Einrichtungen und Öffnung zum Westen einen neuen Geist zum Ausdruck zu bringen.

Für das 18. Jahrhundert schlägt Steiner als Thema die «Auswirkungen der Aufklärung auf das geschichtliche Leben» vor. Es scheint, als sei schon diese Formulierung bedeutsam. Es wird, wenn man die Formulierung genau nimmt, nicht über die Aufklärung in abstracto gesprochen. Das heißt, es wird keine reine «Geistesgeschichte» betrieben, sondern es kommt darauf an, den Geist der Aufklärung in konkreten geschichtlichen Vorgängen sichtbar werden zu lassen. Ein Vorgang, an dem das sehr gut möglich ist, ist der Kampf gegen die Hexenprozesse und die mit diesen Prozessen verbundenen Foltermethoden. Der Hexenglaube ist ein typisches Symptom des nicht aufgeklärten Geisterglaubens. Hexenverfolgungen brachen im 16. und 17. Jahrhundert zeitweilig wie eine Pest über ganze Landstriche herein und forderten Tausende von Opfern. Durch das Wirken Friedrich Spees, Balthasar Bekkers und Christian Thomasius', später auch durch Maria Theresia, wurden diese Hexenprozesse beendet, und Friedrich II. von Preußen schaffte durch den Erlass vom 3. Juni 1740 die Folter im Strafprozess überhaupt ab.

Ein weiteres konkretes Beispiel für die Auswirkung der Aufklärung im geschichtlichen Leben ist die Realisierung der Idee der Menschenrechte und der Idee der Gewaltenteilung in der Gründung der USA und in der Französischen Revolution. Man ist in der glücklichen Lage, am Leben und an den Reisen Montesquieus anschaulich zeigen zu können, wie und unter welchen Gesichtspunkten er in England die Idee der Gewaltenteilung, die früher schon – aber anders – von Locke konzipiert worden war, erfasst, wie er dann diese Idee in Frankreich bekanntmacht – wobei man einen Seitenblick auf die Verbreitung von Büchern werfen kann, wenn man berichtet, dass das Buch *Esprit des lois* in 18 Monaten 22 Auflagen von insgesamt 35.000 Exemplaren erlebte. Wichtig ist aber vor allem, dass man zeigt: Diese Idee wird dann von den Vätern der Verfassung der USA wirklich aufgegriffen und in der Verfassung verwirklicht; und später orientieren sich auch die französischen Revolutionäre in der ersten Phase der Revolution an dieser Idee.

Die Menschenrechte sind der andere wichtige und prinzipielle Ausdruck der Aufklärung. Nun gibt es verschiedene Formen, in denen diese Rechte gefasst werden. Die eine Form ist hochprinzipiell, sie erkennt dem Menschen eine Reihe ganz umfassender Rechte zu, die bis in die Gegenwart ständig erweitert worden sind, sodass zum Recht auf Freiheit, auf Leben, auf gleiche Behandlung vor dem Gericht das Recht auf Arbeit, auf Bildung, auf eine menschenwürdige Wohnung, auf Freizeit etc. hinzugekommen sind. Blickt man hingegen auf eine der ältesten Menschenrechtsformulierungen, die *Virginia Bill of Rights* vom 12. Juni 1776, so bemerkt man, dass mit prinzipiellen Erklärungen sparsam umgegangen wird, wesentlich mehr Raum wird den Maßnahmen und Einrichtungen gegeben, die vor dem Missbrauch der staatlichen Macht schützen sollen. In diesen praktischen Bestimmungen schlägt sich der Geist der praktischen Aufklärung nieder: geregelter Strafprozess vor zwölf Geschworenen, beschränkte Amtszeit für Abgeordnete oder Regierungen, freie Wahlen, Schutz gegen willkürliche Verhaftung und Durchsuchung einer Wohnung. Gerade auf solche Elemente sollte Wert gelegt werden, weil diese sozialen Erfindungen wirklich das geschichtliche Leben geformt haben, während das «Recht auf Arbeit» und das «Recht auf Freizeit« problematische Deklarationen bleiben.

Schließlich ist die Aufklärung eine bestimmte menschliche Lebenshaltung. Wenn Kant die Aufklärung als Ausgang des Menschen aus seiner selbstverschuldeten Unmündigkeit definiert und den Satz «sapere aude» – habe den Mut, dich deines eigenen Verstandes zu bedienen – als den Leitspruch der Aufklärung bestimmt, so kann man das Leben einer Reihe von Menschen als von diesem Leitspruch bestimmt betrachten. Benjamin Franklin erscheint als ein vorzügliches Beispiel, nicht nur weil er sich vom Buchdrucker zum Autor und Zeitungsverleger, zum Erfinder des Blitzableiters und zum Gesandten der USA am französischen Königshof emporarbeitete, sondern vor allem weil er Verstand und Vernunft auch auf sich selbst anwandte und sich einer strengen Selbsterziehung unterzog. Er beschreibt in seinen Memoiren, wie er sich einen Katalog von dreizehn Tugenden erstellt und sich vornimmt, je eine Woche eine bestimmte Tugend besonders zu beachten, Verstöße gegen sie genau zu notieren. Durch dieses praktische Verfahren wird deutlich, auf welcher inneren Grundlage die Menschenrechte beruhen: Die proklamierte Freiheit erfordert als Grundlage Selbstkontrolle und Selbsterziehung.

Für das 19. Jahrhundert hat Steiner als Thema «Das Zusammenfließen der Völkergeschichte» vorgeschlagen. Dieses Thema erscheint auf den ersten Blick vielleicht etwas sonderbar, man kann sich nichts Rechtes darunter vorstellen. Betrachtet man aber – mit der Französischen Revolution beginnend – das 19. Jahrhundert, so kann man bemerken, dass die isolierten nationalen Entwicklungen zu Ende gehen. Schon die Französische Revolution zeigt sich als ein europäisches Ereignis. Binnen weniger Jahre ergreift sie Italien, die Niederlande, die Schweiz, das westliche Deutschland. Sie erregt die Geister in ganz Europa: in Deutschland Fichte, Hölderlin, Hegel, Schiller und viele andere. Die Ereignisse in Paris fanden ihren Widerhall in ganz Europa, und schließlich ist die politische, rechtliche und soziale Umwandlung, die Europa von 1789 bis 1815 erfahren hat, direkt oder indirekt das Werk der Französischen Revolution. Die nationalistische deutsche Geschichtsschreibung hat nie in genügender Weise dargestellt, dass z. B. für die Rheingegenden die Zeit der französischen Herrschaft für weite Kreise eine Befreiung war, dass die durch den Code Napoleon herbeigeführten Rechtsreformen ein Segen waren, dass die Revolution auf vielen Gebieten Maßstäbe gesetzt hat, denen erst die weitere Geschichte des 19. Jahrhunderts Genüge tun konnte.

Auch der weitere Verlauf der Geschichte des 19. Jahrhunderts zeigt, dass Europa nun in vieler Hinsicht zu einem Ganzen geworden ist. Die Revolution von 1848 ist ein gemeineuropäisches Ereignis. Von Paris springt der Funke der Revolution auf Wien, Prag, Frankfurt, Berlin, Mailand und Rom über, überall erhebt sich das Bürgertum und fordert eine Verfassung, Geschworenengerichte, Pressefreiheit. Auch der Zusammenbruch der revolutionären Bewegung ist ein Ereignis, das sich praktisch in ganz Europa vollzieht. Trotz des sogenannten «Scheiterns» der Revolution vollzieht sich die politische Entwicklung Europas weiter auf den Bahnen, die von diesen Ideen vorgezeichnet wurden: Bis zum Ersten Weltkrieg setzt sich der Rechtsstaat, ein weitgehend allgemeines Wahlrecht, setzt sich die konstitutionelle Monarchie – wenn auch in sehr verschiedenen Graden – in fast allen wichtigen Ländern Europas durch: 1914 hat in Europa der Liberalismus in den meisten Staaten gesiegt.

Aber nicht nur dies. Dass die industrielle Revolution von West nach Ost vordringend ganz Europa erfasst, ist selbstverständlich. Dass das Verkehrsnetz jetzt eine schnelle Kommunikation ermöglicht, ist bekannt. Dass unter diesen Umständen die Arbeit an technischen Neuerungen an vielen Stellen zur gleichen Zeit in Gang kam, dass Erfindungen binnen Jahresfrist in Europa und den USA bekannt waren und angewendet wurden, ist kein Wunder. Ebenso breiteten sich aber auch Ideen schnell in ganz Europa aus: Die Lehren Darwins und Haeckels, die Erkenntnisse Pasteurs und Kochs bleiben keine nationalen Ereignisse. Nachdem im November 1859 die Originalausgabe von Darwins Hauptwerk erschienen war, lag schon 1860 eine deutsche Übersetzung vor, selbst die verbesserten englischen Ausgaben erscheinen nach kurzer Frist in neuer deutscher Übersetzung. Die Verbreitung der Gedanken Darwins ist aber nur ein Teil eines größeren Vorganges: Nach 1850 beginnt der Siegeszug des naturwissenschaftlichen Denkens. Dieses Denken ist zwar nicht unbedingt völkerverbindend, aber es kennt jedenfalls keine nationalen Unterschiede, wie sie selbstverständlicherweise in den Literaturen der Nationen immer zu beobachten sind.

Ein zweites gemeinsames Thema, das nun das europäische Denken beschäftigt, ist die im Zuge der industriellen Revolution auftretende soziale Problematik. In den industrialisierten Gebieten Europas werden gesetzliche Maßnahmen gegen Kinderarbeit getroffen, es kommt an einigen Orten zu Regelungen der Arbeitszeit, der Staat setzt Fabrikinspektoren ein. Bereits vor 1848 war die Diskussion über die Lösung der sozialen Frage in vollem Gange, das Genossenschaftswesen war entstanden, und eine internationale Kooperation der Sozialisten, vielfach durch Emigranten getragen, hatte begonnen. 1864 wurde dann die Internationale Arbeiter-Assoziation gegründet, und es bestand eine rege internationale Kommunikation, ein Netz persönlicher Bekanntschaften, vermittelt durch Reisen und Auslandaufenthalte.

Ein besonderes Thema der sozialen Entwicklung, das freilich nicht in erster Linie europäische Verhältnisse betrifft, ist die Abschaffung des Sklavenhandels und der Sklaverei im 19. Jahrhundert. Zunächst war es in England William Wilberforce, der durch seinen Einsatz im Parlament für die Abschaffung des Sklavenhandels eintrat. 1807 verbot das Parlament den Sklavenhandel mit englischen Schiffen, 1833 wurde die Sklaverei in den englischen Kolonien aufgehoben, auf englischen Druck hin kam um 1850 der transatlantische Sklavenhandel zum Erliegen, nun begann der Konflikt um die Abschaffung der Sklaverei in den USA und führte zum Sezessionskrieg und schließlich am 1.1.1863 zur Abolition. Das Problem der Schwarzen besteht freilich bis in unsere Tage fort. – Das Bemerkenswerte an diesem Vorgang war, dass er die Aufmerksamkeit der interessierten Welt erregte, dass man hier zum ersten Mal einer Art Menschenrechtsbewegung begegnet, die sich über die Kontinente hinweg für die Rechte anderer Menschen einsetzt.

Das Ende des 19. Jahrhunderts ist dann durch den Vorgang des Kolonialerwerbs gekennzeichnet, der üblicherweise unter dem Titel des Imperialismus abgehandelt wird. Es kann in diesem Zusammenhang die Imperialismus-Debatte nicht aufgerollt werden, aber es kann doch so viel gesagt werden, dass die einseitig ökonomische Deutung dieses Phänomens sehr angreifbar ist. Der deutsche Kolonialerwerb wurde nicht von deutschen Konzernen oder Kartellen gefordert oder gefördert, die deutschen Kolonien waren bis 1914 weder Gebiete, in die nennenswerte Kapitalien exportiert wurden, noch waren sie als Rohstofflieferanten für die deutsche Wirtschaft wichtig. Schon eher könnte man mit Schumpeter argumentieren, dass der Imperialismus ein Atavismus gewesen sei, getragen von Abenteurern, Militärs, problematischen Existenzen und Missionaren, die ein Betätigungsfeld suchten.

Man kann den Vorgang des Kolonialerwerbs, der Erschließung Afrikas, gewisser Gebiete Asiens und der Inselwelt des Pazifiks aber auch noch unter dem Gesichtspunkt des Zusammenfließens der Völkergeschichte, der Europäisierung der Welt, sehen: Zunächst fällt auf, dass dem Kolonialerwerb eine Phase intensiver

Entdeckungs- und Erforschungstätigkeit vorangeht: 1849 beginnt Livingstone seine Entdeckungsreisen, die ihn an den Sambesi, zu den Viktoriafällen und durch den Kongo führen, 1850 erforscht Heinrich Barth die Sahara, 1858 erreichen Barton und Speke den Viktoriasee und den Tanganjikasee, 1861 bereist Heuglin Abessinien, 1864 beginnt Schweinfurth die Erforschung des Ostsudan, von 1865 bis 1867 durchquert Gerhard Rohlfs Nordafrika, 1868 dringt Richthofen in das Innere Chinas ein, 1869 erforscht Nachtigal die Sahara und den Sudan, 1874 Stanley den Kongo und 1875 Cameron Zentralafrika. Dieser Entdeckertätigkeit folgt durch die koloniale Inbesitznahme eine in der Regel noch sehr periphere Ansiedlung einiger europäischer Handelsniederlassungen und eine sehr dünne Besiedlung, aber überall dringt europäische Technik und Medizin, europäische Verwaltung langsam oder schneller ein. Am schnellsten vollzieht sich dieser Vorgang in Japan, er findet aber auch in Indien und Südamerika statt. Im 20. Jahrhundert ist dann gerade der Vorgang der Entkolonialisierung mit einer Verstärkung des europäischen Einflusses durch Technisierung, Handel, durch den Import europäischer Wissenschaft etc. verbunden. Sogar die großen Revolutionen, die russische und die chinesische Revolution, dienen der Durchsetzung einer bestimmten Variante modernen, aus Europa stammenden Denkens, Verwaltens und Arbeitens.

Zu Beginn des 20. Jahrhunderts ist die Welt dabei, auf verschiedenen Gebieten eine Einheit zu werden. Der Welthandel beginnt den Globus zu umspannen, ein Telegrafennetz ermöglicht weltweite Kommunikation, die drahtlose Telegrafie hat begonnen. Die Ereignisse, die sich in einem Land abspielen, fangen an, alle Länder zu betreffen. Man kann nicht mehr davon reden, dass fern hinten in der Türkei die Völker aufeinanderschlagen.

Das 20. Jahrhundert

Es wäre verwegen, vor Ablauf eines Jahrhunderts ein allgemeines Thema der Geschichte des Jahrhunderts formulieren zu wollen, aber man kann doch eine Reihe von wichtigen Zügen deutlich herausarbeiten. Vergleicht man die Situation des Jahres 1900 mit der des Jahres 1980, so wird als Erstes deutlich, dass um das Jahr 1900 Europa noch als Zentrum der Welt erschien. Die wichtigen politischen Ereignisse spielten zwischen London, Paris, Wien, Berlin und St. Petersburg. Japan und die USA begannen damals zwar ihren Aufstieg als neue Staaten im Mächtespiel, aber noch spielten sie keine führende Rolle. Heute ist Europa zweigeteilt. Das alte Europa ist untergegangen. Berlin und Wien sind bedeutungslos geworden, Washington ist wichtiger als London, nicht umsonst spricht man nicht länger von Russland, sondern von der Sowjetunion, deren Hauptstadt symptomatischerweise Moskau ist, Peking und Tokio sind mindestens so wichtig wie Paris. Afrikanische, asiatische und südamerikanische Probleme beschäftigen heute die Weltöffentlichkeit stärker als die Konflikte der EG.

Ein zweiter deutlicher Wesenszug des 20. Jahrhunderts, der mit dem ersten deutlich zusammenhängt, ist die gesellschaftliche Umschichtung. In den vorhergehenden Jahrhunderten lag die Führung der meisten Völker – mit Ausnahme der USA und weniger anderer Staaten – in den Händen einer dünnen Oberschicht, vielfach gaben Adel oder Patrizier den Ton an. Dies hat sich im 20. Jahrhundert grundlegend geändert. Nicht nur, dass Handwerker und Arbeiter in hohe und höchste Regierungsämter aufstiegen, sondern neben den Regierungen gewannen auch Gewerkschaften und Arbeiterparteien eine führende Position in der Gesellschaft. Nach dem Zweiten Weltkrieg traten dann auch die Führer der asiatischen und afrikanischen Völker, die oft als Vorkämpfer der Befreiung oder als Revolutionäre an die Macht gekommen waren, auf der Weltbühne auf. Damit wurden ganz andere Verhaltensweisen und Denkformen bestimmend. Denn die Weltauffassungen der Araber, Chinesen, Japaner, der Schwarzen Afrikas, der Inder und Malayen sind zwar vordergründig, wenn sie in der UNO oder Weltwirtschaftskonferenzen auftreten, nicht sofort von denen der Europäer zu unterscheiden, was aber die Völker dieser Vertreter bewegt, sind andere Empfindungen und Motive als die uns bekannten. So ergeben sich schockierende Erfahrungen wie die, die die Welt jüngst mit dem Iran gemacht hat. Das Problem, das sich heute stellt, rührt daher, dass Völker und Menschen sich in dieser Hinsicht noch viel zu wenig kennen. Hier steht, das sei nebenbei bemerkt, der Unterricht vor der Aufgabe, an einigen Beispielen die Wesensart anderer Völker anzudeuten, denn das wird für die Zukunft wichtig sein.

Ein drittes Zeichen kann man an der Kunstentwicklung im 20. Jahrhundert ablesen. Bis zum Jahre 1900 hatte die seit der Renaissance herrschende europäische Kunst in der einen oder anderen Weise die sichtbare Wirklichkeit zu erfassen versucht: als Raumeswirklichkeit in der Renaissance, als Bewegungsgestalt im Barock, als Seelenausdruck in der Romantik, als optischen Eindruck im Impressionismus. Mit dem Expressionismus schwindet das Interesse an der äußeren Gestalt, die Gestalten werden zerbrochen oder aus innerer Erfahrung neu geschaffen. Dieser Impuls hält aber nur kurze Zeit vor, schließlich verschwindet das, was durch Jahrhunderte Kunst gewesen war, überhaupt. Das ist ein wichtiges Symptom – nicht weil das Verschwinden der alten Kunst als Verlust der Mitte zu beklagen wäre, sondern weil sich darin zeigt, dass eine Weltanschauung im buchstäblichen Sinne des Wortes nicht mehr vorhanden ist. An die Stelle von Kunstwerken treten Exponate, die den Betrachter, der sie im Museum sieht, mit Banalitäten konfrontieren. Durch diese Technik der Konfrontation wird ein Schock ausgelöst, und auf diesen Schock zielt das Exponat.

Das Gemeinsame dieser drei Grundzüge ist, dass für den

Europäer eine seit Jahrhunderten bekannte, überschaubare Welt, die man zu verstehen meinte, zusammengebrochen ist. Es gibt keine einheitliche Orientierung, keine festen Verhaltensformen, keinen Mittelpunkt der Welt mehr, es gibt keine gemeinsame Art, Dinge anzuschauen. So kann in mehrfacher Hinsicht von einer Europäisierung der Geschichte gesprochen werden.

Dem fehlenden Zentrum entspricht der Mangel an wirklicher Einsicht und sozialer Gestaltungskraft. Das 20. Jahrhundert verlangt neue soziale Gestaltung, aber merkwürdigerweise setzen sich immer wieder alte Formen durch. So wurden in Russland zwar die Herrschaft des Zaren und seine Unterdrückungsmethoden durch die Geheimpolizei wie auch die Herrschaft einer Minderheit von der Revolution hinweggefegt, aber in Stalin entstand ein neuer Zar, eine andere Minderheit ergriff die Macht, die Geheimpolizei wurde unter wechselndem Namen wieder zum Instrument der Unterdrückung. Die alten Herrschaftsstrukturen waren bald wieder da, nur wurden sie jetzt effektiver und bürokratischer. Auch in Deutschland wäre nach der Novemberrevolution 1919 oder nach 1945 eine wirkliche Neugestaltung notwendig gewesen. Alle Versuche, die in dieser Richtung (mit sicher viel zu schwachen Kräften) unternommen wurden, führten zu keinem Erfolg. So setzten sich alte Macht-, Gesellschafts- und Parteistrukturen wieder durch, weil bloße Verbesserungen der Verfassung allein auf die Dauer ohnmächtig bleiben. Auf der ganzen Erde ist man über die Herrschaftsformen, die in der Aufklärung erdacht und mit der amerikanischen und französischen Revolution veranlagt wurden, im Grunde nicht herausgekommen, ja, die von Montesquieu konzipierte Gewaltenteilung wurde nicht einmal vollständig erreicht. Das politische System der Bundesrepublik zum Beispiel kennt keine effektive Kontrolle der Regierung durch die Parlamente und erst recht keine Kontrolle der Bürokratie und der mit der Bürokratie verfilzten wirtschaftlichen Machtkomplexe.

All das sind Symptome einer mangelnden Gestaltungsmacht,

es fehlt die zu Taten anregende, die Symptome durchdringende Anschauung, die die Erscheinungen zusammenfasst, es fehlen die neuen Konzepte, die mehr sind als ein Herumkurieren an den Symptomen. Wo derartiges fehlt, tritt eine neue Erfahrung auf, die auch anhand einer Reihe von Symptomen skizziert werden kann:

Bis zum Ende des 19. Jahrhunderts war – wie gesagt – die Geschichte der Neuzeit durch die Expansion Europas bestimmt. Europäische Völker griffen in die Welt aus und machten sich die Welt untertan, beuteten die Gold- und Silbervorkommen aus, wo man sie fand, exportierten ihre Güter, ihre Art des Christentums und die Menschen, die mit den Verhältnissen in Europa nicht zufrieden waren. Manches innereuropäische Problem konnte dadurch gelöst werden, dass die Möglichkeit zur Expansion, zur Auswanderung bestand; so wurden in Europa selber Konflikte vermieden. Nach einer Zeit des Stillstandes dieser Tendenz hat sich die Bewegung umgekehrt. Heute richten die Völker der Dritten Welt ihre Forderungen an Europa, die OPEC bestimmt die Ölpreise, Menschen, die den früher unterworfenen Kolonialvölkern angehören, und andere Angehörige unterprivilegierter Nationen wandern nach Europa ein: Inder, Schwarze, Türken. So wie früher christliche Missionare in alle Welt ausschwärmten, so finden heute orientalische Gurus ihre Anhänger in Europa. Die Folgen der europäischen Expansion und der Hegemonie der USA schlagen auf die Ursprungsländer zurück.

Ähnliches gilt für das Verhältnis zur Natur. Bis weit in unser Jahrhundert hinein stand die Natur unbeschränkt zur Verfügung, der Mensch konnte in die Natur, in die Umwelt hinein expandieren, konnte in Kolonialgebieten oder im mittleren Westen Raubbau an der Natur treiben, konnte Flüsse und Seen, Meere und Luft verschmutzen, seinen Müll beliebig in der Natur abladen. Schon in den dreißiger Jahren des 20. Jahrhunderts zeigten sich an einigen Orten verheerende Folgen (Erosion), heute weiß man zumindest in den dichter bevölkerten Gebieten der Welt, dass dieses Verhalten unmöglich geworden ist. Man geht einer Zeit entgegen, in der man die Natur bewusst pflegen muss, weil sonst die lebenbedrohenden Folgen des eigenen Verhaltens auf die Menschen zurückschlagen. Dies gilt auch für den Umgang mit natürlichen Rohstoffen und Energien. Hatte man früher die Gaben der Natur, die fossilen Brennstoffe einfach benutzt, so entdeckt man heute, dass man Energien aus solchen Kräften gewinnen muss, die durch diese Energiegewinnung nicht auf immer verbraucht sind.

Ein drittes Symptom betrifft die Menschen selber in ihrem Verhältnis zu Technik und Industrie. Im 20. Jahrhundert ist die Technik in jeden Haushalt eingedrungen, ist die Industrialisierung aller Arbeitsvorgänge fortgeschritten. Zugleich aber sind die Menschen von den technischen Systemen immer abhängiger geworden, die einzelnen Menschen haben ihr Schicksal immer weniger in der Hand. Man empfindet die Gefährdung des Lebens durch Wirtschaftskrisen, durch mögliche Naturkatastrophen, durch Kriege, und man weiß, dass ein Krieg heute vernichtender und unmenschlicher sein würde als jeder Krieg zuvor. Dieses Wissen, diese Ängste, die Ungewissheit der Zukunft schwächten die Menschen seelisch und körperlich. – Die Arbeiter, die um die Wende zum 20. Jahrhundert noch sechzig bis siebzig Stunden in der Woche gearbeitet haben, leiden heute unter einer Arbeit, die nur noch vierzig Stunden in der Woche beträgt – wenn man Ferien und Feiertage abzieht, sind es nur noch 36 Stunden. Trotzdem zeigt sich, dass die Menschen, die in einer technisierten Umwelt leben, immer weniger belastbar sind. Hilflosigkeit, Unzufriedenheit, Protest und Krankheit nehmen zu. Infolgedessen werden immer mehr und immer teurere Einrichtungen geschaffen, die der Gesundheit, der Fürsorge und Betreuung dienen, Die Expansion der Technik ist an einen Punkt gekommen, wo sie von einem Hilfsmittel des Menschen zur Last geworden ist.

Fasst man auch diese drei Symptome zusammen, so wird klar, dass bestimmte expansive Lebensformen an eine Grenze gekommen sind und dass sie nach dem Erreichen der Grenze als Probleme, als Schwierigkeiten wieder auf die Menschheit zurückkommen. Der Mensch wird mit den Folgen seines Handelns konfrontiert, In vielen Fällen ist man aber gar nicht geneigt, die Grenzen wahrzunehmen und die Folgen als Folgen zu erkennen.

Betrachtet man die Geschichte unseres Jahrhunderts unter dem Gesichtspunkt der beiden angedeuteten Symptomgruppen, so kann vieles sehr deutlich zusammengefasst werden:

Erstens waren die beiden Weltkriege Ausdruck der Konflikte, die sich aus dem unzeitgemäß gewordenen Expansionsdrang ergaben. Der Erste Weltkrieg war ein Konflikt imperialistischer Mächte, die allesamt im Sinne einer machtpolitischen Expansion handelten; sie stießen in den Gebieten außerhalb Europas mit ihren Interessen aufeinander, in Europa betrieben sie ein Wettrüsten, das das gegenseitige Misstrauen und die Angst steigerte. Der Zweite Weltkrieg wurde von Mächten ausgelöst (Japan und Deutschland), die, nachdem sie meinten, geschichtlich zu kurz gekommen zu sein, diesen Expansionswillen erneuerten und noch einmal zum Kampf um die Weltherrschaft antraten. Beide Kriege haben den Zusammenbruch der europäischen Vormachtstellung ungemein beschleunigt. Nach 1945 standen für etwa zwanzig Jahre zwei Imperien einander hochgerüstet, beide auf Ausdehnung eingestellt, gegenüber. Nach 1965 verschwanden diese Imperien zwar nicht, aber es erschienen nun weitere, von den Supermächten unabhängige Mächte auf der weltpolitischen Bühne: China, die Araber und die Völker Schwarz-Afrikas. Weiterhin vergiftete das expansive Streben der mächtigen Staaten die Weltpolitik. So traten die USA in Vietnam, in Süd- und Mittelamerika mit ihren hegemonialen Ansprüchen auf, versuchten im Iran eine ihnen genehme Herrschaft zu installieren, so unterdrückte die Sowjetunion Völker Osteuropas und zog Afghanistan in ihren Machtbereich, so steigerte sich vor allem das Wettrüsten über alles Maß und verhinderte einen sinnvollen Einsatz wirtschaftlicher Ressourcen.

Im Inneren der Staaten, die eine expansive oder aggressive Politik treiben, bestehen Spannungen und Konflikte, die in sozialer Unterdrückung zum Ausdruck kommen. Es gibt immer Minderheiten oder Gruppen, die als Feinde des Staates, der Gesellschaft und des Fortschritts gebrandmarkt werden, oder Gruppen, die als Feinde dieser Politik erscheinen, weil sie den Unsinn nicht mitmachen wollen. Im deutschen Kaiserreich waren es die Sozialdemokraten, im Nazireich die Juden und andere, in der Sowjetunion die verschiedenen Varianten des «Klassenfeindes», die «Säuberungen» zum Opfer fielen, die USA erlebten unter McCarthy die Kommunistenhetze, daneben gab und gibt es andere Minderheiten. Ähnliches musste man in allen Diktaturen beobachten, in Argentinien, Brasilien, Spanien, auch China kannte in der Zeit der Kulturrevolution ebenso wie davor und danach Verfolgungen wechselnder Gruppen. Noch häufiger nimmt dieses Problem andere Formen an: Bestimmte Bevölkerungsgruppen lebten in bitterem Elend, das durch Dauerarbeitslosigkeit und Ähnliches gekennzeichnet wurde. Dabei ist daran zu erinnern, dass Massenarbeitslosigkeit vor der industriellen Revolution unbekannt war. Sie ist das Produkt einer unausgewogenen Wirtschaft, die eigentlich ständig expandieren möchte.

Alles dies sind Symptome der sozialen Krankheit: Expansionsstreben, Naturvernichtung, Unterdrückung, Misshandlung von Minderheiten. Derartige Symptome treten auf, weil die zeitgemäßen Aufgaben der Gesellschaft nicht ergriffen werden, und gerade dieses Nicht-Ergreifen, die Nicht-Erneuerung der Gesellschaft führte im letzten Jahrzehnt zu einer Verschärfung dieser Symptome, die sich in einem Ansteigen der Kriminalität, in Rauschgiftsucht und im Jugendprotest deutlich zeigen. Was der Gesellschaft eindeutig fehlt, ist eine geistige Menschenerkenntnis, aus der sich Ziele für eine neue Gesellschaftsgestaltung ergeben können. Die bis heute herrschende Auffassung vom Menschen ist eindeutig nur ökonomisch-materialistisch orientiert. Man meint, durch materielle Wohlfahrtseinrichtungen, durch steigende Löhne, durch wachsenden Wohlstand, durch Wirtschaftswachstum die sozialen Fragen lösen zu können. Dabei entstehen aber unvermerkt riesige Apparate in Industrie und Bürokratie, im Sozialwesen und in den Kliniken, die zum Selbstzweck werden, Prozesse undurchschaubar machen, den einzelnen Menschen entmündigen und neues Wachstum erzwingen, um die Apparate zu unterhalten.

Die Geschichte des 20. Jahrhunderts ist in diesem Sinne eine Geschichte der sozialen Krankheit, die aus dem Nicht-Ergreifen neuer geistiger Ziele aus einem defizitären Menschen- und Naturbild verstanden werden kann. Die Schwierigkeit, die sich hier für den Unterricht ergibt, ist die denkbar größte. Soll man den Schülern der 9. Klasse, die in diese Welt hineinwachsen wollen, nur eine derart negative Darstellung der Geschichte des 20. Jahrhunderts geben? Überfordert eine derartige Analyse nicht die Fünfzehnjährigen? Die Fragen, die man so stellt, betreffen aber keineswegs allein den Geschichtsunterricht, es sind im Grunde Lebensfragen: Wie wachsen heute junge Menschen in ihre Zeit hinein? Wie lernen sie ihre Zeit deuten und verstehen? Der Geschichtsunterricht kann hier nicht die Fragen lösen, die in der äußeren Realität ungelöst sind. Er kann jedoch zum Verständnis unserer Zeit beitragen.

Dieses Verständnis kommt aber nicht zustande, wenn man den Blick nur auf das Negative richtet. Vielmehr kann man auch den Blick auf das Werdende richten, das sich freilich viel weniger deutlich zeigt. Die gewordenen Strukturen – Staat, Wirtschaft, Wissenschaft – drängen sich naturgemäß in den Vordergrund. Im Hintergrund deutet sich aber das wenig Konturierte an: Es ist noch Wille und Sehnsucht. Man kann zum Beispiel beobachten, wie sich die Einstellung gegenüber dem Krieg seit dem Jahre 1900 verändert hat. Bis 1914 galt der Krieg noch allgemein als ein Mittel der Politik. Begeistert zogen 1914 Millionen in den Kampf. Pazifismus galt als Verrücktheit. In großen Teilen der Welt sind diese aggressiven Attitüden völlig verschwunden, Krieg gilt eindeutig als ein schlimmstes Übel. In ähnlicher Art hat sich die soziale Grundeinstellung geändert. Die alten Formen des Standesdünkels, das Bewusstsein starrer Klassenunterschiede sind verschwunden. Die Arbeiter sind nicht nur rechtlich geschützt, vielerorts haben sie das Recht, wirklich mitzureden. Ebenso lebt der Wille, die Rassenvorurteile zu überwinden und für die Gleichberechtigung aller Menschen einzutreten. Auch im privaten Verhalten der Menschen wächst der Wille zur Toleranz, zum wechselseitigen Verstehen anderer Art und anderen Denkens. Damit ist nicht in erster Linie auf die ökumenischen Bestrebungen des 20. Jahrhunderts gedeutet, sondern auf die Umgangsformen im Alltag, auf den Willen zum Zuhören, auf neue Fähigkeiten, fremde Gedanken zu verstehen.

Besonders kommt diese neue Stimmung der Menschen im Erziehungswesen zum Ausdruck. Äußerlich ist schon festzustellen, dass die Prügelstrafe, die zu Anfang des 20. Jahrhunderts noch allgemein war, heute verboten und verfemt ist. Man möchte dem Kind als Kind gerecht werden. Es ist nicht mehr denkbar, über das Kind als einen kleinen Erwachsenen zu reden oder es nur im Hinblick auf seinen späteren Beruf zu betrachten. Man kann bemerken, dass ein Wunsch in den Menschen lebt, Kinder zu verstehen, auf die Welt und die Fragen des Kindes einzugehen, den Kindern eine eigene Welt zu schaffen. Gewiss, man kann auch kritisieren, dass dieser Wunsch oft in die Irre geht, aber man kann ebenso wenig übersehen, wie verbreitet und ernsthaft trotz aller Mängel diese Bemühungen bis auf den heutigen Tag sind. Man muss dabei sehen, dass derartige Entwicklungen und Lernprozesse viel Zeit brauchen. So wie das Denken der Aufklärung sich nicht in wenigen Jahren durchgesetzt hat, so braucht auch die Entfaltung des pädagogischen Geistes Zeit. Ferner kann man sehen, dass diese Tendenz nicht von den Hochschulen oder staatlichen Einrichtungen ihren Ausgang nimmt, sondern von einer Fülle privater Initiativen, die von Einzelnen oder Gruppen auf den Weg gebracht worden sind.

In ähnlicher Art scheint ein neues Naturverständnis zu erwachen. Im Umweltschutz, unter den Naturschützern entstehen Menschengruppen, die einerseits in selbstloser Weise die Natur lieben und die zum anderen wirklich von der Natur lernen. Man kümmert sich um Tierarten, die vom Aussterben bedroht sind, erforscht ihre Lebensbedingungen und erkennt, wie die einseitig technisch-chemische Naturbetrachtung und Behandlung Schaden hervorruft. Aus den negativen Erfahrungen entstehen so neue Fragen und ein neues Denken.

Diese positiven Tendenzen des 20. Jahrhunderts können im Unterricht an zahlreichen Gestalten deutlich gemacht werden. Der Kampf um den Frieden an Graf Bernadotte oder Dag Hammerskjöld, die Befreiung der Unterprivilegierten an Mahatma Gandhi und Martin Luther King, die Wende zu einem Eingehen auf die Lebensbedingungen der Natur an Rachel Carson. Zur Geschichte dieses neuen Fühlens und Denkens gehört auch die Jugendbewegung des Jahrhundertanfangs, gehört die studentische Bewegung, die 1966 begann, gehört der Prager Frühling und die Arbeiterbewegung in Polen. Überall lebt der Wille zu neuer Lebensgestaltung und zu neuer sozialer Gestaltung. Freilich hat man es hier mit Bewegungen und Bemühungen zu tun, die großenteils scheiterten, die oft in ihrer gedanklichen Orientierung problematische Ansätze zeigten. Die studentische Protestbewegung scheiterte u. a. dadurch, dass sie die alten Doktrinen des Marxismus erneuerte. Es fehlte der Begriff eines freien Geisteslebens als eines selbstständigen Glieds des sozialen Organismus, es fehlte ferner der Inhalt für ein derartiges Geistesleben: die Erkenntnis des Menschenwesens und die Erkenntnis des geistigen Wesens der Natur und des Kosmos. Die heutige Situation der Alternativbewegungen und des Umweltschutzes macht deutlich, dass von dem Inhalt dieser Erkenntnisse alles abhängt.

So zeigen sich im 20. Jahrhundert zwei Welten: eine alte Welt, die Form und Beton geworden ist. Sie ist als mächtiger Apparat, als Wissenschaft, als Industrie und Handel deutlich konturiert und leicht erkennbar, wie das Alte und Ausgeformte immer deutlich erkennbar ist. Nur in Ansätzen erkennbar, noch widersprüchlich, in vielen, manchmal närrischen Gestalten sich versteckend, spürt man aber auch eine neue Welt. Als Seelenhaltung, als Wunsch lebt das Neue in der Jugend. Es scheitert aber immer wieder, weil ihm das geistige Element, die dem Neuen wirklich entsprechende gedankliche Orientierung, fehlt.

Der Geschichtsunterricht kann hier vor allem eines leisten. Er kann die Zukunftsaufgaben anhand der gegenwärtig vorhandenen Probleme skizzieren. Er kann zeigen, dass das neue seelische Leben, das sich Bahn brechen will, nicht zum Zuge kommt, weil ein staatlich administriertes, überverwaltetes Schul- und Universitätssystem die freie Gedankenbildung hindert, Forschung und Lehre in vorgezeichnete, sterile Bahnen lenkt und damit die Entfaltung der Individualitäten unterdrückt. Die so unterdrückten Individualitäten, die keinen Raum für eine wirkliche, freie Auseinandersetzung finden, werden zu Rebellen. Ferner ist erkennbar, dass die Wucherungen der Staatsverwaltung nicht nur einen ungeheuren, wirklich schädigenden finanziellen Aufwand verlangen, – sondern dass eine derartige Verwaltung die Kommunikation unter Bürgern und die demokratische Selbstgestaltung des Lebens unterbindet. Schließlich wird dieser Staat durch seine Verfilzung mit wirtschaftlichen Interessen zum Promotor von Riesenprojekten, die keineswegs wirtschaftlich sind oder bestimmte wirtschaftliche Interessen einseitig begünstigen.

Diesen gegenwärtig noch wirksamen und den sozialen Organismus krankmachenden Tendenzen kann die Idee der Dreigliederung des sozialen Organismus entgegengestellt werden.

Diese Idee lässt sich in der 9. Klasse gut im Zusammenhang mit der Idee der Gewaltenteilung behandeln. Montesquieus Idee der Gewaltenteilung zielt auf eine Kontrolle der Macht. Die drei Gewalten des Staates sollen sich gegenseitig in Schach halten. Die Idee der Dreigliederung ist insofern der Idee der Gewaltenteilung vergleichbar, als sie auch nicht einen utopischen Idealstaat entwirft und sagt, wie alles sein soll. In diesem Sinne beschränkt sich auch die Idee der Dreigliederung des sozialen Organismus auf praktische Hinweise – also auf instrumentale Maßnahmen –, die die Macht für bestimmte Gebiete des menschlichen Lebens prinzipiell überwinden, wenn Macht bedeutet, über die Entscheidungen anderer Menschen zu entscheiden. Ein freies Geistesleben und ein assoziativ sich durch Menschen organisierendes Wirtschaftsleben kennen in diesem Sinne keine Macht, und das staatliche Leben regelt die Rechtsverhältnisse unter Menschen nach der Regel der Reziprozität, die man auch Gleichheit nennen kann.

Erst vor einer derartigen Zukunftsperspektive wird das Verständnis der Gegenwart möglich. Die schiere gegenständliche Gegenwart, ohne ihre Zukunftstendenzen und Notwendigkeiten dargestellt, ist nichts als brutale Faktizität. Der Blick auf Werden und Vergehen, die Einsicht in Krankmachendes (Dysfunktionales) und Heilsames gibt eine Orientierung. Jeder Lehrer hat die Möglichkeit, aus einer Beschäftigung mit Gegenwartsfragen heraus sein persönliches Engagement einzubringen. Entscheidend ist dabei, dass es dem Lehrer gelingt, wirklich das Werdende, die Zukunftsimpulse, wo sie sich zeigen, zu erfassen und den Schülern zu vermitteln. Im Vergleich dazu ist die negative Kulturkritik und die Konstruktion von Utopien, die gedanklich festgeformt sind, wenig fruchtbar, weil sie dem Schüler nicht helfen, in seine Zeit hineinzuwachsen.

Literatur

Wir weisen hier nun auf einige weniger bekannte Werke zur Thematik der 9. Klasse hin. Auf eine ausführliche Literaturangabe wird verzichtet, da sie den Rahmen dieser Lehrplanstudie sprengen würde.

Kurt Baschwitz: *Hexen und Hexenprozesse*, München 1963

Pieter Jan Bouman: *Kultur und Gesellschaft der Neuzeit*, Olten 1962

Pieter Jan Bouman: *Verschwörung der Einsamen – Weltgeschichte unseres Jahrhunderts*, München 1964

Gerhart Ellert: *Richelieu,* Wien 1973

Benjamin Franklin: *Autobiografie*, Frankfurt 1969

Ricarda Huch: *1848 – Die Revolution des 19. Jahrhunderts in Deutschland*, (früher: «Alte und neue Götter»), Zürich 1944

Eckart Kleßmann (Hrsg.): *Deutschland unter Napoleon*, Düsseldorf 1965. (Reihe: Augenzeugenberichte)

Eugen Rosenstock-Huessy: *Die europäische Revolution*, Stuttgart ²1951

Heiko A. Oberman: *Luther*, Berlin 1981

Michelle Vovelle: *Die Französische Revolution*, Frankfurt 1985

Zum Geschichtsunterricht der 10. Klasse

Die Sesshaftwerdung

Nachdem in der neunten Klasse das ideale Moment in Geschichte, Kunst und Literatur besonders kultiviert worden ist, wird in der zehnten Klasse die Erde zum Generalthema. Der Lehrplan der Waldorfschulen gibt zum Beispiel für Geografie an: «Die Erde wird als morphologisches und physikalisches Ganzes beschrieben.» In Physik wird die klassische Mechanik durchgenommen, in der Chemie wird die Salzbildung besonders berücksichtigt, im

Feldmessen gar wird die Erde messend und rechnend erfasst. Für Geschichte heißt es im Lehrplan:

«Zum Ausgangspunkt der Geschichtsbetrachtung nimmt man die Abhängigkeit der Völker von der Erde, von den Klimaten der heißen oder gemäßigten Zone.»

In der Geschichte beginnt in der zehnten Klasse auch der zweite Durchgang durch die Geschichte: Die Geschichte wird zum zweiten Mal von Anbeginn behandelt. Damit ist der zehnten Klasse die Aufgabe gestellt, besonders die alten Hochkulturen und die Geschichte Griechenlands bis zum Auftreten Alexanders zu erarbeiten – und zwar unter dem Gesichtspunkt «der Abhängigkeit der Völker von der Erde». Mit dieser Aufgabe kommt ein ausgesprochen rationaler Zug in die Geschichtsbetrachtung. Vom Lehrer ist gefordert, Vorgänge und Zustände in scharf umrissene Konturen zu fassen und sie im Einzelnen zu begründen. Lässt man die Schüler an diesem Begründen und Konstruieren von Verhältnissen teilnehmen, gelingt es, ihnen die Sachlogik der Ereignisse zugänglich zu machen, so empfinden sie das als ausgesprochen wohltuend, und sie äußern vielleicht zu Hause: Nun müssen wir richtig denken! – «Richtig denken» heißt für die Schüler in diesem Zusammenhang, vom Irdischen her, von geografischen Elementen ausgehend zum Beispiel die Rechtsordnung zu erfassen. Ungut wirkt es, wenn die Schüler dieser Altersstufe den Geschichtsunterricht als Religionsunterricht erleben. – Der erzieherische Wert dieses Vorgehens dürfte unter anderem darin liegen, dass eine falsche Schöngeistigkeit vermieden wird. Indem man empirisch vorliegende, materielle Bedingungen des menschlichen Tuns betrachtet, wird das Denken zum konkreten Konstruieren und nicht nur zum einfühlenden Erleben erzogen. Dies verleiht eine gewisse Sicherheit und Realistik. Man wird hier vielleicht einwenden, ob denn die heutigen Schüler nicht realistisch genug seien. Ob sie an Realgesinnung nicht längst ihren Eltern voraus seien? Dem ist zu entgegnen, dass die heutigen Schüler durchaus stark von den Idolen der wild wuchernden materialistischen und technologischen Fantasie beeinflusst werden. Davon zeugt nicht nur der große Verschleiß an Science-Fiction-Literatur, sondern auch die Tatsache, dass die Bücher von Däniken (*Zurück zu den Sternen* etc.) sich auf den Bestsellerlisten halten und gerade von den Schülern dieser Altersstufe verschlungen werden. – Das rechte Heilmittel gegen diese Art der materialistischen Fantasterei liegt nicht in schönem Idealismus oder in religiöser Erbauung, sondern im Ergreifen und Verstehen der wirklichen materiellen Bedingungen.

Ein tief einschneidender Schritt in der Frühgeschichte der Menschheit ist die Sesshaftwerdung. Diese Wandlung des Menschen vom Nomaden zum Bauern wird mit Recht als die erste große Revolution in der Geschichte nach dem Ende der Eiszeit bezeichnet. Das Ende der Eiszeit wird heute nach der Radiocarbon-Methode etwa auf das Jahr 10.000 vor Christi Geburt angesetzt. Die frühesten Spuren der ersten Ansätze einer Sesshaftwerdung finden sich etwa im achten Jahrtausend vor unserer Zeitrechnung. Die Sesshaftwerdung ist nicht leicht zu behandeln, weil immer wieder die Gefahr besteht, diesen gewaltigen Vorgang in unzulässiger Weise zu versimpeln. Man meint vielleicht, die Ursache der Sesshaftwerdung schlicht auf einen Nahrungsmangel bei den Nomaden zurückführen zu können. («Als die Nomaden eines Tages bemerkten, dass das Wild in ihren Jagdgebieten selten geworden war und als auch Früchte des Waldes nicht mehr in genügenden Mengen zur Verfügung standen, da mussten ihre Frauen Getreide anbauen, um so dem Hunger zu wehren.») Wer derartige Märchen erfindet, der bedenkt nicht, dass Nomaden in solchen Fällen andere, reichere Jagd- und Sammelgründe aufzusuchen pflegen. Noch viel weniger macht man sich klar, worin die Grundlebenshaltung der Nomaden besteht. Ammianus Marcellinus, ein Geschichtsschreiber der ausgehenden Antike, berichtet zum Beispiel noch von den Hunnen: «Nie kommen sie unter das Dach eines Hauses, sondern meiden dasselbe gleich dem Grabe. Nicht einmal eine mit Schilfrohr gedeckte Hütte findet man bei ihnen. Unstet ziehen sie durch Gebirg und Wald und gewöhnen sich von Kindheit an, Reif, Hunger und Durst zu ertragen. Auch außer der Heimat betreten sie nie ohne dringende Not ein Haus, denn sie glauben, unter einem Dach nicht sicher zu sein.» – Will man den Versuch machen, die Sesshaftigkeit zu verstehen, dann muss man die primitive Auffassung, das Weltgetriebe sei Hunger und Liebe, beiseite lassen,

Der Vorgang der Sesshaftwerdung kann nur sehr vorsichtig und umrisshaft rekonstruiert werden. Dabei lasse man die Frage nach der Ursache zunächst auf sich beruhen. Getreu dem Motto der zehnten Klasse gehen wir zunächst auf die geografischen Verhältnisse ein und fragen: Wo fand man die ersten Spuren menschlicher Sesshaftigkeit? Wo wurden Menschen sesshaft? Die mit dem Spaten arbeitende Urgeschichtsforschung deutet auf Vorderasien, auf die Gebiete des heutigen Palästina, Syrien, Iran. Der erste Getreideanbau wurde in den Randgebieten Mesopotamiens nachgewiesen. Ein besonders wichtiger Fundort ist Dscharmo im heutigen Kurdistan (ein Grenzgebiet zwischen dem Iran und Irak), wo man zwei Sorten Gerste, das Schwein, das Schaf und die Ziege als Haustier nachweisen konnte, wo sich ferner Plastiken und keramische Arbeiten fanden. Man datiert diese Siedlung ins fünfte Jahrtausend. Derartige Siedlungen finden sich in höher gelegenen Tälern, Mulden und auch in Ebenen, die in jener Zeit schwach bewässert waren. – Warum, so fragt man sich, fand die Sesshaftwerdung nicht in den großen Stromtälern des Indus, des Nil oder im Zweistromland statt? Die Antwort auf diese Frage liegt in den großen und teilweise wilden Überschwemmungen, die jedes Jahr diese Täler mit verheerender Wucht heimsuchen. Die Bändigung des Wassers hätte die Gruppen, die sich dort hätten niederlassen wollen, gleich anfangs vor allzu große Aufgaben gestellt. Offene Täler, von kleineren und milden Flüssen durchströmte Ebenen hingegen ermöglichen es auch Menschengruppen von geringerem Umfang, die Naturgewalt des Wassers zu meistern, indem man durch zahlreiche kleine Gräben, die von

Bächen abzuleiten sind, das Gelände bewässert. Das Ausmaß dieser einfachen Bewässerungstechnik wird durch Luftaufnahmen des heute zur Wüste gewordenen persischen Hochlandes deutlich. In manchen Ebenen sieht man bei niedrig stehender Sonne Schattenwürfe, die als Ganzes ein systematisch angelegtes Netz von Gräben und Kanälen zeigen, die einstmals diese Gebiete bewässert haben. Solche Wassergräben spielten eine große Rolle, sie wurden mit Steinplatten abgedeckt und nach den Zeugnissen der altiranischen Religion sorgfältig saubergehalten.

Hat man sich auf diese Weise – die hier nur angedeutet werden kann – den Schauplatz des Geschehens verdeutlich, dann kann man sich dem Vorgang der Sesshaftwerdung zuwenden. Die Bodenfunde machen nun deutlich, dass die Sesshaftwerdung ein komplexer Vorgang gewesen ist, in dessen Mitte drei Elemente sichtbar werden: das Haus, das Feld und die Tiere. Die Errichtung eines Hauses und die Anlage ganzer Siedlungen erfordert die Herstellung von Werkzeugen: Beile, Hacken, Pflüge werden ebenso hergestellt wie Krüge und Gewebe, Spangen, Nadeln und Plastiken. Alles aber stand im Zeichen der Revolution, die den Menschen aus einem bloßen Verbraucher und Konsumenten zu einem Produzenten machte, der sein eigenes Geschick plante, sein Haus baute, seine Ernte sparte, der aus einem Nomaden zum Bauern und damit zum Pfleger der Erde wurde.

Zur Pflege der Erde aber gehört nicht nur die Bearbeitung des Bodens, Bewässerung oder Trockenlegung, sondern auch der Umgang und die Pflege der Haustiere. Die Erde und die Tiere als lebendige Wesen zeigen dem Menschen die Folgen seines Tuns und bringen ihn so zu einem Bewusstsein der Auswirkungen seiner Taten. Der Nomade konnte noch den Folgen seiner Taten den Rücken kehren. – Das größte Wunder der Sesshaftwerdung ist die Züchtung der Samen. Durch Züchtung wurden aus großen Gräsersamen Getreide. Hier steht man vor einem Rätsel. Nach unseren heutigen Maßstäben und Kenntnissen kann die Getreidezüchtung nur ein sehr mühsamer, langwieriger Vorgang gewesen sein. Hat man generationenlang immer wieder aus den Gräsersamen die besten und größten Körner aussortiert und nur diese als neues Saatgut verwendet? Wenn ja – woher wusste man dann, dass diese Methode Erfolg haben würde? Hat man über viele hundert Jahre darauf verzichtet, die besten Saatsamen zu essen, damit wir heute davon die Früchte ernten können?

Durch solche, mit den Schülern gemeinsam zu erarbeitenden Erwägungen deutet sich nun an, dass die Sesshaftwerdung nur zu denken ist im Zusammenhang mit einem tiefgreifenden moralischen Wandel derjenigen Menschen, die diesen Prozess durchmachten, Allein, es ist im Unterricht der zehnten Klasse nicht tunlich, mit diesem moralischen Wandel zu beginnen. Erst nach einer gründlichen Betrachtung der äußeren Veränderungen – wie sie oben angedeutet wurden – kann man nun schrittweise zur Erarbeitung der Elemente übergehen, in denen sich der Wandel der Menschen spiegelt. Das Nächstliegende sind wohl die rechtlichen Verhältnisse, die sich durch die Bearbeitung des Landes ergeben. Es entsteht Eigentum. Eigentum ergibt sich aus der Arbeit. Der, der ein Werkzeug macht, ist der Eigentümer; der, der einen Acker anlegt, ist der Eigentümer. Auch jedes Haus hat so seinen Besitzer, man kann mutmaßen, dass in jedem Haus eine Familie lebt und dass die Einehe herrscht. Indem nun diese Rechtsverhältnisse durch die Arbeit entstehen, entsteht auch die Möglichkeit, sie zu brechen. Erst wo es Mein und Dein gibt, gibt es auch den Diebstahl, gibt es Gut und Böse. Spricht man die Wörter «gut» und «böse» aus, so verlässt man bereits die Ebene rechtlicher Betrachtung und begibt sich in das Gebiet der Moral. Erst aus der Moralität und aus der moralischen Beurteilung des Handelns entsteht die Selbstkontrolle der eigenen Handlungen und die Aufmerksamkeit auf fremde Handlungen, die zu einer scharfen Abgrenzung sowohl in der Realität wie auch im Bewusstsein führt. Um solches Bewusstsein wirklich zu bilden, gab es viele Einrichtungen, zum Beispiel die Grenzsteine. Die Setzung eines Grenzsteines war ein kultischer Vorgang, schnitt man doch aus der allen gemeinen Erde einen besonderen Bezirk heraus. So wurden bei der Grenzziehung Opfer dargebracht und viele Zeugen herbeigeholt. Einen solchen Grenzstein unerlaubterweise und gar heimlich zu verrücken war ein schweres Vergehen.

Die Gegenüberstellung von Gut und Böse wurde in den frühen Zeiten der Sesshaftwerdung ganz naturgemäß zu einem welthistorischen Gegensatz zwischen den Iraniern, die sesshaft geworden waren, und den Turaniern, die weiterhin nomadisierten. Gut-sein hieß so, ein Iranier zu sein, und man gehörte nur dann zur Gruppe der Iranier, wenn man eben die lebensnotwendigen Gebote des Sesshaftwerdens befolgte. Als Böse und nicht nur als Feinde aber erlebte man die aus dem Norden heranstürmenden Reitervölker Turans, die das friedliche Leben der Dörfer bedrohten. Böse war der Reiter, der mit seinen Füßen nicht die Erde betrat. So findet sich in der altpersischen Religion eine Art Bekenntnis, in welchem der Mensch, der sich zum Landbau wendet, gelobt: «Die heilige Demut erwähle ich mir, sie soll mir sein. Ich schwöre ab dem Diebstahl und Raub von Vieh, der Plünderung und Verwüstung der Dörfer der Anbeter Ormazd. Den Hausbewohnern gönne ich freien Wandel, freies Wohnen und den Haustieren, mit denen sie auf Erden wohnen ... Ich gelobe gut gedachtes Denken, ich gelobe gut gesprochenes Wort, ich gelobe gut getanes Werk.» (Yasna 12, 3, 8.) Dass die Landwirtschaft hier göttliches Gebot ist, zeigen Texte der Vendidad. Dort heißt es, indem ein Mensch fragt: «Schöpfer! Wer erfreut mit größter Freude diese Erde?» Darauf antwortete Ahura Mazda: «Wenn man wahrhaft am meisten Getreide und Weideländer und fruchttragende Pflanzen anlegt oder wenn man trockenes Land auf ihr bewässert oder wenn man Wasser auf ihr trockenlegt. Denn nicht ist die Erde froh, die lange brach gelegen ist, die von einem Ackersmann beackert werden sollte, die damit ein gutes Werk von ihrem Anwohner wünscht.» Die Gottheit sagt dann weiter, dass die Erde spricht, wenn der Mann sie bearbeitet mit dem rechten Arm und dem linken: «Mann, der Du mich bearbeitest, mit dem linken Arm und dem rechten, mit dem rechten Arm und dem linken: Gewiss will ich es hier den Landen vergelten, gewiss will ich hier trächtig gehen; alle Früchte sollen Menschen einheimsen, am Korn mehr als man tragen kann!» (Vendidad 3 aus Vers 23-27.)

Hier ist nun die Darstellung langsam dahin gekommen, wo die Bedeutung der Religion zur Sprache kommen kann. Es hat sich im Vorangegangenen gezeigt, dass der Ackerbau, dass das Rechte zu tun, die Wahrung des Friedens eindeutig göttliches Gebot sind. Die Moralität wird in dieser Phase der menschlichen Entwicklung nicht als zweckhafte Vernunft- oder Klugheitsmoral aufgefasst. Die Moral ist eine Stiftung von oben – ohne religiöse Sanktion keine Moral! Auch die geschichtlichen Kämpfe gegen die Turanier sind mehr als nur Kämpfe um die Selbsterhaltung. Der weltgeschichtliche Kampf zwischen Iran und Turan ist in dieser Auffassung der Kampf zwischen dem guten Gott Ormuzd und dem bösen Lügenknecht Ahriman. Religion und Ackerbau, Moral und Geschichte waren eins in der Zeit, da sich Menschen zuerst mit der Erde verbanden. Die Entscheidung, in die die Menschheit gestellt war, hieß: Arbeit an der Erde oder Nomadentum. Die Entscheidung wurde gesehen auf dem Hintergrund des Götterkampfes:

«Und im Anbeginn waren diese beiden Geister, die Zwillinge, die nach ihren eigenen Worten das Gute und das Böse im Denken, Reden und Tun heißen. Zwischen ihnen haben die Guthandelnden richtig gewählt, nicht die Schlechthandelnden.» (Yasna 30,3.)

Schaut man auf diese Entwicklung zurück, so kann man die Frage stellen: Wie kam es zu der Sesshaftigkeit? Im Unterricht kann diese Frage ausgiebig diskutiert werden. Es kann sich dabei vielleicht ergeben, dass man feststellt: Es waren nicht «ökonomische Notwendigkeiten» – deren Vorhandensein höchst fraglich erscheinen muss –, die zur Sesshaftwerdung führten. Als wahrscheinlicher wird es gelten können, was die altpersische Sage selber berichtet, dass ein Prophet, ein besonderer Mensch, den die Sage Zarathustra[1] nennt, diese Kultur begründet hat oder dass er mit Genossen und Nachfolgern doch auf die Richtung dieser Kultur einen ungemein starken Einfluss ausgeübt hat. Dieser Zarathustra der Sage ist nicht identisch mit dem Religionsstifter, der um 580 vor Christi Geburt lebte.

Städtegründung – der Ursprung der ersten Hochkulturen[2]

Manche Einzelheiten der frühesten Städtegründungen liegen in verschiedener Hinsicht im Dunkel, andere Fragen werden von Fachleuten in widersprechender Weise dargestellt. Umso deutlicher werden aber die Grundzüge sichtbar, die die Geschichte der Menschheit um die Wende vom vierten zum dritten Jahrtausend auszeichnen. Weitgehende Einigkeit besteht darüber, dass die ersten Städte im Zweistromland nahe der Mündung von Euphrat und Tigris begründet worden sind. Diese ersten Städte der Menschheit, Eridu, Uruk und Ur, sollen im Folgenden idealtypisch Wesen und Verlauf der Städtegründung verdeutlichen.

Im Hochland des heutigen Armeniens entspringen Euphrat und Tigris. Die nur kurze Schneeschmelze des Frühjahrs und der Herbstregen lassen von dem hohen Gebirge jährlich große Wassermassen gewaltsam zu Tal stürzen. Die Wasser der Flüsse

1 Man vgl. hierzu außer den Literaturhinweisen, die für die 5. Klasse gegeben wurden: Bernfried Schierath (Hrsg.), *Zarathustra*, Darmstadt 1970 (Wiss. Buchgesellschaft); und: Werner Hinz, *Zarathustra*, Stuttgart 1961.

2 Aus der weiteren Literatur sei vor allem auf Jacquetta Hawkes: *The First Great Civilizations*, Harmondsworth 1977 (Penguin Books), hingewiesen.

kommen schnell und reißend. Sie führen Schlamm und Geröll mit sich, und oft suchen die Wasser sich einen neuen Flusslauf zu graben. In den Jahrhunderten vor den Jahren der Städtegründung traten die Flüsse recht bald in ihr Strombett zurück. Überall hinterließen sie fruchtbaren Schlamm, Tümpel, Feuchtigkeit: Binnen vierzehn Tagen nach der Überschwemmung hatte sich das befeuchtete Land in eine blühende Wildnis verwandelt. Ebenso schnell aber, wie die Pracht entstanden war, welkte sie dann, wo nicht Tümpel für Feuchtigkeit sorgten, nach vier oder fünf Wochen wieder dahin. Diese Flusstäler wurden zu einer Herausforderung der sesshaften Bauern: Sie sahen, dass der Boden in den Stromtälern im Vergleich zum Ertrag der Hochebenen vielfache Frucht trug. Allein, die kurze Zeit der Feuchtigkeit machte es notwendig, dass man Wasser anstaute, um Reserven zu haben. Kanäle mussten gebaut werden, um auch später im Jahr noch Felder zu bewässern. Doch die Mühen waren vergebens: Schon die Überschwemmung des nächsten Frühjahrs zerstörte fast regelmäßig die Stauwehre, füllte die Kanäle mit Schlamm. Gegen den mächtigen Fluss war die Kleinarbeit einzelner Bauern oder kleiner Dörfer machtlos. Um das Jahr 3100 vor der Zeitwende ereignete sich hier ein entscheidender Wandel.

Dieser Wandel kann nun in der zehnten Klasse in gemeinsamer Überlegung erarbeitet und rekonstruiert werden. Dabei ist es hier wichtiger, dass die einzelnen Elemente des Wandels in ihrer Funktion begriffen werden, als dass die ohnehin umstrittenen und von Nicht-Fachleuten kaum zu beurteilenden historischen Abläufe «gelernt» werden.

Man stellt zunächst die Grundfrage: Wie können Menschen mit der Herausforderung durch das Flusstal fertig werden? Es ist nun leicht einzusehen, dass nur eine sehr große Menschengruppe der Gewalt des Flusses Trotz bieten kann. Alsdann stellt sich das Problem: Eine bloße Menschenmasse allein, die sich irgendwie in Haufen im Flusstal sammelt, kann die Aufgabe, die der Strom stellt, auch nicht lösen. Relativ schnell gewinnt man gemeinsam darüber Klarheit, dass solche Gruppen sich nicht durch ein demokratisches Entscheidungsverfahren selber lenken können. Diese Gruppe von vielleicht 8.000 bis 10.000 Menschen muss geführt werden von einem Menschen oder von einigen Menschen, die besondere Qualitäten haben. Diese Qualitäten sind: Ein Führer muss eine Idee, einen Plan haben, wie man mit dem Euphrat fertig wird, ferner muss der Führer seine Genossen und deren besondere Fähigkeiten kennen, sodass er sie zur Arbeit einsetzen kann, schließlich muss er gerecht sein, auf dass ihm die anderen willig folgen. Nach diesen Überlegungen ist die Lektüre der ersten Zeilen des Gilgamesch-Epos vorbereitet. Dort heißt es:

«Alles sah er, der Herr des Landes. Jeden lernte er kennen und eines jeden Können und Werk, alles verstand er. Er durchschaute der Leute Leben und Treiben. Geheime verborgene Dinge bracht' er ans Licht ... Ein Drittel ist Mensch in Gilgamesch, zwei Drittel ist Gott ...»

Nun kommt es darauf an, die Fantasie anzustrengen und sich zu verdeutlichen, welche Aufgaben vor einem Städtegründer standen: Er muss sein Volk zur Arbeit einteilen. Da ist zunächst die erste große Notwendigkeit: der Kanal- und Deichbau; am Oberlauf des Flusses muss ein Kanal angesetzt werden, der Wasser mit möglichst geringem Gefälle an den Rand des Tales führt, sodass dieser Kanal, dessen Wasser parallel zum Fluss geleitet wird, nach einer Reihe von Kilometern einige Meter höher als der Fluss verläuft. Von diesem Kanal aus können dann Felder stets bewässert werden. Zweitens sind die Felder eventuell gegen das Hochwasser durch einen Deich zu schützen. Jedenfalls aber wird man die Stadt selber auf einem Hügel oder auf aufgeschüttetem Grund errichten und sie gegen Wasser und Feinde durch eine Mauer schützen. Das Gilgamesch-Epos erinnert sich:

«Gilgamesch, der siegreiche Held, baute die Mauer um Uruk. Hoch wie ein Berg erhebt sich der heilige Tempel in der umfriedigten Stadt. Fest wie Erz liegt der aufgeschüttete Grund.»

Die Arbeiten des Kanal-, Deich- und Mauerbaus sind einfach,

aber anstrengend. Man kann annehmen, dass sie zeitweilig bis zu einem Drittel der Bevölkerung in Anspruch genommen haben. Dieses Drittel musste von anderen ernährt werden. Die erforderliche Landarbeit wurde von einer weiteren Gruppe verrichtet: Wie aber kamen die Deich- und Kanalarbeiter zu ihrem Brot, ihrer Nahrung? Alle landwirtschaftlichen Produkte und ebenso die Erträgnisse von Jagd und Fischfang wurden an den «Tempel» abgeliefert: «Unter dem Schutz des erhabenen Hauses, in dem der Himmelsgott wohnt, dehnt sich weit der Kornspeicher der Stadt.» Der Tempel verteilte Nahrung, Werkzeug und Kleidung an alle, damit war er das Zentrum des Lebens: Als Haus des Gottes strahlte es mit Blendsteinen verputzt im Licht, hoch über den engen Gassen, die die Masse der dicht gedrängten Lehmziegelhäuser gliederten. Schon von weither sah man den Hügel von Uruk und das Haus seines Gottes, in welchem Priester und Priesterinnen ihres Amtes walteten. Das priesterliche Tun in jener alten Zeit war konkret wie ihre Weisheit: Weisung gaben sie für Feldbau und Ernte, Leitung beim Bau der Häuser und Deiche, nicht nur die Arbeit teilten sie ein, auch die Zeit; ihnen danken wir den Kalender, die Einteilung des Jahres in die Zwölfzahl der «Tierkreiszeichen», die Einteilung des Tages in zwölf Stunden, die freilich in jener alten Zeit noch beweglich waren – im Winter waren die Nachtstunden länger und die Tagstunden kürzer, umgekehrt im Sommer. Im Tempel, vom Tempel wurde aber auch das Handwerk getrieben und angeregt: Berufe entstanden; Töpfer, Weber, Gerber, Zimmerer. Diese qualifizierten Fachleute gab es nicht in großer Zahl. Ihr Können ließ sie über die Menge herausragen.

Alles Tun musste sicher und gerecht geordnet werden, und die Aufgabe, wirklich gleichmäßig an Tausende Nahrung und Kleidung zu verteilen, musste schier unlösbar sein, wenn nicht dem Gedächtnis für die Unzahl der physischen Details, die mit dem Abliefern und Verteilen von Nahrungsmitteln und anderen Produkten zusammenhingen, eine Stütze verliehen wurde. Im Anfang haben vielleicht einfache Siegel, die in feuchten Lehm gedrückt sofort steinhart wurden, als Merk-Mal gedient. In der Zeit der Stadtgründung war auch eine erste geniale Erfindung schon bekannt: das Rollsiegel. Nun wurde die Schrift erfunden. Geschrieben wurde nicht zum Ruhm der Herrscher noch zum Lob der Götter; es war nicht notwendig, das heilige Wort dem Lehm anzuvertrauen. Im Rhythmus des Gesanges und im Leben des Volkes waren Kult und Preislied auf das Lebendigste gegenwärtig. Notwendig war es hingegen sehr wohl, das irdische und wirtschaftliche Detail, das in keine kosmische Ordnung gebunden war, zu fixieren. Es war die Tempelwirtschaft von Uruk (Uruk IVa, ca. 3000/2900),[1] für die die älteste Schrift der Menschheit entwickelt wurde. Zunächst entstand eine archaische Bilderschrift mit etwa zweitausend Symbolzeichen und eine Zahlenschrift, die sowohl auf dem Dezimal- wie auch auf dem Sexagesimalsystem beruhte. Bald wurde aus der Bilderschrift die Keilschrift, die den Zusammenhang mit den Bildern nicht mehr einfach erkennen lässt. Spätestens in diesem Augenblick aber war die Schrift zu einer Wissenschaft für wenige Auserwählte geworden: Es gab jetzt Menschen, die schreiben und lesen konnten, und solche, die diese Künste nicht beherrschten. Damit tritt eine tiefgreifende Spaltung ein; auf der einen Seite stehen die Schriftkundigen, die Gebildeten, auf der anderen sieht man die gemeinen Leute, Arbeiter, Bauern und Handwerker. Nachdem diese Spaltung einmal eingetreten war, vertiefte sie sich im Laufe der Zeit. Es kam der Tag, da man begann, auch Geschichten, Sagen und Kultlieder aufzuschreiben: auf Sumerisch. Um die Wende vom dritten zum zweiten Jahrtausend ging das sumerische Volk selber zugrunde. Seine Sprache aber blieb erhalten; sie wurde zur Sprache für Religion und Gottesdienst, für Geschichte und Tradition. Seit jener Zeit begann sich das «Geistesleben» vom Alltagsleben loszulösen. Die Welt der «Bildung» bediente sich einer

1 Ähnlich wie bei Troja haben sich in Uruk verschiedene Schichten gefunden, die auf verschiedene Stadien der Stadtentwicklung hinweisen.

eigenen Geheimsprache. Sie war nicht mehr erhöhtes Leben. Sie begann – wenn auch nur ganz langsam – Welt der Form zu werden. Schüler mussten nun mühsam in die Tradition eingeführt werden, mussten lernen, das nicht mehr unmittelbar Lebendige, das Abstrahierte zu verstehen. Priester-Lehrer lebten in einer anderen Welt, die eine eigene Macht entwickelte.

So wie die Welt der Schrift ein Eigendasein entfaltet, so entwickelten sich auch die übrigen Berufe durch ihre Praxis bald weiter. Der Kanalarbeiter lernte Schleusen und Hebewerke zu bauen, Künstler wurden zu Spezialisten, ebenso die Handwerker: Nun gab es Bäcker und Brauer, Schmiede und Wagenbauer. Auch der Krieger wurde zum besonderen Stand, es gab Soldaten, sogar spezielle Truppen: königliche Wachsoldaten und Streitwagenkämpfer. Auch der Handel darf nicht vergessen werden: Funde weisen darauf hin, dass Handelsverbindungen mit den Städten des Indus-Tales, Mohendjo-Daro und Harappa, bestanden. Das soziale Leben wurde so differenzierter und reicher, es verlor dadurch aber auch seine Unmittelbarkeit. Besonders deutlich wird dies darin, dass der Staat etwa vom Jahre 2000 an beginnt, die Beziehungen der Menschen untereinander zu regeln. Der erste Höhepunkt dieser Organisation der menschlichen Beziehungen findet sich im Codex des Babylonischen Königs Hammurabi (1690 v. Chr.). Der Codex Hammurabi enthält 282 Paragraphen. Bedenkt man, dass in diesen Paragraphen das Strafrecht, Eigentum und Besitz, Familienwesen und Geldrecht ebenso wie Körperverletzung, Adoption und Lehensrecht und anderes mehr geregelt wird, so kann man sagen: Verglichen mit dem heutigen Paragraphenwald sind 282 Paragraphen nicht viel. Andererseits wird deutlich, wie kompliziert das Leben in Stadt und Land nun geworden war.

Der Schritt, der so in der Menschheitsentwicklung gemacht worden war, ist den Zeitgenossen bald bewusst geworden. Wieder gibt das Gilgamesch-Epos uns von der Wandlung Kunde. Gilgamesch, der Herr von Uruk, ist Städter. Das Epos berichtet nun von der

Schicksalsbegegnung des Gilgamesch mit Enkidu. Die Jäger von Uruk kommen eines Tages zur Tränke und finden dort eine seltsame Gestalt: «Nun steht er da, am ganzen Körper behaart, allein in der Steppe. Wie beim Weibe wallt das Haupthaar herab. Wie Weizen streckt sich sein Haar. Nichts weiß er von Land und Leuten ... Mit den Gazellen zusammen ißt er die Kräuter des Feldes. Mit dem Vieh trinkt er an der gemeinsamen Tränke. Mit dem Gewimmel des Wassers tummelt er sich in der Flut.» An anderer Stelle sagt das Epos: «Er kam von der Steppe, so kannte er weder Schere noch Schabe.» Es gelingt, den Enkidu, der in anderen Fassungen der Geschichte auch Eabani genannt wird, in die Stadt zu locken, dort begegnet er im Ringkampf – der hier als ältere und urtümliche Form des Händedrucks erscheint – Gilgamesch, der ihn in seinen Palast führt: «Enkidu zieht ein in die glänzende Halle des Königs. Sein Herz ist bedrängt und flattert wie der Vogel des Himmels. Nach der Steppe verlangt er und nach den Tieren des Feldes. Laut klagt er sein Leid und lässt sich nicht halten, eilt wieder hinaus aus der Stadt in die Wildnis.» In der Steppe aber empfindet Enkidu, dass er den Tieren fremd geworden ist. – In der Gestalt Enkidus vergegenwärtigt die Sage den Menschen, der noch ganz mit den kosmischen Mächten verbunden ist. Für den zum Städter gewordenen Menschen ist er die leibhaftige Erinnerung an jene Vorzeit, da das Volk der Sumerer aus den Bergen herabkam in die Flachheit des Tales. An der Gestalt Enkidus verdeutlicht sich, was der Städter verloren hat. Es ist mehr als das, was man heute sentimental «Naturverbundenheit» nennt. Der Städter versteht die Sprache der Tiere nicht mehr, ihm verrät das Singen des Vogels nichts; er findet es nur noch schön.

Gilgamesch und Enkidu werden Freunde. Enkidu stirbt. In diesem Augenblick erwacht Gilgamesch zu der Frage: «Werde nicht auch ich wie Enkidu sterben? Mein Herz ist von Weh durchwühlt. Ich habe Furcht vor dem Tode bekommen!» Der Gedanke an den Tod lässt deutlich werden, dass der Mensch einsam geworden ist, dass er sich nicht mehr von einem göttlichen

Kosmos getragen weiß. Novalis hat in den Hymnen an die Nacht diesen welthistorischen Augenblick charakterisiert:

> «Nur ein Gedanke war's,
> Der furchtbar zu den frohen Tischen trat
> Und das Gemüt in wilde Schrecken hüllte.»
> «Es war der Tod, der dieses Lustgelag
> Mit Angst und Schmerz und Tränen unterbrach.»

Das Gilgamesch-Epos zeigt das Schicksal des Städters, der beginnt, eine eigene Welt, eine Menschenwelt, aufzubauen. Der Aufbau einer eigenen Menschenwelt, einer Welt, die die Natur zu beherrschen beginnt, die die Beziehungen der Menschen durch Gesetze ordnet, die schließlich eine eigene Bildungswelt schafft, ist die Vorstufe des fragenden, suchenden Bewusstseins. Das Schicksal dieses Bewusstseins, die Einsamkeit, kündigt sich im Gilgamesch-Epos an, indem dieses Epos die herbste und elementarste Form der Einsamkeit – den Tod, die Todeserfahrung – zum Thema macht.

Man kann das so Erarbeitete mit den Schülern zusammenfassen: Die Städtegründung zeigt sich als ein vielschichtiges Geschehen. Man muss annehmen, dass im Anfang ein Stamm da ist, der von einem Führer geleitet wird. In diesem Führer, einer mächtigen Persönlichkeit – die man nicht mit Gilgamesch identifizieren muss –, lebt der Impuls, die Erde zu ergreifen, sich zum Herrn des Tales zu machen. So führt er sein Volk – vielleicht aus den Bergen des Iran – herab in die Niederungen des Zweistromlandes, dorthin, wo die Erde so fruchtbar ist, dass sie auf kleinem Raum eine große Menschenmenge ernähren kann. Auf diesem beschränkten Raum drängt man die Naturgewalt des Wassers zurück, man lernt sie beherrschen. Das Gebiet, das man beherrscht, ist überschaubar. Man kann alles Lebensnotwendige in der Nähe der Stadt erzeugen und es ohne große Transportschwierigkeiten zur Stadt schaffen. Man kann auch die Menschengruppen überschauen: Man teilt sie ein. Es beginnt die Arbeitsteilung. Manche Gruppen arbeiten «draußen», andere «drinnen» im Tempel. Im «Drinnen» des Tempels bildet sich eine eigene Welt. Dort entsteht die erste Form des abgehobenen Wissens. Draußen ist die nun ertragreiche Welt der Kanäle und Rinnen, der Felder, Gärten und Dattelhaine, im ferneren Umkreis sind die Viehherden. Immer mächtiger wird in dieser Welt der Drang zur Spezialisierung und damit auch zur Vereinsamung. Nicht mehr regelt das unmittelbare Leben sich selbst: Es entsteht – ausgehend vom Gott-König – der Ansatz eines Rechtslebens mit ausführlichen Satzungen; es entstehen verschiedene Bevölkerungsschichten; es entsteht schließlich ein von Priestern geleitetes Geistesleben, welches das Ganze ordnet und zusammenfasst, das sich aber gleichzeitig vom allgemeinen Leben absondert, abstrahiert. Noch gibt es keine abstrakten Gedanken. Man denkt noch in Bildern und Mythen. Aber das geistige Leben als Ganzes abstrahiert sich vom Volksleben. Der Preis, der für diese Eroberungen auf dem physischen Plan zu zahlen ist, findet seinen Ausdruck in einem neuen Bewusstsein, einem Bewusstsein, das sich sagen muss: «Der Freund, den ich liebe, ist zu Erde geworden. Enkidu, mein Freund, ist wie der Lehm des Landes geworden.» Der am Anfang vorhandene Impuls, die Welt zu gestalten, hat sich so verwirklicht: Die Erde ist gestaltet worden; auch der Mensch erfährt sich, wenn er so die Erde gestaltet, als Lehm, er wird sich des Todes bewusst. – Deutlich wird auch: Ohne das große Stromtal mit dem fruchtbaren Boden kann eine derartige frühe Hochkultur nicht entstehen. Aber sie entsteht nicht aus den geografischen Voraussetzungen, sondern im Kampf mit ihnen. Vielleicht hat man durch diese Schilderung die Anregung Steiners befolgt, der im Lehrplan der Waldorfschule für die zehnte Klasse vorschlägt: «Man bespricht zum Beispiel, wie ein Volk sich verändert, wenn es vom Gebirge ins Tal herabsteigt.»

Ägypten – ein einzigartiges Beispiel

Wohl in keiner anderen Kultur lässt sich so deutlich der Einfluss von Land, Fluss und Klima nachweisen wie in der Ägyptens. Hier lässt sich das Zentralthema der zehnten Klasse am drastischsten exemplifizieren.[1] Das hat natürlich seinen Grund; nirgendwo auf der Welt wird durch so wenige Faktoren eine Kulturlandschaft bestimmt: ein Fluss in einer Wüste. Das Klima bleibt sich immer gleich. In Oberägypten regnet es alle hundert Jahre einmal. Die Wüste bleibt sich immer gleich. Der Fluss schwillt und schwindet im immer gleichen Rhythmus – nur manchmal mehr und manchmal minder. Selbst der Wind bläst fast immer nilaufwärts. So viel Einheitlichkeit, so viel Gleichmaß kann nicht ohne Folgen bleiben – und selbst bis auf den heutigen Tag haben sich trotz sieben großer Invasionen und trotz des Importes von Technik, modernem Staats- und Kriegswesen, trotz moderner Ideologien älteste Lebensformen erhalten.

Die ungemein reichen und nacheinander folgenden tropischen Regenzeiten im Hochland von Abessinien und in den Ursprungsgebieten des weißen Nils sind es, die jedes Jahr im Sommer den Strom anschwellen lassen: gewaltig und doch berechenbar. War im August am ersten Katarakt des Nils der Stand von sie-

1 Die eigentliche Geschichte Ägyptens kann relativ kurz behandelt werden, wobei für das Alte Reich die Steinbearbeitung und der Pyramidenbau berücksichtigt werden können, für das Mittlere Reich die innere Kolonisation (Fayum) und Neuorganisation des Staates, für das Neue Reich die Ausdehnung der ägyptischen Herrschaft (Thutmosis III.) und die Gestalt Echnatons, die aber als atypisch erscheint. An Literatur sei hingewiesen auf: J. H. Breasted, *Geschichte Ägyptens*, veraltet, aber noch immer sehr instruktiv; E. Otto, *Ägypten. Der Weg des Pharaonenreiches*, Stuttgart 1953; J. A. Wilson, Ägypten, in: *Propyläen Weltgeschichte Band I*, 1961; I. E. S. Edwards, The Pyramids of Egypt, Penguin Book, revised edition 1961; Kurt Lange, König Echnaton, München 1961; Manfred Lurker, Symbole der alten Ägypter, Weilheim 1964; ferner: Frankfort / Wilson / Jacobsen, Frühlicht des Geistes, Stuttgart 1954.

beneinhalb bis acht Metern erreicht, so konnte man mit einer guten, auskömmlichen Ernte rechnen. Überall wurde nach der Überschwemmung das Wasser in kleine Kanäle geleitet, Land wurde bewässert, fruchtbarer, schwarzer Schlamm bedeckte die Felder. Blieb der Nil unter der erwünschten Marke, so wurde entsprechend viel weniger Land bewässert. Da kein einziger anderer Faktor vorhanden war, das fehlende Wasser auszugleichen, drohte unfehlbar, aber auch wohl berechenbar, eine Hungersnot. Stieg umgekehrt der Nil stark über das mittlere Maß an, so war das Übel nicht weniger gering: Dämme und Deiche wurden zerstört, Kanäle drohten zu verschlammen, die Siedlungen konnten in Gefahr geraten.

War die Höhe der Überschwemmung auch unvorhersehbar, sobald sie bekannt war, ergab sich alles andere mit Notwendigkeit, es konnte berechnet werden. Die exakte Höhe der Nilüberschwemmung gab dem Pharao die Möglichkeit, den Umfang der Ernte genau zu errechnen: Damit aber konnte auch die Höhe der Steuern festgelegt werden, und ein Betrug war nicht möglich, denn das Land war genau vermessen. Dieser Berechenbarkeit der Ereignisse kam die Tatsache entgegen, dass das Niltal eben ist und so leicht überschaut werden kann. Unter solchen Umständen bildeten die Ägypter eine praktische Geometrie aus. Die Niederländer, die heute im ebenen Rheindelta vor ähnliche Aufgaben gestellt sind wie die Ägypter vor 5000 Jahren, haben einen ausgesprochen starken Sinn für Rationalität und Klarheit entwickelt. Kenner Ägyptens behaupten, dass ein klarer und alles symmetrisch ordnender Zug auch die ägyptische Religion auszeichne.

Es liegt auf der Hand, dass nur ein Volk mit guter Intelligenz und dem Willen, die Welt zu gestalten, die Aufgabe meisterte, die der Nil stellte. Später dann führte das Regelmaß, das ewig Gleiche im Ablauf der Ereignisse notwendig zu einer gewissen geistigen Starre, zu einem Konservatismus. Das kann nicht nur an der Kunst beobachtet werden, die mit geringer Variationsbreite (und einer Ausnahme: Echnaton) die einmal gefundenen Grundformen zweitausend Jahre lang beibehielt. Noch frappanter ist die Starrheit an der Chronologie der Ägypter zu bemerken. Die Regelmäßigkeit der Nilüberschwemmung hat dazu geführt, dass man ein astronomisches Datum suchte, das mit der Nilüberschwemmung zusammenfiel und sie insofern anzeigte. Dieses Datum fand man in dem ersten Wiedersichtbarwerden des Sirius (ägyptisch «Sothis») am Morgenhimmel, nachdem der Sirius für einige Zeit durch die Sonnennähe unsichtbar gewesen war. Indem man nun die Tage bis zum Wiedererscheinen des «Bringers der Überschwemmung» zählte, fand man die Zahl 365, die sich auch in den folgenden Jahren zu bestätigen schien. Damit konnte man den Kalender festlegen. Das heißt, man rechnete hinfort mit der Zahl 365 weiter. Da aber, wie wir wissen, das Jahr astronomisch gesehen ziemlich genau um einen viertel Tag länger ist, verschob sich das Verhältnis des fortlaufenden Kalenders innerhalb von 730 Jahren so weit, dass die Jahresfeste zu genau der entgegengesetzten Jahreszeit gefeiert wurden («Weihnachten» zu «Johanni»); da man aber konservativ war, behielt man den einmal eingerichteten Kalender bei, der erst nach 1460 Jahren wieder stimmte, um sich dann langsam von Neuem zu verschieben.

Nun heißt es aber vielleicht doch die Kausalität eines einzigen Faktors überzubewerten, wollte man die ungemein konservative Haltung der Ägypter allein auf das Regelmaß der Nilüberschwemmung zurückführen. Weiteres kommt hinzu. Bis zum Einfall der sogenannten «Hyksos» (um 1715 vor Chr.) entwickelte sich die ägyptische Kultur ohne jeden nachweisbaren äußeren Einfluss, ohne Kontakt mit der übrigen Welt. Im Westen Ägyptens erstreckt sich die Lybische Wüste, im Osten die Wüste der Sinai-Halbinsel und die Arabische Wüste; diese Wüsten und das Rote Meer bildeten zunächst einen wirksamen Schutz gegen jeden Versuch, nach Ägypten einzudringen; ebenso hinderten diese Barrieren auch die Ägypter, aus dem Land herauszugehen und sich in der Welt umzusehen. Das Mittelmeer schließlich war zu jener frühen Zeit keine Schiffahrtsstraße. Die ägyptische Kultur bildete sich also – ein einmaliger Fall für eine Hochkultur – in völliger Isolierung. Durch solche Isolierung war Ägypten im wahrsten Sinne des Wortes «unvergleichbar», und man kam unter diesen Umständen gar nicht darauf, dass irgendetwas anders sein könnte, als es ist.

An dieser Stelle sei eingeschaltet: Man kann im Unterricht so vorgehen, dass zunächst die geografischen Daten gemeinsam erarbeitet werden. Dabei ist vor allem darauf zu achten, dass der Begriff Ägypten nicht völlig unhistorisch verwendet wird: Das Ägypten der alten Ägypter war zunächst nur das Niltal, kein Ägypter hätte die Wüste, die sein Land umgibt, «Ägypten» genannt und gesagt, 96 Prozent Ägyptens seien Wüste. Das heutige Staatsgebiet Ägyptens lag als solches weit überwiegend außerhalb dessen, was man die «Beiden Länder» Ober- und Unterägypten nannte. Von den Gegebenheiten des Niltals ausgehend kann alsdann über die Auswirkungen dieser Landschaft auf die Mentalität der Bewohner nachgedacht werden, und es erscheint sinnvoll, hier von einem natürlichen «Konservatismus» zu sprechen, der dann freilich später von einem antirevolutionären Konservatismus bei Edmund Burke zu unterscheiden ist.

Das methodische Mittel, durch das Schüler selber sich die Mentalität aus den Bedingungen des Landes ableiten können, muss ihnen im Laufe der Zeit deutlich und bewusst werden. Es ist ja nicht so, dass das Land direkt die Geisteshaltung der Menschen beeinflusst. Das entscheidende Zwischenglied ist die Lebensweise. Die Umwelt ermöglicht eine oder mehrere Lebensweisen, und die Lebensweisen hinwiederum prägen bis zu einem gewissen Grad die Denkweise, das Empfinden und den Willen. Mache man sich also zusammen mit den Schülern klar, was es bedeutet, in einem Land zu leben, in dem man, wie in Mitteleuropa, nie genau weiß, welches Wetter die nächste Woche bringt. Man kann die Frage aufwerfen, was es bedeutet, in einem Land zu leben, das sich nur schwer überschauen lässt, weil es als hügeliges

Bergland stets sein Gesicht ändert, weil es Wald und Weide, Feld und Wiese kennt. – Im Gegensatz dazu muss man sich verdeutlichen, dass Ägypten, vom Sandsturm abgesehen, der im April und Mai auftreten kann, nur ein Wetter kennt. Eine Erscheinung beherrscht das «Wetter» Ägyptens: die Sonne. So kommt man auf die Bedeutung der Sonne im Leben und in der Religion der Ägypter zu sprechen. Zwei Faktoren erscheinen als Lebensspender: der Nil und die Sonne. In der Nacht wird es sehr schnell kalt, und morgens geht die Sonne fast senkrecht und ohne lange Dämmerungszeit auf. In den Gedichten des Echnaton kommt dieser Gegensatz von Tag und Nacht als unmittelbares, stärkstes Empfindungserlebnis zum Ausdruck:

Nacht

Wenn du untergehst am westlichen Rande
des Himmels,
So liegt die Welt im Dunkel, als wäre sie tot.
Sie schlafen in ihren Kammern,
Ihre Häupter sind verhüllt,
Ihre Nasen sind verstopft und keiner sieht den andern.
Gestohlen wird alle ihre Habe, die unter ihren
Häuptern liegt,
Ohne dass sie es wissen.
Jeder Löwe kommt aus seiner Höhle,
Alle Schlangen stechen.
Dunkel herrscht, es schweigt die Welt;
Denn der sie schuf, ist am Himmelsrande
zur Ruhe gegangen.

Der reine Gegensatz zu dem folgenden Gedicht liegt auf der Hand:

Der Tag und der Mensch

Hell ist die Erde,
Wenn du aufgehst am Himmelsrand,
Wenn du als Aton bei Tage scheinst.
Das Dunkel wird verbannt,
Wenn du deine Strahlen aussendest,
Die beiden Länder (d. h. Ägypten) feiern
täglich ein Fest,
Wachend und auf ihren Füßen stehend,
Denn du hast sie aufgerichtet.
Sie waschen sich und nehmen ihre Kleider;
Ihre Arme erheben sich in Anbetung,
wenn du erscheinst,
Alle Menschen tun ihre Arbeit.

Die schlichte Einfachheit, das ganz unmittelbare Erleben, die aus diesen Zeilen sprechen, lässt sich nur vor dem Realitätshintergrund erklären, der von einem hervorragenden Faktor, der Sonne, beherrscht wird.

Man wird aber auch gut daran tun, die besondere Seelenhaltung des Ägypters, die sich in diesem reinen Auffassen spiegelt, besonders zu berücksichtigen. Man nahm die Welt so, wie sie war, und hielt das Sosein für die Norm. Dieses wird in Schrift und Sprache deutlich. Wichtig ist an der Schrift schon dies: dass sie im Bilde bleibt und nicht bis zur Abstraktion der Buchstaben vorstößt. Mit Buchstaben arbeiten heißt ja, die Ganzheit des Wortes zu analysieren, es auf Elemente zurückführen zu können, heißt damit aber auch, den gemeinten Gegenstand in solcher abstrahierten und verallgemeinerten Form vorstellen zu können. Das tat der Ägypter nicht, er blieb, soweit es ging, beim Eindruck, bei der Wahrnehmung. – Ägypten, d. h. also das Niltal, war flach wie ein Pfannkuchen, also sah die Hieroglyphe so aus: .Die Welt um Ägypten herum, also das Ausland und die

Wüste, zeigte Berge und Täler. Die Hieroglyphe für Ausland sieht so aus: . Ein ähnliches Zeichen bedeutete Gebirge  und symbolisierte so die Bergketten, die Ägypten im Westen wie im Osten einsäumten. In der Sprache zeigt sich der Eindruck der Landschaft ganz ähnlich: Süden heißt schlicht «stromauf» und Norden dementsprechend «stromab». Besonders verwirrend war es dann für die Ägypter, als sie in der Zeit des ägyptischen Imperialismus im «Neuen Reich» Euphrat und Tigris erlebten. Sie nannten diese beiden Flüsse die umgekehrten Wasser, die stromabwärts fließen, indem sie stromaufwärts fließen. Ein ähnliches Problem war der Regen, den es in Ägypten nicht gibt. So heißt es dann in einem Gedicht des Echnaton an den Sonnengott:

«Auch den fremden Ländern gibst du Leben,
Du hast ihnen einen Nil an den Himmel gesetzt,
Damit er für sie herabfalle
Und Wellen schlage auf den Bergen
Und die Felder bewässere …
Der Nil am Himmel ist für die Fremdländer,
Der wirkliche Nil aber quillt aus der Unterwelt
hervor für Ägypten!»

Dass die übrige Welt von Ägypten und damit von dem Rechten abweiche, war auch sonst offensichtlich. Ägypten war flach und übersichtlich. Der Nil war ein vorzüglicher Verkehrsweg: Stromabwärts ließ man sich vom Strom treiben, stromaufwärts aber half der Wind, der das Tal hinaufweht, und so setzten alle Schiffe, die nach Süden fuhren, das Segel. Wie anders aber war die Welt in Asien! Ein ägyptischer Schreiber berichtete an seinen Kollegen, der daheimgeblieben war: «Du kennst nicht den Weg nach Meger, wo der Himmel dunkel ist bei Tag, er ist mit Zypressen überwachsen und Zedern, die bis in den Himmel reichen … Schauder ergreift dich, das Haar deines Hauptes sträubt sich dir empor, deine Seele liegt dir auf der Hand. Der Weg ist voller Felsblöcke und Geröll.» An einer anderen Stelle beklagt man sich, dass das Land in Asien wegen der vielen Bäume und Berge unzugänglich sei.

Unter solchen Umständen verwundert es nicht, dass der Ägypter den Ägypter eben für den einzig rechten Menschen hielt. Das Wort »Ägypter» bedeutete «Mensch», von den «Menschen» unterschieden sich die Asiaten und Afrikaner. Allerdings war dieser Begriff des Menschen nicht rassisch oder völkisch gemeint, auch Fremde konnten zu Menschen werden, wenn sie nur lange genug in Ägypten lebten, wenn sie Sprache, Lebensart und Tracht der «Menschen» annahmen. Isoliertheit und Einzigartigkeit des Niltals waren jedoch nicht allein der Grund für diese Selbsteinstufung der Ägypter. Der wirkliche Grund für Stolz und Selbstbewusstsein lag in der Kultur des Landes, und diese Kultur beginnt mit der Vereinigung von Ober- und Unterägypten. Dieser Staat, d. h. die Möglichkeit, zu einer staatlichen Einheit zu kommen, die sich auch immer wieder erneuern konnte, war gewiss ein Geschenk des Nils, der als einigendes Band die «Beiden Länder» verbindet und an deren Grenze, in Memphis, ursprünglich das per-aa, das große Haus, stand, das später in unserer Sprache den Namen für den Herrscher, den Pharao, abgab. Dieser Staat war auf eine Grundtugend ausgerichtet, die in Ägypten ma'at genannt wurde, Das Wort ist unübersetzbar. Es gibt im Deutschen kein Wort, das eine ähnliche Fülle von Bedeutungen anklingen lässt. Manchmal wird ma'at mit «Wahrheit», «Gerechtigkeit», «Rechtschaffenheit», «Ordnung» übersetzt. Oft bezieht sich ma'at auf gutes Regieren und Verwalten, aber der Begriff selber ist kosmischen Ursprungs; er bringt das zum Ausdruck, was die Ägypter als Wesen ihres Landes empfinden und was deshalb der schöpferischen Macht, die Ägypten gemacht hat, zugrunde liegt. Ma'at war die kosmische Kraft der Harmonie, Ordnung, Stabilität, Sicherheit, bei der Urschöpfung schon als die organisierende Qualität aller Schöpfungsgebilde begründet, und sie wurde bei dem Amtsantritt eines jeden Königs durch kultische Handlung aufs neue bestätigt. Auch der Tempeldienst des Königs erneuerte Tag für Tag dieses: dass der König im Sinne der ma'at, im Auftrag der Götter regiere. So war der König, Sohn des Sonnengottes Re, selber eine Kraft kosmischen Ursprungs, und zu seinen Funktionen gehörte es, für die Ernährung des Volkes zu sorgen. Er gebot dem Wasser, Ägypten fruchtbar zu machen: «Der Nil ist ihm zu Diensten und er, der König, öffnet seine Höhlungen, um Ägypten Leben zu geben.»[1]

Die wunderbare Ordnung der Natur in Ägypten war so mit der wunderbaren Ordnung des Staates verschränkt, beides war ein und dasselbe: Ordnung und Harmonie, ma'at, die kosmisch-menschliche Grundtugend. Selbstverständlich bestimmte auch diese Tugend das Leben der Menschen im Totenreich, in welchem es natürlich auch einen Nil und alles das gab, was man hier auf Erden kannte. Vielleicht lässt sich aber aus dieser großen Einfachheit, in der die Ordnung und Harmonie der Welt erfahren wurde, ein Wort zu den Pyramiden sagen. Gibt es auf der ganzen Welt schlichtere und einfachere Bauwerke als diese Pyramiden, die Klarheit und Ordnung nicht symbolisieren, sondern selber darstellen? In alten Zeiten erschien die Pyramide, die vollkommen glatt und eben war, als weiß schimmerndes Dreieck im Sonnenlicht, ja sie war Licht und Reinheit, Sonnenstrahl, auf dem der Gott-König zu den Göttern ging.[2]

1 Vgl. hierzu John Wilson, Ägypten. In: *Propyläen Weltgeschichte Band 1*, Berlin 1961, S. 352 ff. Und ders.: Ägypten. In: *Frühlicht des Geistes*, Stuttgart 1954, S. 80.

2 Vgl. hierzu I. E. S. Edwards, *The Pyramids of Egypt*, Harmondworth 1961, S. 288–292; und Frank Teichmann, *Der Mensch und sein Tempel. Band I: Ägypten*, Stuttgart ^{3}2003.

Leben, See und Land der Griechen

Das heutige Staatsgebiet Griechenlands umspannt mehr und weniger als das antike Griechenland: In klassischer Zeit rechnete man Makedonien nicht zu Hellas, wohl aber die hellenischen Städte an der Küste Kleinasiens: Milet, Ephesos, Phokaia und viele andere. Das Zentrum der hellenischen Welt ist die Ägäis, und in der Mitte dieser Mitte etwa liegt Delos, die Insel, auf der Leto unter einer Palme Apollon gebar. Die Griechen sind seit dem achten vorchristlichen Jahrhundert von diesem Mittelpunkt Ägäis ausgeschwärmt und haben an den gastlicheren Küsten des Schwarzen Meeres ebenso wie an günstigeren Orten des Mittelmeeres gesiedelt: Massilia-Marseille, Nikäa-Nizza, Mainake nahe dem heutigen Malaga sind ebenso griechische Siedlungen wie Syrakus, Taormina, Rhegion-Reggio und Neapolis-Neapel. Die Griechen saßen so am Rand des Mittelmeeres wie Frösche am Rand eines Teiches (Platon). Das Meer ist den Griechen Atemluft und Lebenselement gewesen: Davon berichtet Xenophon in der Anabasis, wo er die Freude der Zehntausend schildert, die nach dem langen Fußmarsch durch Kleinasien endlich «thalassa», das Meer, sehen. Das Meer ebnete den Heimweg, das Meer war schon ein wenig Heimat.

Das Land der Griechen ist vielfach zerspalten. Gebirge trennen Landschaft von Landschaft: Zwischen Lakonien und Messenien ragt der lange schneebedeckte Taygetos 2400 Meter auf, Attika ist durch den Kithairon und den Parnes von Böotien getrennt. Bei Thermopylai ragt der Kallidromos 1300 Meter hoch auf und sperrt den Weg nach Phokis und Böotien – und so könnte man fortfahren, Landschaften und Gebirge Griechenlands zu schildern: Aus allem aber würde deutlich werden, dass in erster Linie das Meer Verkehrs- und Transportweg war – das Land trennte, das Meer verband. Die vielen einzelnen Landschaften, die so in den Ebenen oder Tälern zwischen den Bergen entstehen, fördern eine je eigene, individuelle Landschaftsgestalt und Stammeseigentümlichkeit. Schon die Fülle der Dialekte der griechischen Sprache überrascht. Attisch Poseidon hieß jonisch Poseides, Posides oder Posideon, äolisch Poseidan, thessalisch Poteidun, böotisch Poteidaon, dorisch Poteidan, spartanisch Pohoidan, achaisch Posoidan. – Diese Vielzahl der Dialekte spiegelt aber nur die Verschiedenheit der individuellen Stammes- und Landschaftscharaktere, die so gegensätzlich sind wie die weite Ebene von Thessalien und das bergige, steinreiche, mit Olivenbäumen und Weinreben bepflanzte Attika, das im Altertum auch seiner Rosen, Veilchen und Krokusse wegen gerühmt wurde.

Das antike Hellas verbindet zwei Kontinente: Asien und Europa. Troja, Milet, die Stadt des Thales, Ephesus, wo Heraklit lebte, und Halikarnass, die Heimat Herodots, liegen in Asien. Athen, Sparta und Theben hingegen sind europäische Städte. Zwischen Europa und Asien, wie Schrittsteine im Meer, liegt die Inselwelt der Kykladen und Sporaden. Sie ermöglichten es dem Seefahrer, auf Sicht, dem Auge vertrauend, die Ägäis zu durchqueren. Beide Küsten, die Europas ebenso wie die Asiens, öffnen sich mit einladender Geste dem Seefahrer, indem sie ihm natürliche Häfen und flache Strände bieten. Griechenland ist so schon durch Lage und Art eine Brücke zwischen den alten Hochkulturen des Orients und den jungen Völkern aus dem Nordwesten, die schubweise nach Süden drängen; von Süden herauf und vom Osten, vermittelt durch die seefahrenden Phönizier, kamen die Anregungen ägyptischer und assyrischer Kultur. Den Phöniziern verdanken die Griechen die Buchstabenschrift. Später dann kam aus dem Osten die Bedrohung durch die Perser, in deren Abwehr die Hellenen zu ihrem eigenen Wesen erwachten, schließlich kam aus dem Südosten das Christentum, dessen vornehmster Vertreter Paulus den Weg durch Kleinasien nach Troja findet; über die Insel Samothrake führt ihn die Reise nach Philippi, Thessaloniki und schließlich nach Athen. Von Norden und Nordwesten hingegen kamen die einwandernden

Völker: indogermanische Stämme, die Ioner, nördlich von ihnen die Äoler und Achaier; etwa sechshundert Jahre später, um 1300, begann eine zweite Wanderungsbewegung, die in der dorischen Wanderung (ca. 1100 – 900 vor Chr.) ihren Höhepunkt fand. Als eine dritte große Völkerbewegung von Norden kann die makedonische Eroberung gesehen werden. Die Vielfalt der Landschaft, das Fehlen großer Flüsse und großer Ebenen, große, unüberwindbare Gebirge führten dazu, dass namentlich die Eroberungszüge vom Norden nirgends zu großen Staatengebilden führten. Die Völkerströme mussten sich verteilen und «versprühten» gleichsam in der griechischen Landschaft. So offen die verschiedensten Gebiete für den Seefahrer da liegen, so wenig sind sie leicht zu überschauen oder gar zu beherrschen. Indem die Bewohner des Landes schon durch diese Zersplitterung der Halbinsel einer wirksamen, großräumigen Beherrschung entzogen waren, war – ähnlich wie in der Innerschweiz – die geografische Voraussetzung für eine freie Selbstverwaltung kleiner Gebiete gegeben. Auch der geistige Einfluss aus dem Südosten konnte den Griechen nicht aufgezwungen werden: es blieb den Griechen überlassen, welchem Einfluss sie sich öffnen wollten und gegen welche Tendenzen sie Abwehrkräfte mobilisieren wollten. Griechenland ist so nicht nur Brücke zwischen Nordwest und Südost, es lebt selber im Gleichgewicht zwischen den gemilderten Einflüssen aus Nord und Süd.

Diesem Gleichgewicht entspricht es dann auch, dass das Leben der Griechen sich im Gleichgewicht vollzog: Weder bedrückte allzu große Armut das Volk noch wurde es durch Reichtum üppig. Der karge Boden gab gerade so viel her, wie man zum Leben brauchte. In klassischer Zeit war die Kost eher kärglich; Fleisch war selten und galt als ausgesprochener Luxus, Fisch war das Sonntagsessen, das Übliche waren Brot, Olivenöl und Wein, ein wenig Gemüse. Mit dieser Kost gedieh der Grieche vortrefflich, wie man an dem hohen Lebensalter der Dichter, Philosophen und Staatsmänner ablesen kann. Was man über den Ertrag des Bodens heraus genießen wollte, verdankte man dem Handwerk, dem Handel. Früh sind die Griechen erfinderisch geworden, und bald hatte jede Landschaft eine oder mehrere Spezialitäten: Attika exportierte die mit Olivenöl gefüllten Krüge, Milet exportierte Vasen und Textilien, Melos den Marmor, die kleine Insel Peparethos den Wein, Thessalien lieferte Kastanien und ölige Mandeln, und durch dieses alles und vieles andere mehr gedieh der Handel. Handwerkliches Produzieren verstärkt das Selbstvertrauen: Man sieht doch, dass man etwas leistet. Der Handel aber fördert die Intelligenz, sei es im Bösen, sei es im Guten. Solange das Handwerk im theokratischen System wie in Ur oder Ägypten existiert, dient es dem Ganzen. Es ist nichts als ein kleines Glied in einer übermächtigen Ordnung. In Griechenland aber dient das Handwerk nicht dem Kultus, den Priesterkönigen, sondern dem menschlichen Bedarf, der durch den Handel vermittelt wird. Der Handel aber ist es, der beweglich macht, Kenntnisse verbreitet und die Menschen vom Herkommen befreit. Der freie Handel fehlte in den alten Theokratien. Dass die Griechen am Menschen in erster Linie interessiert sind, wird deutlich, wenn man die olympischen Götter des Homer betrachtet: Nicht mehr sind es übermenschliche Gottheiten mit Tierhäuptern, die keine Miene verziehen, die Götter des Homer sind Menschengötter. Das wird deutlich, wenn man die zahlreichen Sagen bedenkt, die von Ares und Aphrodite, von Hephaistos, Zeus und Hera berichten: Menschlichkeit zeichnet sie alle aus; Zeus, der Göttervater, ist kein Gewaltherrscher, sondern ein Primus inter pares. Damit ist deutlich, dass das griechische Land selber menschliches Maß begünstigte, denn es brachte von nichts zu viel hervor, und an allem hatte der Mensch Anteil. Protagoras konnte deshalb als Philosoph formulieren: «Aller Dinge Maß ist der Mensch, der seienden, wie sie sind, der nicht seienden, dass sie nicht sind.» Bedeutsam erscheint in diesem Zusammenhang aber auch der zweite Spruch, der den Eintretenden in Delphi grüßte: Nichts im Übermaß! Es ist wiederum das Motiv des Gleichgewichtes, das uns begegnet.

Schon die Griechen selber haben sich Gedanken über den Einfluss der Landesnatur auf Lebensweise und Charakter des Volkes gemacht. Bedenkt man, dass kaum ein bewohnter griechischer Ort mehr als 50 bis 70 Kilometer vom Meer entfernt ist, so wird sogleich der überragende Einfluss des Meeres wieder deutlich. Im vierten Buch der Nomoi des Platon liest man: «Denn das eine Gegend bespülende Meer ist zwar für das tägliche Bedürfnis eine angenehme, in der Tat aber eine gewiss herbe und bittere Nachbarschaft. Indem es nämlich hie den Handel und vermittels des Kleinverkehrs den Gelderwerb gedeihen lässt und in den Seelen eine veränderliche und unzuverlässige Gesinnung erzeugt, macht es die Bürger unzuverlässig und lieblos gegeneinander.» – Man hört in solchen Worten den strengen Moralisten Platon, der wie auch andere griechische Autoren das Negative stark betont.[1] Man wird Platon zugeben müssen, dass der Egoismus eine Berufskrankheit aller Händler sein muss. Man wird aber zugleich hinzufügen müssen, dass notwendigerweise auf die Dauer nur der kluge Egoismus Erfolg haben wird. Der Handel zwingt zur Kalkulation, zur Wachsamkeit: Man muss die Marktlage ebenso wie die Bedürfnisse der Menschen beobachten, man muss als seefahrender Händler auf der Hut sein, Piraten und Stürme können die Fahrt bedrohen, nicht an jeder Küste ist gleichermaßen gut landen. Mit der Zeit aber lernt der Händler die Welt kennen, er sieht die verschiedensten Lebensarten und Erwerbsweisen. In Karthago sieht er, wie Teppiche geknüpft werden, in Ägypten lernt er die Papyrusbearbeitung kennen, an anderen Stellen begegnet er dem Bergbau. Daheim in Athen verkehrt er mit den verschiedensten Industrien: Da gibt es den Panzerschmied, den Helmschmied, den Sensenschmied und sogar den Trompetenmacher und manchen anderen Betrieb, der Eisen verarbeitet. Der Umgang mit diesen verschiedenen

1 Vgl. Hippokrates: Über Lüfte, Gewässer und Orte. In: *Hippokrates, Schriften*, Rowohlts Klassiker, Hamburg 1962, S. 105.

Welten macht im Geiste beweglich: Auf jeden Kunden und auf jeden Lieferanten muss er sich einstellen, und seinen eigenen Vorteil darf er über alledem nicht vergessen. So wird Intelligenz gebildet. Von Thales von Milet berichtet die Legende, dass auch er diese kaufmännische Intelligenz ausgebildet habe: Als er beim Spazierengehen in den Olivenhainen bemerkte, dass die kommende Olivenernte besonders üppig ausfallen würde, sicherte er sich alle Ölpressen der Stadt. So im Besitze eines Monopols, konnte er den Preis für die Benutzung der Pressen diktieren. – Hinter dem Bilde des ebenso geschickten wie listigen Händlers taucht die Gestalt seines geistigen Ahnen auf: der listenreiche Odysseus, der zwar kein Händler, aber auf jeden Fall ein Seefahrer war. Die Tugend der List rechnet immer mit der Dummheit der anderen: Das hölzerne Pferd überlistet die Trojaner, die dieses Machwerk bezeichnenderweise für ein Götterbild halten. Mit dem Worte «niemand» wird Polyphem aufs Glatteis geführt. Die List ist es schließlich, mit der Themistokles zweimal die Perser nasführt und so den Seesieg bei Salamis und den Abzug des Großkönigs bewirkt.

Die List und die Intelligenz erwachsen aus der Lebensweise des Händlers, sie bewährt sich als Erfindungsgabe des Handwerkers. Dort, wo Handel und Handwerk zusammenkommen, ist der Markt. Das moderne, ökonomische Denken hat den Begriff des Marktes zu dem Begriff jenes Ortes verkürzt, auf dem durch das Verhältnis von Angebot und Nachfrage sich der Preis bildet. Der Markt in Athen, die Agora, ist mehr. Er ist der Ort der Volksversammlung, der Ort der großen politischen Reden und Kämpfe. Warum aber konnte das Schicksal des Volkes auf dem Marktplatz verhandelt werden? Weil der Markt auch der Ort war, an dem neben Gütern Erfahrungen ausgetauscht wurden; und durch den Austausch der Erfahrungen, durch Gespräch und Bericht bildeten sich Gedanken, die frei diskutiert wurden. Der Markt als Ort des Gespräches ist die Basis der Bildung, und es ist wohl kein Zufall, dass eben auf diesem Markt Sokrates erscheint, der schließlich durch sein Gespräch der menschlichen Einsicht und Weisheit (gr.: anthropine sophia[1]) zum Durchbruch verhilft. Dass aber Sokrates Zuhörer und Gesprächspartner hatte, verdankte er jener Geschwätzigkeit des Marktes, von der auch die Apostelgeschichte berichtet: «So redete er … auf dem Markte alle Tage zu den Leuten, wie sie ihm aufstießen» (Apostelgeschichte 17, 17). «Alle Athener aber und die Fremden, die sich da aufhielten, waren stets zu nichts anderem so aufgelegt, als wie etwas Neues zu reden oder zu hören» (Apostelgeschichte 17, 21). Man sagt, dass in Griechenland aus dem bildhaften und an den Erscheinungen haftenden Denken das gedankliche, logische Denken geboren worden ist. Der Ort, auf dem sich diese Geburt vollzog, ist der Markt, der Versammlungsplatz, auf dem ein Perikles zum Volke sprach und mit Gründen das Volk zu überzeugen suchte.

Wenn im Vorangegangenen dargestellt worden ist, dass Lage und Land Handwerksfleiß und Handelsgeist, Unternehmungslust und Weltkenntnis forderten und förderten, wenn darüber hinaus gesagt wurde, dass der Markt der Ort ist, auf dem der Geist öffentlich in Gedankenform erscheint, so ist das alles nicht mit der Behauptung zu verwechseln, aus dem Land und der Lage sei der Handel entstanden, aus dem Markt sei die Philosophie geboren. Land und Lage, Handel und Markt sind nicht die Ursache des Geistes. Land und Lage fordern die Menschen zu einem bestimmten Verhalten heraus. Das Handeln der Menschen ist eine selbstständige Antwort auf solche Herausforderung. Das Land, das Meer mag manches begünstigen und fördern, aber Land und Meer schaffen den Handel nicht. Der Markt Athens, ja die ganze Stadt Athen sind gewiss der tragende Grund des Sokrates und seines Wirkens wie seines Todes, und deshalb weigert sich Sokrates – wie der Dialog berichtet –, diese Stadt, die ihn mit dem Tode bedroht, zu verlassen. Der Inhalt der Lehren des Sokrates, des Platon und die

1 Platon, Apologie des Sokrates.

Form der Kunstwerke des Phidias oder Sophokles haben wohl nur in Griechenland unter den Bedingungen des beschriebenen Gleichgewichts entstehen können. Der Inhalt der Gedanken und die Schönheit der Kunstwerke haben aber ihren Grund in der inneren Gesetzmäßigkeit des Geistes, zu dessen Erscheinen Griechenland den Schauplatz hergab.

Die ungeheure Bedeutung des geografischen Elementes mag aber durch folgende zusammenfassende Gegenüberstellung deutlich werden.

Ägypten	*Griechenland*
Der Nil als *einheitsstiftendes* Element fördert den großen, einheitlichen Staat (Theokratie).	Die *Vielfalt* des Landes fördert die Entstehung vieler, relativ kleiner Städte (Polis – Demokratie).
Die *Abgeschlossenheit* des Landes durch die Wüste fördert die Stabilität der Kultur durch zwei Jahrtausende und hindert das Verständnis für Fremdes, für andere Völker.	Die *Offenheit* des Landes, die Notwendigkeit der Seefahrt führt zur Begegnung verschiedener Kulturen und Völker und fördert Verständnis und Interesse für anderes, welches sorgfältig beschrieben wird (Herodot u.a.)
Die Gleichförmigkeit und der Reichtum des Niltals, die Regelmäßigkeit der Nilüberschwemmung fesseln das Denken an bestimmte Erscheinungen und machen es starr. Die Schrift bleibt an die Erscheinungen gebunden (Bilderschrift, Hieroglyphen).	Das Land in seiner Kargheit fordert Erfindungsgabe und Unternehmungslust heraus. Der Seefahrer lernt Verschiedenstes vergleichen und im Verschiedenen den gemeinsamen Begriff sehen. Analytisches Denken, analytische (Buchstaben-) Schrift.
Haupterwerbsquelle der *Landbau*, ausgeliefert der *Allmacht des Nils*. Kein anderer Faktor, der das Leben bestimmt. Fördert Ergebenheit in das Schicksal, Unterwerfung, da kein Entkommen aus dem Niltal (Ausnahme: Israel!). Konservative Geisteshaltung und mythisches Bewusstsein des Landsmanns.	*Handwerk* und freier *Handel* treten als Erwerbsquellen hinzu. Jeder ist seines Glückes Schmied. Viele Griechen wandern aus (Sizilien). Kein Zwang möglich. Bewusstsein der *eigenen Leistung*. Bewegliche Geisteshaltung, Bedeutung logischer Argumente im politischen Tageskampf.

Staatswirtschaft unter Kontrolle des *Pharao regelt die Beziehungen*. Priesterherrschaft mit festen Denkformen regelt die Vorstellungen.	Marktwirtschaft führt zum Austausch der Erfahrungen. Die *Menschen regeln ihre Beziehungen selber*. Dialogisches Denken entwickelt das Argument (Sokrates).

Zum Schluss sei ein kurzer Hinweis auf die politisch-historische Relevanz der neuen griechischen Geisteshaltung gestattet. In Griechenland selber wiederholt sich nämlich der Gegensatz Ägypten – Griechenland noch einmal en miniature im Gegensatz Sparta – Athen. Sparta erscheint als die konservative Landmacht, die in einem schmalen Tal zwischen hohen Bergen, die es umschließen, liegt. Der Blick aufs Meer ist den Bewohnern des eigentlichen Spartiatenlandes durch einen Höhenrücken, der vom Taygetos nach Osten verläuft und damit das Tal nach Süden hin abschließt, genommen. Das Gegenteil davon Athen: Auf einer Halbinsel ragt es ins Meer hinaus. Von der Akropolis sieht man das Meer, sieht man Salamis und Ägina. Die Armut des Bodens verurteilt die Athener, Handwerker und Seefahrer zu werden. – Nun ist aber der Gegensatz Sparta – Athen keineswegs nur durch die Natur gegeben. Durch Einsicht und bewusstes Wollen wurde dieser Gegensatz gesteigert. In beiden Staaten werden Gesetzgeber berufen, die durch gedankliche Ziele und freie Konstruktion das Leben des Gemeinwesens formen. Dadurch ist der Gegensatz zwischen Sparta und Athen auf eine höhere, eine eigentümlich griechische Stufe gehoben. In Sparta wirkte Lykurg als Gesetzgeber, und eine seiner einschneidendsten Maßnahmen war die Einführung des Eisengeldes, das jeglichen Handel mit den nicht-spartanischen Gebieten unmöglich machte. So steigerte Lykurg die schon von der Natur gegebene Isolierung Spartas und erreichte, dass der Landbau den einzigen Lebensunterhalt Spartas darstellte. Damit verstärkte man den Konservatismus der Spartaner. Ein weiteres Element der Maßnahmen des Lykurg war die gleiche Verteilung des Landes unter die Spartiaken, die jeglichen ökonomischen Ehrgeiz erstickte, und ein drittes Element war die völlig genormte Erziehung der Kinder. So schuf Lykurg auf höherer, griechischer, d. h. gedanklich gewollter Oktave ein Ägypten in Griechenland, und es ist interessant zu sehen, dass die spartanische Verfassung über 500 Jahre stabil blieb, während Athen in der Zwischenzeit etwa sieben verschiedene Verfassungen durchexperimentiert hat. Nach Drakon folgte in Athen 594 vor Christus Solon als Gesetzgeber und Aussöhner (Diallaktes).[1] Nur auf eine Maßnahme des Solon sei hingedeutet: Er führte in Athen eine «Währungsreform» durch, indem er in Athen anstelle des aiginetischen Münzfußes den euboiisch-milesischen einführte. Durch diese kleinere Stückelung des Geldes gewann Athen Anschluss an den Bereich des milesischen (in Milet zusammenlaufenden) Handels, es trat in Konkurrenz zu Korinth. Solon förderte so Handel und Handwerk und wollte und erreichte genau das Gegenteil von dem, was Lykurg für Sparta anstrebte: Solon öffnete Athen noch weiter zur Welt und zum Handel und legte den Grundstein der späteren Seemacht. Die Erziehung in Athen war neben der gymnastischen und musischen vor allem die Bildung durch das Theater. Das Theater ist, wie wir von Aristoteles wissen, eine Schule des Mitleids. Durch Mit-Leiden lernt man den anderen Menschen verstehen. Auch dieses Verstehen steigerten die Athener weit über das auch heutzutage übliche Maß. Äschylos verfasste 470 ein Theaterstück, das den Sieg der Griechen über die Perser zum Gegenstand hat. Das Große dieses Dramas sehe ich darin, dass es völlig darauf verzichtet, den Krieg vom Standpunkt der Griechen aus zu schildern. Keiner der Führer der Griechen wird auch nur mit Namen genannt. Äschylos schildert das Leid der Perser. Er mutet seinen Athenern zu, sich in die Empfindungen der in Susa

1 Aus der zahlreichen Literatur über Geschichte und Kultur Griechenlands sei hier nur – exemplarisch – auf eine Schrift verwiesen: H. D. F. Kitto, *The Greeks*, Pelikan, Harmondsworth (viele Auflagen); deutsche Übersetzung von H. Hentig, *Die Griechen*.

residierenden Perserkönigin Atossa zu versetzen, Die Schlacht bei Salamis von Susa aus schildern: das ist der Höhepunkt der Selbstentäußerung, da ist nichts mehr von ägyptischer Selbstbezogenheit, da hat sich das denkende Bewusstsein bis an den Rand der damals bekannten Welt erweitert.

Gesichtspunkte zum Geschichtsunterricht der 11. Klasse

Im Lehrplan der Waldorfschulen steht der Geschichtsunterricht der 11. Klasse in einem engen Zusammenhang mit dem Deutschunterricht, der u.a. den Parzival des Wolfram von Eschenbach und den Armen Heinrich des Hartmann von Aue behandelt. Die Lektüre dieser beiden Epen macht uns auf den seltsamen Tatbestand aufmerksam, dass beide Dichter eine mittelalterliche Welt beschreiben, die ungemein weiträumig ist. Der arme Heinrich, ein schwäbischer Ritter, kennt die Ärzte in Montepellier, und er reist nach Salerno; Vorgeschichte und Geschichte des Parzival spielen zwischen Bagdad im Osten, Capua, Sevilla und Toledo im Süden und den sagenhaften Landen des Artus im Westen.

Das Epos kennt die ritterlich-höfische Welt, es kennt Schastelmarveille, es kennt die Gralsburg, merkwürdigerweise aber spricht es nicht vom Papst und nicht vom Kaiser, nicht von den großen Mönchsorden, nicht von Erzbischöfen und Kardinälen. In ähnlicher Art fehlen auch die theologischen Vorstellungen der Scholastik, die uns sonst im Mittelalter begegnen. Sie sind diesem Epos fremd, an die Stelle tritt die Überlieferung vom Gral. – Der arme Heinrich, der Parzival Wolframs, die Epen Chretiens von Troyes, Gottfrieds von Straßburg, das christliche Alexanderlied und viele andere Überlieferungen lassen aber erkennen, dass es im Geistesleben des Mittelalters eine Sicht der Geschichte und der Welt gab, die verloren gegangen ist und die der bekannten Geschichte einen weiteren Sinn gibt.

Ein Wort des Trevrizent im Karfreitagsgespräch mit Parzival lautet: «diu menscheit hat wilden art», «Die Menschheit hat eine wilde Art» (489,5). Diese wilde Art kennzeichnet die germanischen Stämme im 8., 9. und 10. Jahrhundert, sie kennzeichnet auch den jungen Parzival, der Ither tötet. Schrittweise wird Parzival zu einer neuen Art geführt. Der Weg führt von der Unterweisung durch Gurnemanz über das Versagen auf der Gralsburg in den zwivel und zu neuer Suche. Diesen Weg macht auch die mittelalterliche Geschichte durch. Man kann den Versuch machen, auch in der Darstellung der gesellschaftlichen Entwicklung des Mittelalters diesen Weg zu beschreiben und zu zeigen, wie die aus dem Christentum geschöpften Impulse diese Gesellschaft verwandelten, wie die Gesellschaft aber auch in den zwivel oder in die Nähe des Schastelmerveille geführt wurde. Dieses innere Thema vor Augen, fragt man sich, wie man vorgehen und wo man anfangen soll.

Die drei Erbschaften

Die Darstellung der alten Geschichte in der 10. Klasse schließt mit dem Untergang der griechischen Freiheit in der Schlacht bei Chaironeia 338. Thema der 11. Klasse ist – wie gesagt – die Geschichte des Mittelalters. Die erste Frage, die sich der Geschichtslehrer stellt, ist: Soll er die Geschichte der Alexanderzeit, die römische Geschichte, die Entstehung des Christentums, die Völkerwanderung und den Islam ganz weglassen und die Geschichte des Mittelalters etwa bei den Merowingern oder den Karolingern beginnen? Ich halte dieses Vorgehen für möglich: Es bietet den Vorteil, dass man die mittelalterliche Geschichte gründlich behandeln kann. Persönlich habe ich mich aber stets für einen anderen Weg entschieden, weil ich meine, dass die Geschichte des Mittelalters ohne den Bezug auf die Antike schwer verständlich ist. Freilich geht es nicht darum, im Schnellverfahren die ganze römische Geschichte, die Völkerwanderung etc. zu behandeln, sondern den Blick auf jene Elemente der Antike zu richten, die für das werdende Abendland im Mittelalter bedeutend sind. Unter diesem Gesichtspunkt könnte man die Epochen mit einer Übersicht einleiten, die das dreifache Erbe der Antike darstellt: griechisches Denken, jüdische Geschichtsauffassung und römischen Staat. Diese drei Ströme fließen dann im Mittelalter im Zeichen des Christentums zusammen.

Das griechische Denken, das für das Mittelalter bedeutend wird, erreicht seinen Höhepunkt in Platon und Aristoteles. Wenn in einer Schule kein besonderer Philosophieunterricht gegeben wird, ist an dieser Stelle die einzige Gelegenheit, diese Väter abendländischen Denkens den Schülern bekannt zu machen. Platon ist für dieses Alter durchaus verständlich, wenn man den Grundzug seines Philosophierens am Höhlengleichnis darstellt. Die Schüler begreifen dieses Gleichnis durchaus seelisch, und sie werden beispielsweise bemerken, dass der Weg zur Wahrheit schmerzlich und mühsam sei. Um den Unterschied von Platon und Aristoteles darzustellen, kann man auf ihre Staatslehre zu sprechen kommen: Platon konstruiert einen Idealstaat, Aristoteles beschreibt die Verfassungen der griechischen Städte, er sucht die Idee des Staates in den vorhandenen Realitäten. So sind auch die Ideen der Lebewesen als Entelechie in den Lebewesen zu finden und dem Denken, das die Gestalt ergreift, zugänglich. Im Hellenismus wird diese Gedankensaat weit ausgestreut, ein Teil dieser Gedanken findet über Augustinus, Porphyrius und Boethius seinen Weg ins Abendland, die Hauptmasse der aristotelischen Schriften wird der Scholastik erst auf dem Wege über den Islam bekannt.

Das Judentum sollte in der Geschichte nicht übersehen werden. Während die Griechen die gestaltete Welt im Raum zum Thema ihres Denkens machen, haben die Juden dem Abendland die Idee der Weltgeschichte geschenkt. Wo Griechen und Römer in der Geschichte einen Kreislauf sahen, erkannten die Juden die Geschichte als Heilsgeschehen, das einen Anfang hat, das durch zahlreiche Krisen (Sintflut, babylonische Sprachverwirrung, Exil in Ägypten und Babylon) einer Hoffnung und einem Ziel zustrebt. Diese Auffassung, die sich in dem Gedanken wiederholt, dass auch das Leben des einzelnen Menschen eine Pilgerfahrt zu einem Ziel sei, gibt der Geschichte und dem menschlichen Handeln einen Sinn. Augustinus, Otto von Freising, Joachim von Fiore und viele andere nehmen diesen Gedanken der Weltgeschichte auf, und so gewinnt er weit über das Mittelalter hinaus an praktischer Bedeutung.

Über die Bedeutung des römischen Rechtsdenkens und des Reichsgedankens für das Mittelalter braucht für den Historiker nichts gesagt zu werden: Die renovatio imperii ist im Mittelalter eine treibende Idee. Für den Lehrer stellt sich aber die Frage, wie man in wenigen Unterrichtsstunden hier Wichtiges zusammenfassen kann. Vielleicht kann man sich darauf beschränken, die römische Verfassung mit jenen Prinzipien zu schildern, die auf

Gleichgewicht, Kontrolle und vernünftige Selektion zielen. Also Kollegialität, Annuität, Patrizier (Senat) und Plebejer (Volkstribunen), Ämterlaufbahn und das ius provocationis, das dem einzelnen Bürger, der von der Todesstrafe bedroht war, den Appell an die Volksversammlung ermöglichte. Eine andere Möglichkeit wäre es, das geschlossene Römische Reich des Jahres 100 n. Chr. als einen Raum der Ordnung und des Friedens zu beschreiben.

Im Leben und den Reisen des Apostels Paulus strömen nun diese drei Überlieferungen der Antike zusammen. Paulus wurde als römischer Bürger jüdischer Abstammung und pharisäischer Glaubensrichtung in Tarsus geboren, wo er griechisch sprechend aufwuchs. Er lernte das Stadtleben der Antike, Rennbahn und Theater, Gericht und Handel kennen. Das Alte Testament dürfte er auf Griechisch gelesen haben, aber in früher Jugend lernte er auch die Sakralsprache der Juden: das Hebräische. Von dem Pharisäer Gamaliel wird er nach strenger Weise im Gesetz der Väter unterwiesen. Die Apostelgeschichte berichtet seinen weiteren Lebensweg: Damaskus, Besinnung in der Wüste, die erste Begegnung mit Petrus und dann die großen Missionsreisen, die ihn nach Zypern, Antiochien und Griechenland führen: nach Philippi, Thessaloniki, Athen, Korinth und vor allem Ephesus. Schließlich wird er in Jerusalem gefangengenommen und zum Tode verurteilt. Als römischer Bürger appelliert er aber – unter Berufung auf das ius provocationis – an den Kaiser, so wird er als Gefangener nach Rom gebracht, wo er der Überlieferung nach sein Ende gefunden hat.

Paulus war es, der das Christentum aus dem Judentum herausgeführt hat, er konnte den Griechen und den Römern als Grieche und Römer begegnen, er konnte in Gedanken und Bildern sprechen, die in der ganzen Mittelmeerwelt verstanden wurden. So entstand in dem langsam älter werdenden Römischen Reich, das schließlich dem Zerfall und dem Untergang entgegengeht, eine verborgene neue Welt christlicher Gemeinden, Menschen, die aus dem Glauben lebten, und deren Leben einen ganz neuen

Sinn erhalten hatte. Das, was früher nur wenigen Auserwählten in den Mysterien zugänglich war – die Enträtselung des Geheimnisses des Todes, der Blick über die unmittelbare Gegenwart des irdischen Lebens hinaus –, wurde nun in den Gemeinden erlebt, die sich zum gemeinsamen Mahl von Brot und Wein vereinten. Im Christentum wird schließlich die ganze Antike aufgehoben: Der platonische Gegensatz von Idee und Stoff wird im Christentum zum Gegensatz von Gott und Welt, einzelne Ideen – etwa die Gerechtigkeit – werden zu Attributen Gottes. Auch die vorchristliche Götterwelt, alles, was an Dionysos, Mithras und Isis heilig war, geht in Christus ein. Als das Römische Reich verschwunden ist, übernehmen die Bischöfe als geistliche Stadtherren ordnende Aufgaben. Im Papsttum lebt die Romidee, die einst im Scipionenkreis geboren wurde, weiter, Bischöfe und Kardinäle übernehmen die Stellung des Senats. Für Euseb und Ambrosius ist das Römische Reich die Vorstufe des christlichen Reiches: der Kirche. – In der Idee des Ziels der Geschichte, des Jüngsten Gerichts, lebt schließlich die jüdische Geschichtsauffassung weiter, die das Gefühl ergreift und dem Leben Sinn und Richtung gibt.

Das frühe Mittelalter – Bewegung und Offenheit

In den historischen Atlanten sind oftmals die Reiche des Mittelalters als deutlich begrenzte Bezirke zu erkennen, Flächenfarben kennzeichnen sie, als wären sie moderne Staaten. In Wirklichkeit aber war das Mittelalter von der Völkerwanderung bis ins 12. Jahrhundert eine Welt der Bewegung. Das gilt nicht nur für die deutschen Kaiser, die fast ständig auf Reisen waren und deren Leben sich in den Itineraren spiegelt, es gilt auch für die Ritter, Missionare und Pilger, es gilt für wandernde und siedelnde Völkerschaften. Die äußeren großen Bewegungen, die den Untergang der alten Mittelmeerwelt kennzeichnen, sind die Wanderungen der germanischen Völker und die Ausbreitung des Islam. Für gewöhnlich neigt man dazu, die Völkerwanderung mit der Begründung des Langobardenreiches als abgeschlossen zu betrachten. Die Bewegung hört aber keineswegs auf: 711 fallen die Araber ins Westgotenreich ein, 774 erobert Karl der Große das Langobardenreich. Aber auch damit findet die Bewegung kein Ende. Das 9. Jahrhundert ist durch die Fahrten und Eroberungen der Normannen und Waräger bestimmt, die nicht nur in Frankreich und England einfallen, die auch über den Dnjepr nach Byzanz und durch Wolga und Kaspisches Meer als Händler bis nach Bagdad vordringen. Erst die Eroberung Siziliens durch den Normannenkönig Roger (1061) und die Eroberung Englands durch Wilhelm (1066) markieren ein Ende dieser Unruhe. Aber man kann fragen, ob nicht die bereits wenig später einsetzenden Kreuzzüge eine neue, andere Form der Bewegung und Wanderung sind.

Vor dem Hintergrund dieser Wanderungen und Bewegungen ist es verständlich, dass auch die einzelnen Landschaften in Europa nicht abgeschlossene Territorien waren. Von bestimmten Zentren ausgehend, strahlen geistige Bewegungen durch ganz Europa. Irische Mönche wirkten in England, im Frankenreich, in Deutschland bis nach Italien: Glastonbury, Luxeuil, die Reichenau, St. Gallen, Würzburg, Wien, Bobbio sind nur einige Stationen ihres Wirkens, Namen wie Columban, Gallus, Kilian, Alkuin und Johannes Eriugena deuten auf die Vielfalt ihres Wirkens. Andere Beispiele des europäischen Wirkens bestimmter Gruppen sind die großen mönchischen Reformbewegungen – Cluny, Citeaux, die Franziskaner und Dominikaner; wandernde Mönche tragen die jeweils neuen Ideen durch das ganze Abendland. Aber es gibt nicht nur kirchliche Bewegungen. Schwer fassbar leben im Untergrund Europas die Ketzer: Bogumilen und Katharer; wie diese Bewegung ihren

Weg von Bulgarien über Oberitalien nach Frankreich gefunden hat, lässt sich nur vermuten. Eine weitere Bewegung sind die Trobadors, jene Sänger des 11., 12., 13. Jahrhunderts aus dem Süden Frankreichs und dem Norden Spaniens, die in Mitteleuropa den Minnesang anregen und damit der mönchischen Kultur eine ganz andere Welt, deren Wurzeln wir kaum kennen, entgegensetzen. Schließlich kann man vermuten, dass auch die Sagen und Geschichten in weiten Gebieten Europas durch unbekannte Sänger verbreitet wurden. Das Nibelungenlied wurde in den ersten Jahren des 13. Jahrhunderts an der Donau in Österreich aufgeschrieben, es ist aber allgemein bekannt, dass jene fränkischen Sagen und Lieder, auf die «der nibelunge not» zurückgeht, bis nach Island gedrungen waren, wo sie um 1230 in der Lieder-Edda niedergeschrieben wurden. Noch merkwürdiger ist in dieser Hinsicht die Verbreitung der Artus-Sage, von der bereits um 1170 Alanus ab Insulis schreibt: «Zu welchem Ort innerhalb der Christenheit hat sich der geflügelte Ruhm des Briten Artur nicht verbreitet? Wer spricht nicht von Artur, dem Briten, da er den Völkern Asiens nicht weniger bekannt ist als den Bretonen, wie man von Pilgern erfährt, die aus den östlichen Landen zurückkommen.» In der Tat findet sich an der um das Jahr 1100 gebauten Kathedrale in Modena Artus' Bild ebenso wie auf einem Mosaik in der Kathedrale von Otranto, das auf das Jahr 1166 zu datieren ist. – Pilger, Spielleute und Kaufleute durchzogen schon im 8. Jahrhundert Europa und das byzantinische Reich, selbst in Jerusalem gab es zur Zeit Harun al Raschids Herbergen für christliche Pilger; Harun selber schickte die bekannte Gesandtschaft zu Karl dem Großen, er war also über die Vorgänge im Abendland informiert. Längst waren vor den Kreuzzügen Katalonien und Sizilien Berührungsflächen mit dem Arabertum, durch die arabische Kultur und Wissenschaft nach Europa eindrang. Schon 967 besucht Gerbert von Aurillac, der spätere Papst Sylvester II., Katalonien, um dort zu studieren. Gerbert war noch ein Einzelgänger, aber nach 150 Jahren strömte immer mehr arabisches Kulturgut über Katalonien, Sizilien und Salerno ins Abendland.

Geht man von diesen Tatsachen aus, so stellt sich die Geschichte des Mittelalters als eine Geschichte großer Bewegungen dar. An die Stelle einer Geschichte, die von Kaiser zu Kaiser, von Papst zu Papst fortschreitet, tritt eine wirkliche Kulturgeschichte. Im Zusammenhang mit diesen Bewegungen kann das stufenweise Werden der mittelalterlichen Welt beschrieben werden. Die erste Stufe wäre dann die christliche Mission, die vom Süden und von Irland ausgehend Nordwesteuropa immer mehr ergreift. Die zweite Stufe ist die der Klosterkultur der karolingischen Renaissance, in der sich das Zusammenwirken der Ströme von Süden und von Irland fortsetzt. Diese Klöster sind in mehrfacher Hinsicht kleine Bezirke auf kleinen Lichtungen in einer Welt, die sonst noch wild, waldig und sumpfig ist. Man kann das an der Fantasie jener Zeit ablesen, die noch von Ungeheuern, von Riesen und Drachen zu berichten weiß, die nicht nur in den Sagen (Beowulf) erscheinen, die auch noch in Bildern und Plastiken gestaltet und gebannt werden: Diese Gestalten schwinden erst in der Zeit der Hochromanik ganz. Äußerlich ist diese Welt noch von den Nordmännern bedroht, die die Flüsse mit ihren Drachenschiffen hinauffahren. Die Situation im 10. Jahrhundert ist ähnlich: So wie die Nordmänner das westliche Frankenreich bedrohen, so beunruhigen die Ungarn Bayern, Sachsen und Schwaben, die Araber das südliche Italien.

Erst der Aufstieg und die Ausbreitung der mönchischen Reformen von Cluny und Gorze zeigt eine neue Stufe der Entwicklung an, die in einer Trennung von Geistlichem und Weltlichem gipfelt. Das Denken der Zeit vor diesen Reformen war bildhaft und konkret, Gedanke und Anschauung waren noch nicht getrennt. Ein weltlicher Krönungsakt hatte als sakrale Weihe geistlichen Inhalt. Vorzüglich das Kaiseramt war ein geistlich-weltliches Amt, geistliches Ornat umgibt den Kaiser, Otto III. wirkt gar als Apostel, Heinrich der II. wird zum heiligen Kaiser, den sogar das römische Brevier anerkennt, das Wirken der Kaiser bannt die Mächte der Finsternis bis zum jüngsten Tag in der Tiefe. So reformiert auch der Kaiser die Kirche von innen, er bringt die Reform nach Rom, Diese Reform von Cluny, die Bewegung, die die Freiheit der Kirche fordert, ändert das ganze Denken. An die Stelle der bildhaft-imaginativen Weltauffassung tritt die gedanklich-rechtliche, wie sie im Dictatus papae formuliert wird. Zunächst ist das Gliederung, Aufspaltung: hier Geistliches, dort Weltliches. Der Kaiser führt das äußere Schwert, die Kirche das Schwert des Wortes. Diese Trennung aber durchzieht das Leben: Der geistliche Priester darf sich nicht mehr mit der weltlichen Frau verbinden, der Zölibat wird eingeführt. Die Woche wird in die heiligen Tage (vom Donnerstagabend bis zum Sonntag), an denen die Fehde ruht, und die weltlichen Tage gegliedert. Dies ist aber auch die Zeit, in der sich Rom endgültig von Byzanz trennt. Am 16. Juli des Jahres 1054 legen die päpstlichen Legaten unter der Führung des Kardinals Humbert von Silva Candida die Exkommunikationsbulle für Michael Kerullarios und seine Anhänger auf dem Altar der Hagia Sophia nieder. Damit schließt sich der Westen gegen den Osten ab.

Nun beginnt das eigentlich theologische Denken. Das 11. Jahrhundert sieht den ersten Abendmahlstreit: Berengar von Tours, *De sacra coena adversus Lanfrancum*, das 11. Jahrhundert ist Zeuge des ersten Gottesbeweises innerhalb des Christentums: Anselm von Canterbury. So zeigt das 11. Jahrhundert die Zeichen des «zwivels». Im 11. Jahrhundert wird auch Petrus Abälard geboren, der Erfinder der dialektischen Methode des «Sic et Non». An all dem kann man ablesen, dass sich das Denken nun von den Bildern abstrahiert, anstelle der Bilder setzt sich der analytische Verstand. – Unter diesem Gesichtspunkt kann man dann auch die Kreuzzugsbewegung betrachten: Das Abendland, das den bildhaft-konkreten Geist des frühen Mittelalters verloren hatte, musste nun den Geist, den Glauben suchen, und es suchte ihn in der Ferne, durch die «liebe reise über see». Allein den Kreuzfahrern, die an das Grab kamen, wurde keine andere Botschaft zuteil als den Frauen am leeren Grab: Jesus, der Nazarener, den ihr sucht, ist nicht hier – er ist auferstanden.

Das nun folgende Jahrhundert, das 12., steht zunächst im Zeichen Bernhards von Clairvaux. Der Geist einer hohen und harten Askese, glühender Glaubenseifer und politischer Kampf bestimmen das neue Mönchtum. Bernhard gebietet über Päpste und Könige, wundertätig, heilend, versöhnend, strafend zieht er durchs Land. So ruft er zum zweiten Kreuzzug auf, sein Wort bewegt zwei Könige und Tausende von Menschen. Doch auf dem Zug nach Osten vergessen die Ritter das Wort des Predigers, der Kreuzzug wird zur Katastrophe. Für die Zeitgenossen ein Zeichen und eine Ermutigung für ganz andere Lebensformen. Auf dem zweiten Kreuzzug hatte Eleonore von Aquitanien ihren Mann, den König von Frankreich, begleitet. Sie fand, was sie wohl gesucht hat: in Byzanz das höfische Leben, in Antiochia, am Hofe ihres Onkels Raimund, den ganzen Zauber des Orients. Heimgekehrt lässt sie sich von dem frommen König scheiden und schlägt ihren Hof in Angers, der Hauptstadt Poitous, auf. Hier entsteht das Zentrum höfischen Lebens in Europa, hier singen und dichten die Troubadours, hier werden höfische Romane geschrieben. Eleonore heiratet bald den König Heinrich II. von England, 1157 wird ihr erster Sohn, Richard Löwenherz, geboren. Das Jahr 1170 sieht Eleonore, die sich auch von Heinrich getrennt hat, in Poitiers. Künftige Könige und Herzöge bilden sich hier in höfischen Sitten und machen später ihre Höfe zum Abbild des Hofes von Poitiers.[1]

Neben dem asketischen Mönchtum entwickelt das weltliche Rittertum eine eigene Kultur; der Minnesang, die Chansons de geste feiern die Ritter früherer Jahrhunderte: Roland und Wilhelm. In dieser Kultur gelten andere Werte, als die Kirche sie kennt und vorschreibt: weltliche, idealisierte Liebe, Vereh-

1 Hierzu: Friedrich Heer, *Mittelalter*, Zürich 1961, S. 257-324. Régine Pernoud, *Königin der Troubadoure*, München 1980 (dtv)

rung der Frau, ritterliche Form. Es ist das die Welt, die uns in den Epen als die Welt des Artus entgegentritt. Chretien de Troyes und Wolfram von Eschenbach fügen zu diesem Ideal die christliche Idee des Grals hinzu. Dabei verbindet sich für Wolfram diese Überlieferung mit der südfranzösischen Welt, behauptet er doch, dass ihm die wahre Erzählung vom Gral durch «Kyot», den provenzalischen Dichter, überliefert sei, dieser Kyot hat wiederum in Toledo – also in der arabischen Welt – die weggeworfene Urfassung der aventiure vom Gral gefunden. Man sollte in diesem Zusammenhang auch sehen, dass sich das letzte große Epos Wolframs, *Willehalm*, mit dieser Auseinandersetzung zwischen Christen und Arabern in Südfrankreich befasst. Am Ende der Kämpfe erkennt Willehalm in dem König Matribleiz, dem Vertreter der Araber, den tapferen, treuen, freigebigen und steten Menschen, den er besiegt in seine Heimat entlässt.

Das 12. Jahrhundert sieht noch den Aufstieg einer dritten neuen Kultur: Es sind die Städte, denen es gelingt, sich teilweise aus der geistlichen Herrschaft der Bischöfe zu lösen. Es sind die mächtigen Fernkaufleute, die Patrizier, die hier als Konsuln die Führung übernehmen. Diese Städte haben ihre eigene Verfassung, auf die die führenden Bürger, die Gilden, Zünfte und Geschlechter vereidigt sind. In Italien sind es zunächst Venedig, Genua und Pisa, die ihren Aufstieg zum guten Teil den Kreuzzügen verdanken, die aber anderen Interessen als denen der Kreuzfahrer folgen. In Deutschland schafft die Hanse einen Wirtschaftsraum, der von Brügge und London im Westen bis nach Nowgorod im Osten reicht. Mit dieser äußeren Freizügigkeit der städtischen Händler korrespondiert die innere Freiheit. Diese Freiheit war zu jener Zeit die Freiheit der Stadt: ein korporatives Privileg, Schutz gegen willkürliche Eingriffe, Marktrecht, an einigen Orten das Recht, den Priester zu wählen. In vielen Städten ist erkennbar, dass Gilden und Bruderschaften ein eigenes geistiges Leben pflegten, wenn man in streng geschlossener Gesellschaft in vertrautem Kreise zusammenkam. Die Konzile von Toulouse

(1229), Montpellier, Arles und Avignon (zuletzt 1326) erließen Verbote gegen diese Bruderschaften, die sich durch heilige Eide gegen jeden Eindringling verbunden und zur gegenseitigen Hilfe verpflichtet hatten.[1] Daneben gab es zahlreiche kirchliche Gilden und Bruderschaften, später die Beginen und Begarden. Insgesamt bereitete sich in den Städten, in dem Stolz der Handwerker und in der Welterfahrenheit der Kaufleute der Boden für das Selbstbewusstsein vor, das dann in der Renaissance aufbricht – besonders wurde es in jenen Gemeinschaften gepflegt, die ihre Freiheiten gegen geistliche und weltliche Herren durchsetzten und verteidigten.

Das frühe 13. Jahrhundert, die Zeit, in der Wolfram und Walther dichten, ist also bereits durch eine hohe Differenzierung des sozialen Lebens gekennzeichnet. Das führt auch zu einer zunehmenden sozialen Schichtung. In den Städten existiert neben den Fernkaufleuten, ihren Vereinigungen und dem Handwerkertum der Zünfte eine ausgesprochen arme Schicht, wie sie bereits in der Mailänder Pataria zu erkennen ist. Die geistigen Strömungen, die sich an die Armen wenden, zeigen in der Bewegung der Waldenser und in den Katharern bereits deutlich nichtkirchliche Züge. Die Kirche antwortet auf das Problem, das dadurch für sie entsteht, durch zwei neue Orden, die beide als Bettelorden existieren und so durch die Erfüllung des Armutsgebots in den Städten, namentlich in der Unterschicht, glaubwürdig sind. Diese beiden Orden, Franziskaner und Dominikaner, lassen sich in den Städten nieder, anders als die früheren Mönche, die in bäuerlicher Umgebung, in Einöden, in Wäldern ihre Klöster bauten. Die Aufgabe dieser neuen Orden ist nicht mehr in erster Linie der Gottesdienst, das Gebet, Bibelmeditation und Handarbeit, sondern Predigt und Beichte. Ihre Predigt ist glaubhaft, weil sie in Armut leben. Doch die Schulung der Prediger, die Abwehr der Ketzer bedarf auch besonderer Vorbereitung. So ist das frühe

1 Vgl. Joan Evans, *Das Leben im mittelalterlichen Frankreich*, Köln 1960, S. 43–46.

13. Jahrhundert durch Universitätsgründungen ausgezeichnet. Nach Bologna und Paris folgen Oxford, Cambridge, Padua (1222), Neapel (1224), Toulouse (1229), Angers und Salamanca. Neben Bauern und einfachen Landpfarrern, neben Kaufleuten und Handwerkern, neben Ministerialen und Rittern, neben Spielleuten und Sängern gibt es nun die Gelehrten, die Professoren, die damals Doktoren hießen.

Als abschließendes Bild, das diese Differenzierung symbolisiert, erscheint der gotische Dom. Geistlichen Ursprungs und von sinnbildlicher Gestalt, ist er das Werk der Städte, der Baumeister und Bauhütten. Er ist der Ort der Stadtgemeinde: Die Straßburger bauen ihr Münster, nachdem der Bischof vertrieben ist. Anders als in der Romanik treten an den gotischen Domen und Münstern die Gestalten als Vollplastiken in Erscheinung: einzelne Menschen, Propheten, Ritter, Frauen und Engel, wohlgestaltet, persönlich – Menschen einer neuen Zeit.

Ein Beispiel für die Thematik der 11. Klasse.
Ein Hinweis auf die Innenseite der Geschichte

Augustinus –
die Frage nach dem Christuswirken in der Geschichte:

In der Nacht des 24. August 410 erstürmten die Scharen der Westgoten unter der Führung Alarichs das ewige Rom. Drei Tage lang wurde die Stadt geplündert. Die Nachricht von der Katastrophe eilte durch die Mittelmeerwelt. In ihrer Verwirrung fragten die Menschen: Wie konnte das geschehen? Mancher Christ zweifelte an Gottes weiser Führung der Welt, die Heiden aber, deren

Kult verboten war, triumphierten: Das ist der Zorn der Götter, deren Tempel ihr Christen geschlossen, deren Kulte ihr verboten habt! Die Götter haben ihre schützende Hand vom ewigen Rom gezogen. So gelangten Nachricht und Kommentar auch in die nordafrikanische Hafenstadt Hippo zu dem großen Bischof Augustinus. Die Reden der Heiden empörten den Kirchenfürsten, aber da ihre Stimmen immer vernehmbarer wurden, je mehr das Römische Reich zerfiel, machte sich Augustinus an die Arbeit. In den vierzehn Jahren von 412 bis 426 schrieb er jenes Werk, in dem – wie aus dem Untergang des Römischen Reiches aufsteigend – die Idee eines Gottesreiches entstand. Die Geschichte ist – seit dem Sündenfall – das Kampffeld zweier Reiche. Dem Reich Gottes und seiner Engel steht das irdische Reich gegenüber, in welchem Macht und Gewalt allein regieren, in dem Menschen dämonischen Göttern dienen. Staaten, denen die Idee der höchsten Gerechtigkeit fehlt, sind – so sagt Augustinus[1] – nichts anderes als große Räuberbanden. Auch Räuber haben ihre Gesetze, ihre Ehre, sie teilen ihre Beute nach festgelegten Regeln. Wenn ein derartiges Gebilde Zuzug bekommt, Städte und Länder beherrscht, so nimmt es den Namen Reich an.

Augustinus illustriert seine Meinung an einer Anekdote: «Treffend und wahrheitsgemäß war darum die Antwort, die einst ein aufgegriffener Seeräuber Alexander dem Großen gab. Denn als der König den Mann fragte, was ihm einfalle, dass er das Meer unsicher mache, erwiderte er in freimütigem Trotz: Und was fällt dir ein, dass du das Erdreich unsicher machst? Freilich, weil ich es mit einem kleinen Fahrzeug tue, heiße ich Räuber. Du tust es mit einer großen Flotte und heißt Imperator.

Für Augustinus ist das Kennzeichen des Gottesstaates, dass in ihm der Egoismus überwunden wird: «Demnach wurden die zwei Staaten durch zweierlei Liebe begründet, der irdische durch Selbstliebe, die sich bis zur Gottesverachtung steigert, der himmlische durch die Gottesliebe, die sich bis zur Selbstverach-

1 In: *Vom Gottesstaat*, 4. Buch, 4. Kapitel.

tung erhebt.» Im Gottesstaat dienen die Könige und Herrscher ihren Untergebenen in Liebe, im Gottesstaat leben die Menschen in Gemeinschaft mit den Heiligen und den Engeln.[1] In der Betrachtung der konkreten Geschichte seiner eigenen Zeit gelangt Augustinus zu einer denkwürdigen Beschreibung. Er vergleicht die Kriegsbräuche früherer Zeiten mit denen seiner Zeit und beschreibt die zunehmende Zügelung der Unsitten, schließlich entdeckt er als das Neuartige der eigenen Zeit, dass «die barbarische Rohheit sich als so milde erwies, dass man weiträumige Kirchen zu Sammelplätzen und Zufluchtsstätten für das Volk auswählte, wo niemand getötet, wo niemand fortgeschleppt wurde, wohin viele von mitleidigen Feinden in Sicherheit gebracht wurden». «Das», so fährt Augustinus fort, «ist dem Namen Christi und dem christlichen Zeitalter zuzuschreiben.» Der Christus-Impuls wirkt, wenn man Augustinus beim Wort nimmt, also keineswegs allein in jenen, die sich Christen nennen, er ergreift auch die Seelen der Barbaren und stimmt sie zur Milde.[2]

Diese Sicht der Geschichte war im ganzen Mittelalter lebendig: Die Geschichte ist der Kampf der beiden Reiche, wie sie auch Otto von Freising (ca. 1112 – 1158) in seiner Weltchronik beschreibt. Entscheidend aber war, dass der das Mittelalter prägende Karl der Große von den Ideen des Augustinus ergriffen wurde. Einhard, Zeitgenosse und Biograf Karls, berichtet im 24. Kapitel seines *Leben Karls des Großen*: Während des Essens hörte Karl einen Vorleser, es wurden ihm Geschichtswerke sowie Taten der Alten vorgelesen. Großen Gefallen fand er an den Büchern des heiligen Augustinus, insbesondere an seinem Gottesstaat, Karl der Große begriff sein eigenes geschichtliches Handeln und seinen Herrschaftsauftrag in diesem Rahmen. Trotz allem, was man über die Sachsenkriege und Ähnliches weiß, verstand sich Karl als ein Beförderer des Gottesstaates. Sein eigenes Kaisertum war ihm ein geistliches Amt. Am fränkischen Hofe sah man

1 In: *Vom Gottesstaat*, 14. Buch, 28. Kapitel.
2 In: *Vom Gottesstaat*, 1. Buch, 7. Kapitel.

in Karl den neuen David, der, wie Alkuin sagte, den apostolischen Glauben verteidigen, lehren und verbreiten sollte, der auf diese Weise den Gottesstaat auf Erden zu befördern habe.[1] Aus diesem Geiste wurden jene zahlreichen Klöster und Kirchen gegründet, die in der rauen Welt des Kampfes Gärten der Liebe, Stätten des Gebetes, Pflanzschulen der Kultur sein sollten; in denen das Göttliche im Menschen gepflegt werden sollte, damit der Christus-Impuls die Menschen, die Gelehrsamkeit, die Kultur durchdringe, damit der Gottesstaat entstehe. Wir kennen die persönlichen und innersten Gedanken Karls nicht, aber der Rahmen, der durch solche Ideen gesetzt war, war Maßstab und Impulsierung seines Handelns.

Das Erleben der Welt der Heiligen, der Engel und Erzengel – die Nachtseite der Geschichte im frühen Mittelalter:

Will man sich ein Bild von der Innenseite der Geschichte jener Zeit machen, so kann man zu der Biografie des heiligen Ansgar greifen, die sein Nachfolger im erzbischöflichen Amte, Rimbert, aufgrund persönlicher Aufzeichnungen Ansgars wohl in den siebziger Jahren des 9. Jahrhunderts aufgezeichnet hat. Ansgar wurde im Jahre 801 in Nordwestfrankreich geboren. Früh wurde er durch seine Eltern zum Mönch bestimmt und dem Kloster Corbie zur Erziehung und Ausbildung übergeben. Abt des Klosters, das damals an die 350 Mönche zählte, war Adalhard, ein Vetter Karls des Großen. Man weiß, dass der junge Ansgar den alten Kaiser, der keinen festen Regierungssitz hatte, sondern von Pfalz zu Pfalz und von Kloster zu Kloster reiste, gesehen hat, wenn er in Corbie – rechts und links auf einen Bischof gestützt – zu seinem Ehrenplatz am Altar geleitet wurde, um am Messopfer oder an einer nächtlichen Mette teilzunehmen. Überdies dürfte er von Adalhard, der als Vertrauter Karls oft mit wichtigen

1 Vgl. hierzu Karl F. Morrison, *The Two Kingdoms*, Princeton 1964, S. 26-35.

Missionen betraut war, von den Plänen und Taten des Kaisers gehört haben. Dennoch ist es nur natürlich, dass der junge Schüler – etwa im Alter von dreizehn Jahren – in seinem Lerneifer und seinen Gebetsübungen nachließ. Da hörte er vom Hinscheiden des erhabenen Kaisers, den er in seiner Machtfülle gesehen hatte. Des großen Kaisers Tod erschütterte und erschreckte ihn aufs Tiefste, er ging in sich und mühte sich im Gebet, übte sich in Nachtwachen und Enthaltsamkeit. Als das heilige Pfingstfest wieder einmal nahte und er am Vorabend sich im Gebet vertiefte, da glaubte er «plötzlich sterben zu müssen und meinte, im Augenblick des Verscheidens den heiligen Apostel Petrus und den heiligen Johannes den Täufer um Beistand angerufen zu haben. Er merkte, wie seine Seele den Leib verließ und sich sogleich in einer anderen, ganz schönen, von aller Sterblichkeit und Hinfälligkeit freien Gestalt zeigte; die beiden Männer erschienen genau im Augenblick des Sterbens und Staunens. Der ältere von ihnen hatte volles, schlichtes, ergrautes Haar, rötliche Gesichtsfarbe und einen ernsten Blick; er trug ein weißes, farbig verziertes Kleid und war von kurzem Wuchs. Ansgar erkannte ihn ohne Worte sofort als den hl. Petrus. Der andere war ein junger Mann von hoher Gestalt in seidenem Gewande mit keimendem Bart und dunklem Kraushaar, hagerem Antlitz und freundlichem Blick. Ihn hielt er mit Gewissheit für den hl. Johannes. Die beiden traten ihm zur Seite. Seine verklärte Seele aber sah sich gleich in einer unermesslichen, die ganze Welt erfüllenden Klarheit. Durch diese Klarheit führten ihn die beiden Heiligen, ohne dass er sich zu bemühen brauchte, auf eine unsagbar wunderbare Weise an den Ort des Fegefeuers, wie er ohne Erklärung genau wusste; hier ließen sie ihn allein. Nun musste er, wie er meinte, vieles erdulden, vor allem undurchdringliche Finsternis, fürchterliche Angst und Beklemmung. Sein Erinnerungsvermögen schwand völlig; kaum vermochte er noch das eine zu denken, wie es überhaupt eine so ungeheuerliche Strafe geben könnte! Obwohl er nach seiner Meinung nur drei Tage gelitten hatte, erschien ihm dieser Zeitraum wegen der unermesslichen Pein um tausend Jahre länger. Doch da kehrten die beiden Männer zurück, nahmen ihn wieder in ihre Mitte und führten ihn weit freudiger als zuvor und sehr viel frohgemuteren Schrittes, ohne Bewegung und ohne körperlichen Weg wandelnd, durch fast noch größere Klarheit. ‹Ich sah› – das sind seine Worte – ‹von weitem verschiedene Ordnungen Heiliger; einige standen dem Ost näher, andere ferner; alle aber schauten gen Ost. Ihn preisend, der im Ost erschien, senkten die einen das Haupt, erhoben andere das Antlitz, breiteten die Hände aus und beteten an. Als wir selbst zum Ost kamen, zeigten sich in einem weiten Halbkreis die vierundzwanzig Ältesten auf ihren Sesseln sitzend, wie in der Offenbarung geschrieben steht (4,4). Auch sie schauten voller Ehrfurcht gen Ost und brachten Gott unsagbare Preisungen dar. Ganz im Ost selbst aber war ein wunderbarer Glanz, ein unnahbares Licht von gewaltiger, unermesslicher Klarheit. Alle Farbenpracht und alle Freudigkeit war ihm eigen. Alle die frohen Ordnungen der Heiligen ringsum aber schöpften aus ihm ihre Wonne. Dieser Glanz war so gewaltig, dass ich weder seinen Anfang noch sein Ende zu schauen vermochte. Wohl konnte ich überall Nähe und Ferne sehen, doch in der Unermesslichkeit dieses Lichts ließ sich nicht erkennen, was es barg; ich sah nur Oberfläche. Unermessliche Klarheit ging von ihm aus und erleuchtete die Heiligen weit und breit. Auch war er selbst gleichsam in allen und alle in ihm. Er umfing alles, er durchsättigte und lenkte alle. Er deckte sie oben, er umfasste sie unten. Sonne und Mond leuchteten hier nicht; Himmel und Erde waren nicht da. Doch blendete die Klarheit keineswegs der Schauenden Augen, war ihren Blicken vielmehr sehr angenehm und sättigte die Seelen aller aufs lieblichste. Da schien mir eine überaus liebliche Stimme, reiner als jeder Klang, die ganze Welt zu erfüllen; sie ging von dieser Herrlichkeit aus und sprach zu mir: Gehe hin, und mit dem Martyrium gekrönt kehre zu mir zurück! Bei diesen Worten schwiegen alle ringsum Gott preisenden Heiligenchöre und beteten gesenkten Hauptes an. Aber eine Gestalt, von der die Stimme ausging, sah ich nicht. Die Worte stimmten mich traurig, musste ich doch in die Welt zurückkehren; jedoch schied ich mit meinen beiden Führern, gewiss des Versprechens der Rückkehr. Weder auf dem Hinweg noch bei der Rückkehr sprachen sie etwas, blickten mich freilich so liebevoll an wie eine Mutter ihren einzigen Sohn. So kehrte ich in meinen Leib zurück.›»[1]

Ansgar empfängt auf diese Weise seinen Lebensauftrag aus der geistigen Welt durch göttliche Berufung, und immer wieder empfängt er im Gebet, im Schlaf, im Traum Weisung und Stärkung. Von Corbie wird er nach Corvey, der Filiale Corbies im Weserbergland, berufen, dort wirkt er als Lehrer, 829 reist er als Missionar nach Schweden, und 831 wird er als Erzbischof auf den Stuhl des neu gegründeten Erzbistums Hamburg gesetzt. Auf seinen Reisen vertieft Ansgar sich täglich ins Gebet, und bei wichtigen Entscheidungen findet er Rat und Hilfe, so begegnet ihm etwa, als er 852 wieder nach Schweden aufbricht – wohl in einem Wahrtraum – sein geistlicher Vater, der längst verschiedene Abt Adalhard von Corbie, und stärkt seinen Mut mit folgenden Worten: «Höret ihr Inseln und vernehmet ihr Völker der Ferne! Der Herr hat dich vom Mutterleibe an berufen; vom Mutterschoße an hat er deines Namens gedacht. Er hat deinen Mund scharf gemacht wie ein Schwert; mit seiner Hand hat er dich geschirmt und dich zu auserwähltem Pfeil gemacht. In seinem Köcher barg er dich und sprach zu dir: Du bist mein Knecht; in dir will ich gepriesen werden.»

1 Zitiert nach: *Das Leben des heiligen Ansgar von seinem Nachfolger Rimbert*. Hrsg. von W. Schamoni, Düsseldorf 1965. Es soll hier darauf hingewiesen werden, dass diese Art der Entrückung, die den Weg durch das Purgatorium (Kamaloka) nimmt, auch unabhängig an anderen Stellen berichtet wird. So werden in derselben Zeit, in der auch die Gralssage exoterisch gemacht wurde, derartige Berichte aus früherer Zeit niedergeschrieben, so z. B. das Buch von Espurgatoire S. Patrice der Marie de France um 1190 und die Visio Tnugdali des Priesters Alber, die in der Mitte des 12. Jahrhunderts im bayerischen Kloster Windberg aufgezeichnet wird.

Damit wusste sich Ansgar als Glied einer geistig-göttlichen Welt. Er wusste, dass er berufen war, die Länder des Nordens zu bereisen und den Samen des Glaubens auszusäen. Gewiss ist Ansgar ein besonders hervorragender Vertreter seiner Zeit, sein Zeugnis aber für die Wirksamkeit des Geistes steht nicht allein da, sein Leben und Wirken befeuerte und beflügelte andere, die in geringerer Weise das Gottesreich befördern wollten. Damit wird deutlich, wie in der Praxis des 9. Jahrhunderts die allgemeine Idee des Gottesreiches verstanden wurde, Das Gottesreich war keine geschichtstheologische Abstraktion, sondern eine erfahrene, lebendige Wirklichkeit. Im Laufe der Zeit änderte sich aber das innere Erleben. Zunächst nur langsam und schrittweise. Blickt man auf das im 10. Jahrhundert entstehende Deutsche Reich, so erkennt man, dass Heinrich I. sich – zumindest im Anfang seiner Regierungszeit – nicht in die Tradition christlicher Herrscher einordnen wollte, er wies 919 Krönung, Salbung und Weihe durch den Erzbischof von Mainz zurück. Erst Otto I. knüpfte durch die feierliche Salbung und Krönung im Dom zu Aachen an die Tradition Karls des Großen und an das christliche Verständnis seines Amtes an. In der Zeit Heinrichs und Ottos lebte der heilige Ulrich, Bischof von Augsburg, dessen Stadt beim Ungarneinfall des Jahres 955 eine besondere Rolle spielte und schließlich den Grund zur siegreichen Abwehr der Ungarn legte. Ulrich war es, der die Verteidigung seiner Stadt weise und umsichtig leitete. In der Stunde des Kampfes saß der Bischof hoch auf seinem Ross, angetan mit der Stola: Ohne durch Helm, Harnisch und Schild geschützt zu sein, gab er seine Weisungen, ohne durch Pfeile oder Steine getroffen zu werden. Diese Haltung der Ruhe und der Geist der Ordnung zeigten sich auch sonst in den Taten Ulrichs. Denn auch er wusste, dass er im Auftrage einer geistigen Welt handelte. Der Biograf Ulrichs berichtet aus der ersten Zeit, in der Ulrich gerade das Bischofsamt empfangen hatte, folgendes Erlebnis: «Eines Nachts, als er im Bett ruhte, sah er die heilige Afra in großer Schönheit, in herrliches Gewand gehüllt und gegürtet vor sich stehen. Sie sprach zu ihm: ‹Steh auf und folge mir!› Mit diesen Worten führte sie ihn hinaus auf das Feld, das auf deutsch ‹Lechfeld› heißt. Dort fand er den heiligen Apostelfürsten Petrus mit einer stattlichen Schar von Bischöfen und Heiligen, teils solcher, die er schon früher gesehen hatte, teils anderer, die er noch nie zuvor gesehen hatte und die er dennoch durch göttliche Fügung genau erkannte. Der heilige Petrus hielt mit ihnen eine Synode, traf wichtige und unzählige Anordnungen und hielt in aller Form Gericht über den Bayernherzog Arnulf, der damals noch am Leben war. Viele Heilige erhoben Klage gegen den Herzog wegen Aufhebung zahlreicher Klöster, die er Laien zu Lehen gab. Schließlich zeigte ihm der heilige Petrus zwei gewaltige Schwerter, das eine mit Knauf, das andere ohne Knauf, und sprach: ‹Sage dem König Heinrich: Dieses Schwert, das keinen Knauf hat, bedeutet einen König, der ohne kirchliche Weihe das Königtum innehat; das andere mit dem Knauf aber bedeutet den König, der mit göttlicher Weihe die Zügel der Herrschaft hält.› Als die Synode beendet war, zeigte ihm die Heilige den Lagerplatz, wo König Otto später einmal mit Völkern verschiedener Länder einen Reichstag abgehalten hat, wo König Berengar von der Lombardei und sein Sohn Adalbert mit zahlreichen Bischöfen erschienen und sich seiner Herrschaft unterwarfen. Auch den künftigen Einbruch der Ungarn kündigte sie ihm an, zeigte ihm das Schlachtfeld und verhieß, dass den Christen, wenn auch nach mühsamem Ringen, der Sieg zufallen werde. Nach diesem Gesicht führte sie ihn wieder zurück und verließ ihn, während er im Bett lag. Als er wieder zu sich kam, überlegte er, ob ihm das alles in dem Leibe oder außer dem Leibe gezeigt worden wäre.»[1]

Dieser Bericht unterscheidet sich stark von der Erfahrung Ansgars. Ulrich wird nicht durch das Fegefeuer geführt, um

1 Gerhard, Das Leben des heiligen Ulrich, Bischofs von Augsburg. 3. Kapitel. In: *Ausgewählte Quellen zur deutschen Geschichte des Mittelalters, Band XXII: Lebensbeschreibungen einiger Bischöfe des 10. – 12. Jahrhunderts*, Darmstadt 1973

in die Region des reinen Geistes einzutreten. Die heilige Afra, Schutzpatronin Augsburgs, leitet ihn auf das Lechfeld, jenen Ort, wo später die Ungarnschlacht geschlagen wurde; dort findet eine Synode abgeschiedener Geister statt, die sich aber – so scheint es – hauptsächlich mit irdischen Dingen befassen. Offensichtlich aber ist die übliche Zeit verlassen, und Ulrich wird durch die heilige Afra ein Vorblick auf die Ereignisse gewährt, die erst zwanzig bis dreißig Jahre später eintreten werden.

Verfolgt man in guten Quellen, das heißt in echten zeitgenössischen Berichten, das Verhältnis zur geistigen Welt weiter, so zeigt beispielsweise die Chronik des Thietmar von Merseburg (975 – 1018), dass auch in der Zeit von Otto II. und Otto III. Menschen immer wieder unter dem Eindruck geistiger Erfahrungen, namentlich der Begegnung mit Verstorbenen, standen. Thietmars Chronik ist deshalb wertvoll, weil der Verfasser – er war Bischof von Merseburg – auch von seinen eigenen Erfahrungen berichtet. Im Vergleich aber zu den früheren Darstellungen aus dem 9. und frühen 10. Jahrhundert wird deutlich, dass Fülle und Inhalt der Erfahrungen abnimmt. Charakteristisch scheint mir der folgende Bericht Thietmars zu sein. Am 21. Juni 1012 war Walthard, der vorher 28 Jahre lang in Ehren das Amt eines Probstes verwaltet hatte, zum Erzbischof von Magdeburg geweiht worden. Am 12. August desselben Jahres aber verstarb Walthard bereits nach kurzer, schwerer Krankheit, und nicht nur Thietmar, sondern auch viele andere machten sich Gedanken, was es mit diesem frühen Tod auf sich habe. Thietmar berichtet zunächst, dass Walthard schon früher im Traum verheißen worden war, er werde das Erzbistum Magdeburg erhalten, es aber nur für kurze Zeit innehaben. Aber das Rätsel des Todes lässt Thietmar nicht los, und im Gebet gedenkt er seiner. Dann erzählt er: «Ich hatte Wachdienst in Meißen, als sich mir der hochwürdigste Mann am Tage der Apostel Simon und Judas (12. Oktober) nach der Matutin zeigte. Nun kannte ich den Toten ja gut und fragte ihn, wie es um seine Sache stünde. Darauf jener: Ich habe meine Strafe, so wie ich sie verdient habe, erlitten, aber alles das habe ich jetzt schon überwunden. Da freute ich mich sehr und sagte: Darf ich die Glocken läuten und das Volk zum Lobe Gottes aufrufen? Walthard antwortete: Freilich, es ist ja wahr! Da sagte ich weiter: Ist dir bekannt, dass sich durch vieles Gerede der Geist des Königs von dir abgewandt hat, weil du nach deiner Erhebung vieles gegen ihn unternommen haben sollst? Da erwiderte jener seufzend: Glaube mir, ich bitte dich, glaube mir, ich bin nicht daran schuld! Als ich ihn aber fragen wollte, warum er so plötzlich gestorben sei, wachte ich auf; so durfte ich es nicht erfahren.»[1] Es scheint bezeichnend zu sein, dass Thietmar die Traumbegegnung in dem Augenblicke entschlüpft, als er die ihn eigentlich bewegende Frage stellen will.

In Thietmar kann deshalb ein Vertreter jener Generation gesehen werden, in der die unmittelbaren Geisterlebnisse verdämmerten. Bis etwa zur Zeit Thietmars war bei den Stämmen des nordwestlichen Europa das Hereinwirken der geistigen Welt etwas, das zwar nicht schlicht selbstverständlich war, mit dem man aber rechnete. Auch die Menschen, die selbst derartige Erfahrungen nicht hatten, empfanden die Wirksamkeit der geistigen Welt durch jene Zeugen, die wie Ansgar, Rimbert, Ulrich oder Thietmar von dieser Welt sprachen. Man bezweifelte diese Erlebnisse nicht, man wusste auch von Begegnungen mit dämonischen Wesen zu berichten und sah und ahnte übersinnliche Welten als Hintergrund der irdischen Existenz.

Erst als dieses Empfinden in fast allen Schichten der Bevölkerung verschwunden war, wurde das Geistige problematisch. So muss seit der Mitte des 11. Jahrhunderts der Papst seinen Herrschaftsanspruch in gesetzlichen Bestimmungen festlegen, damit kommt ein Vorgang der Verrechtlichung des christlichen Lebens, der in der Zeit des Papstes Nikolaus I. (858 – 867) mit der Anerkennung der pseudo-isidorischen Dekretalien durch die

1 Thietmar von Merseburg, *Chronik*, VI. Buch, 79. Kapitel.

Kurie begonnen hatte, zum Durchbruch. Der Denkstil änderte sich. Anstelle des Erlebens tritt der Beweis; so ersinnt 1099 Anselm von Canterbury in seinem Monologion den ersten Gottesbeweis der christlichen Theologie. Schließlich zogen Tausende von Menschen – Ritter, Bürger und Bauern – auf den ersten Kreuzzug, um in Jerusalem das zu suchen, was ihnen verloren gegangen war: die Erfahrung der geistigen Welt.

Gewiss gab es auch noch nach der Zeit Thietmars einzelne, die ein besonderes Verhältnis zur geistigen Welt hatten, aber diese Einzelnen ragen nun als ganz besondere Menschen aus der Masse heraus. Man kann dabei an Bernhard von Clairvaux denken. Bernhard wird zum Führer eines ganzen Zeitalters, sein Wort ist in vielen Dingen entscheidend: Bei der schismatischen Papstwahl von 1130 entschied sein Eintreten auf dem Konzil von Etampes für Innozenz II., Bernhards Urteil setzte sich durch. Doch ist eine Gestalt wie Bernhard auch von Tragik umwittert: Seine Predigt war es, die den zweiten Kreuzzug zustande brachte, jenen Kreuzzug, der so furchtbar scheiterte. Bezeichnend ist es, dass Bernhard seine Kreuzzugspredigt nicht aus eigener Inspiration unternahm, sondern auf Bitten des Papstes und des Königs Ludwig von Frankreich. Das ist vielleicht ein Sinnbild für die veränderte Situation.

Geistesleben, Menschenleben im 13. Jahrhundert:

Etwa mit dem Jahre 1200 kam eine Entwicklung zum Abschluss, die in der Mitte des 11. Jahrhunderts eingesetzt hatte: Das alte, inspirierte Geistesleben erlosch. Noch im 12. Jahrhundert war in einigen Kathedralschulen, deren bekannteste die von Chartres ist, ein imaginativer und poetischer Denkstil gepflegt worden, der für Impressionen aus der Geistwelt offen war. Im 13. Jahrhundert gelangte die reine Verstandestätigkeit, wie sie philosophisch-theologisch in der Scholastik geübt wurde, auf ihren Gipfel. In den strengen Kunstformen der Quästionen und Summen war das Argumentieren in präzise Regeln gefasst, und in scharfsinnigen Distinktionen wurde die Ziselierung der Begriffe auf die Spitze getrieben. Diese Gedankengebäude sind dem feinen Maßwerk der gotischen Dome vergleichbar, wo Dienste und Rippen, Figuren und Ornamente durch Licht und Überwindung der Schwerkraft die Gottesstadt auf Erden sichtbar machten. Das lateinische Geistesleben der Scholastik war – obwohl es in seinen Wirkungen weit in das allgemeine Denken eindrang – nur wenigen tausend Menschen zugänglich, die durch viele Jahre an den wenigen Hohen Schulen in Paris, Bologna, Oxford, Köln und wenigen Klöstern gebildet worden waren. So konnten die damaligen Autoren wie Albert, Thomas, Duns Scotus oder Occam sich darauf verlassen, dass die Hörer und Leser ihren schwierigsten Argumentationen folgen konnten. Man schrieb im Hinblick auf «die Sache», denn das kleine geschulte Publikum war ebenso auf die Sache eingestellt und entsprechend präpariert.

Die bis zu jener Zeit weitgehend nur mündlich lebende Dichtung gewinnt schriftliche Gestalt, wird kunstvolles Gedicht und bewusst geformtes Epos. In den Jahren um 1200 werden das Nibelungenlied, der Parzival, Erec und Tristan aufgeschrieben und an Fürstenhöfen vorgetragen. Damit erreichte freilich auch diese Dichtung nur einen relativ kleinen Kreis, die ritterliche Welt, vielleicht auch Händler und Kaufleute. Man muss annehmen, dass es eine dritte Kultur gegeben hat: Märchen, Sagen, Schwänke und andere Geschichten in der Welt der Bauern. Alle drei Kulturen lebten aus der Tradition der Vergangenheit. Diese Vergangenheit aber war nah und lebendig: Die ländliche Welt der Evangelien, die Fragen der antiken Philosophie, die Kämpfe der Nibelungen wurden in gegenwärtigen Formen vorgestellt. Die Verbreitung und Mitteilung aller Inhalte war an persönliche Kontakte, an persönliche Überlieferung und Schulung gebunden. Die Gesellschaft, die einer Geschichte lauschte, hatte einen persönlichen Eindruck vom Erzähler, welcher wiederum seinem Publikum ins Auge schaute und mit ihm Kontakt hatte. Der Wanderer, der aus der Ferne in ein Städtchen kam und von fernen Ereignissen berichtete, konnte auf Fragen antworten, und mit der Erzählung verband sich der Eindruck des Erzählers, man taxierte ihn ein und kam so auch zu einem Urteil über den Bericht. Auch der Mönch, der an einer Universität lernte, lernte im Wesentlichen durch einen Lehrer, der ihm vorlas, den Text kommentierte und mit den Studenten übend diskutierte: So wurden die traditionellen Inhalte stets durch das Medium des Menschen erfahren, und eigenes Erleben, eigene Urteilskraft konnte sich an dem festmachen, was man so erfuhr. Die gesamte Kommunikation war ebenso wie der Inhalt des Geisteslebens in die Atmosphäre persönlichen Erlebens, Kennens und Erfahrens getaucht; der Zugang zu schwierigen Inhalten ergab sich durch Übung der eigenen Kräfte des Gemüts und des Verstandes. Bis zur Mitte des 15. Jahrhunderts war diese Kulturform weiter gewachsen. Zur ritterlichen, theologischen und bäuerlichen Kultur war die spezifisch städtische Kultur gekommen, die im Meistersang, in den Mysterienspielen, in der Kunst der Predigt – von der die großen gotischen Hallenkirchen ein stummes Zeugnis ablegen – ihren Ausdruck fand. Neben den Zünften gab es religiöse Laienbewegungen, Bruderschaften, die devotio moderna. Alles beruhte auf menschlichen Beziehungen: Mönchs- und Ritterorden waren ebenso wie die Universitäten, Dörfer und Städte menschliche Gemeinschaften, ja sogar der Staat, durch das Lehenswesen geformt, kann als *Personenverbandsstaat* beschrieben werden. In allem waltete menschliches Maß, die Welt, die in Gottes Hand lag, war kommensurabel. In den gotischen Bildern spiegelt sich diese Welt, die eine Welt des Menschen ist.

Zur 12. Klasse

Gleich zu Anfang der *Weltgeschichtlichen Betrachtungen* macht Jacob Burckhardt die Bemerkung, Geschichte sei «Nichtphilosophie», da Geschichte die Tatsachen nur koordiniere und nicht subordiniere. Rudolf Steiner, der auch keine Geschichtsphilosophie entwickelt hat, bemerkt in Anknüpfung an Burckhardt, dass auch das Koordinieren, das Beleuchten der historischen Tatsachen durch vorhergehende oder nachfolgende Ereignisse ungenügend sei. «Dasjenige, was die geschichtliche Tatsache erklärt, das liegt in der geistigen Welt, und wir müssen aus der geistigen Welt heraus die Tatsachen beleuchten, die sonst tot bleiben, geradeso wie die Gegenstände nicht leuchten, wenn wir sie nicht mit dem ihnen gemeinsamen Licht beleuchten.» Das gemeinsame Licht, das die Geschichte beleuchtet, ist die reale, geistige und seelische Menschheitsentwicklung. Diese Entwicklung ist nicht eine Idee im Sinne der üblichen Geschichtsphilosophie, es handelt sich vielmehr um Tatsachen im geistig-seelischen Bereich. In diesem Sinne ist die eigentliche Lehrplanangabe in der Konferenz vom 29. April zu verstehen, wo Steiner ausführt: «Nicht wahr, Sie haben ja alles durchgenommen. Nun würde es sich darum handeln, einen Überblick zu geben im Zusammenhang über die ganze Geschichte. Sie wissen, dass ich in meiner Pädagogik ausführe, dass in dem Alter vom zwölften Jahre ab Kausalbegriffe aufgefasst werden. Nun würde dann der Kausalunterricht weitergehen bis zur 12. Klasse. Er muss belebt, individualisiert werden. In der 12. Klasse handelt es sich darum, dass der Unterricht etwas unter die Oberfläche heruntergeht, dass man versucht, Inneres in der Geschichte zu erläutern.»

Bedenkt man diese Aussage, so fallen die Worte «Zusammenhang», «individualisieren» und «Inneres in der Geschichte» besonders auf. Der Zusammenhang ist der Zusammenhang der Entwicklung, er wird besonders durch Vergleiche deutlich, etwa wenn man die verschiedenen Arten der Menschen, die Welt anzuschauen und sie zu erleben, die verschiedenen Weisen des Zusammenlebens verdeutlicht. Dabei geht es aber nicht um allgemeine Betrachtungen, es geht darum, diese Weisen des Erfahrens, Sehens, Erlebens individuell zu greifen, was bedeutet, dass man die Entwicklung in einzelnen Schicksalen vergegenwärtigt, aber in diesem Falle so, dass man nun auch die inneren Aspekte der Geschichte streift.[1]

Im weiteren Verfolg der Vorschläge zum Lehrplan regt Rudolf Steiner an, die großen geschichtlichen Kulturen im Überblick so zu betrachten, dass ihr jeweiliges Altertum, ihr Mittelalter und ihre Neuzeit erkennbar werden, dass man ferner Kulturen daraufhin betrachtet, ob sie in diesem Sinne voll ausgebildet sind.

1 Vgl. hierzu das dritte Kapitel: Geschichte als Seelenentwicklung, S. 49ff.

Steiner nennt die amerikanische Kultur, die sogleich mit der Neuzeit beginnt, es fehlen also Altertum und Mittelalter. Die chinesische Kultur hat kein Ende, sie bildet nur das Altertum aus. Am Beispiel der griechischen Geschichte macht Rudolf Steiner klar, was er unter Altertum, Mittelalter und Neuzeit versteht: Die älteste Zeit, also die homerische, sei das Altertum, die Zeit der großen Tragiker das Mittelalter, die Zeit Platons und Aristoteles' die Neuzeit. Diese Gliederung stellt den Historiker vor die Aufgabe, für sich die Kategorien «Altertum», «Mittelalter» und «Neuzeit» zu bedenken und zu bestimmen. Diese Aufgabe muss gelöst werden, bevor man eine derartige Betrachtung zusammen mit dem anderen Thema der vertieften, individualisierten Überschau über das Ganze der Geschichte in Angriff nehmen kann.

Deshalb zunächst einige Worte zu der Gliederung in Altertum, Mittelalter, Neuzeit.

Man könnte auf den Gedanken kommen, die kretisch-mykenische Epoche der griechischen Geschichte für das Altertum, die Heldenzeit Griechenlands, zu halten, die Zeit der dorischen Wanderung und die Zeit Homers für das Mittelalter, werden doch in dieser Zeit, wie im deutschen Mittelalter, die Sagen der Vorzeit in dichterische Form gegossen. Die griechische Neuzeit setzte dann mit Solon ein: Es beginnt die Isonomie, mit Thales beginnt die Philosophie. Eine derartige Betrachtungsart übersieht, dass die kretische Kultur und die von ihr beeinflusste Kultur des griechischen Festlandes nicht der Anfang der späteren griechischen Kultur sind. Namentlich die Kultur Kretas ist eine Kultur für sich. Die Formierung des griechischen Volkes beginnt erst nach der dorischen Einwanderung, so wie sich ein deutsches Volk erst nach Karl dem Großen herausbildet. Geht man von dem Gedanken aus, dass Altertum, Mittelalter und Neuzeit drei Gestaltungsstufen einer Kultur seien, so gelangt man zu der Gliederung, die Steiner vorschlägt. Unter diesem Gesichtspunkt kann man sagen: Auf der ersten Stufe werden die Gestalten und Inhalte einer Kultur geboren, es treten die Grundformen, die Themen der Kultur auf. Auf einer zweiten Stufen werden sie durch Menschen neu gestaltet und gefasst. So wie die griechischen Tragiker die griechischen Sagen und Mythen neu und bewusst fassen und in eine gestaltete Form bringen, in diesem Sinne fasst auch die frühe Klassik das Erbe der Archaik in bewusster Weise, so gestaltet ein Kleisthenes die attische Demokratie. Erst durch Sokrates, Platon und Aristoteles wird das von Menschen in künstlerischer Weise Gestaltete in Gedanken gefasst. Überträgt man diese Betrachtungsart auf die westeuropäische und deutsche Kultur, so kann man sagen, dass die grundlegende Epoche sich von Karl dem Großen bis ins 13. Jahrhundert spannt, dass dann in Gotik Renaissance, Reformation und Barock die Themen der Kultur neu gestaltet werden, bis sie dann – im 17. Jahrhundert beginnend – bewusst gedanklich und literarisch neu gefasst und reflektiert werden. Das Wichtige bei derartigen Betrachtungen ist freilich nicht ein möglichst genauer, schematisch gehandhabter Parallelismus oder gar das Schema der Triplizität, sondern die zugrunde liegende Tatsache der Entwicklung, die so verlaufen kann – aber nicht muss –, dass ein ursprünglicher Inhalt zuerst aufgenommen und entfaltet wird, dass er sodann gestaltet wird. Diese Gestaltung ist eine Aneignung der Motive einer Kultur durch alle schöpferischen Seelenkräfte. Das Bewusstsein, das in dieser Aneignung lebt, formt um, gestaltet eigenwillig und hat in diesem Gestalten sein Selbstgefühl. Dann aber tritt der eigentliche Gedanke hinzu: Die Renaissance und Reformation gestalteten im Sinne eines Ich-Gefühls, der Gedanke des Ich tritt erst voll in der deutschen idealistischen Philosophie zutage, seit Descartes hat sich dieses Zutagetreten vorbereitet.

Bedenkt man diesen Vorgang nun noch genauer, wird man bemerken können, dass jede Ausgestaltung einer Kultur eine unmittelbare Überlieferung voraussetzt: Ein Volk, eine Kulturgemeinschaft gestaltet das aus, was in den Keimen der eigenen Kultur veranlagt ist, bemerkenswerterweise aber können die Produkte der zweiten und vor allem der dritten Stufe auch von anderen Völkern und Kulturen aufgenommen werden. Dadurch entsteht das gerade für die Gegenwart kennzeichnende Phänomen der gebrochenen Kulturen – auf die im Sinne unserer Definition altertümlichen Kulturen des feudalen China und Japan werden Elemente der europäischen Kultur «aufgesetzt». Oder es fällt der Blick auf die Kultur in Nordamerika, die sogleich mit der Übernahme der neuzeitlichen europäischen Kultur beginnt. Auf diese Weise entsteht das Bild von Kulturkreisen, vollständigen und unvollständigen, von ihren Zusammenhängen und Überschneidungen.

Diese kulturgeschichtlichen Betrachtungen erhalten ihren Sinn aber erst durch die anthropologische Geschichte, die den Hintergrund der einzelnen Kulturen bildet und den Sinn der geschichtlichen Entwicklung reflektiert. Über die Grundlagen dieser anthropologischen Betrachtung wurde bereits im zweiten und dritten Kapitel gesprochen, hier geht es ergänzend um die Frage, wie dies in der 12. Klasse gestaltet werden kann. Äußerlich gesehen kann an die vier großen Revolutionen der Menschheit – die Sesshaftwerdung; die Hochkulturen, die mit den Städtegründungen verknüpft sind; den Schritt vom Mythos zum Logos; die Revolution, deren äußeres Kennzeichen die Technik ist – angeknüpft werden. Mit dieser eher kulturmorphologischen Begriffsbildung ist die Gefahr verbunden, dass sie zu sehr an den äußeren Symptomen der Entwicklung hängenbleibt, dass die inneren Entwicklungsschritte der Menschheit hinter äußerlichen Fakten verschwinden.

So kommt es darauf an, dass die Themen, an denen man die Menschheitsentwicklung darstellt, in sich die Möglichkeit zur notwendigen Vertiefung enthalten. Mit den großen Revolutionen wandelte sich zum Beispiel das, was Moral, Erinnerung, Sehweise, das Verhältnis zum Tod, Kunst und wechselseitige Hilfe war. Ein Thema wie Moral eröffnet sowohl Ausblicke auf die soziale und historische Gestaltung einer Zeit wie auch Einblicke in die innere Entwicklung der Menschen. Die Sesshaftwerdung zum Beispiel bringt die scharfe Unterscheidung von Gut und Böse.

Dieses Gut und Böse ist eindeutig bestimmt: Gut ist alles, was dem Ackerbau und der Gemeinschaft der Ackerbauer dient, böse ist das, was Sesshaftigkeit und Ackerbau zerstört oder behindert. Die Moral ist in einer gewissen Weise ganz von außen festgelegt: Die Bedingungen des Ackerbaus und das Zusammenleben der Ackerbauer erfordern eindeutige Verhaltensweisen: fleißige Bearbeitung des Bodens, Bewässerung, Achtung der Tätigkeit der anderen Ackerbauer, Unterscheidung von Mein und Dein. Aber gerade dieses Allereinfachste konnte nur durch den höchsten Einsatz aller menschlichen Kräfte geleistet werden. Für den inneren Menschen bedeutet gerade diese eindeutige Entscheidung einen ganz tiefen Eingriff in sein gesamtes Wesen und Sein. Alle seine Gewohnheiten, sein Denken werden eindeutig bestimmt. An die Stelle einer vieldeutigen, vielgestaltigen Weltauffassung der Nomaden tritt die Einschränkung. Durch diese Einschränkung grenzt sich der Mensch aus einer Fülle kosmischer Einflüsse aus, er wird ein bestimmtes Wesen, aber diese Bestimmtheit ist nicht individuell-persönlich, sondern eine Bestimmtheit des Verhaltens, der Auffassung und Gewohnheiten, die zum Beispiel durch die Anforderungen des Jahreslaufes an die Arbeit geregelt werden. – Die Entschiedenheit der altpersischen Kultur spiegelt sich auch in einer aus späterer Zeit überlieferten Vorstellung des Todes, die besagt, dass jeder Verstorbene auf einem Schwert über den Abgrund des Todes schreiten müsse und dass bei den Bösen das Schwert seine Schneide nach oben wende, so dass der Mensch in der Mitte gespalten in den Abgrund falle.

Die alten Hochkulturen zeigen ein ganz anderes Verhältnis zum Tod. Auf der einen Seite deutet zum Beispiel das Gilgamesch-Epos an, dass der Tod zu einem Rätsel wird. Doch aus diesem Rätsel der Vergänglichkeit des Irdischen wächst der Impuls, die Welt des Nachtodlichen zu erforschen; so macht sich Gilgamesch nach dem Tod seines Freundes Enkidu auf den Weg, das ewige Leben zu erforschen. Besonders in Ägypten ist dann deutlich zu erkennen, dass der Totendienst zugleich zu einer Quelle der Weisheit und der Kulturgestaltung wird. Diese Weisheit offenbart sich vielgestaltig. Babylonien und Ägypten kennen eine Fülle von Göttern, wobei besonders die Kenntnis der Planetengötter und die Kenntnis des Tierkeises, des Fixsternhimmels hervortritt. Jede dieser Gottheiten hat den Menschen besonderes mitzuteilen. Diese Differenzierung findet sich entsprechend auch im sozialen Leben in den verschiedenen Tätigkeiten: Es gibt nun Könige, Priester, Heiler, Bauleute, Schreiber, Krieger und Jäger, Handwerker und Bauern. Dementsprechend wird auch die Moral, das soziale Verhalten differenziert. Die Moral wird zur spezifischen Tüchtigkeit und Weisheit, die sich in einem bestimmten Dienst in der Gemeinschaft zeigt. Das wird in Ägypten zum Beispiel in der Idee der Maat erkennbar. Teichmann schreibt über diese Idee: «Übersetzen können wir ihren Namen nur durch Umschreibungen wie Wahrheit, Gerechtigkeit, gerechte Ordnung. Sie ist die Lebensluft der göttlichen und natürlichen Welt. Denn der Kosmos ist ein wohlgeordneter, in dem jedes Wesen seinen ihm zukommenden Platz hat und seine ihm entsprechenden Aufgaben richtig ausführt. Ihre Verbundenheit mit dem Leben kommt auf fast allen Abbildungen dadurch zum Ausdruck, dass sie das Lebenszeichen trägt. Der König kennt die Maat, und es ist seine Aufgabe, sie hier auf Erden wirksam werden zu lassen, d.h. das Diesseits nach den Gesetzen der göttlichen Weltordnung einzurichten.» In diesem Sinne stammte die Weisheit und Lebensordnung der Ägypter aus der Welt jenseits des Todes.

Mit der Schrift kommt eine Wandlung im Wesen der Erinnerung zum Ausdruck. In ältesten Zeiten, und noch bis ins Mittelalter hinein, hatten die Völker, die nicht über die Schrift verfügten, ein ganz anderes Gedächtnisleben als die Völker, die die Schrift pflegten. In Urzeiten war das Gedächtnis an äußere Einrichtungen, an Orte und Zeichen gebunden, die die Menschen erinnerten, dann trat die Überlieferung durch das rhythmisch gestaltete Wort ein, das in den Völkern und Stämmen gepflegt wurde: Dieser rhythmisch gesungenen Überlieferung verdankt ein Homer seine Kenntnisse vom Kampf um Troja, verdankt man in unserem Kulturkreis die Überlieferung der Nibelungensage und der Gralssage. Diese Erinnerung war überpersönlich, sie überdauerte viele Generationen. – Im alten Sumer wurde die Schrift zunächst nicht zur Aufzeichnung geistig oder religiös bedeutsamer Inhalte verwendet, sondern zur Regelung wirtschaftlicher Verhältnisse: Abgelieferte und zugeteilte Naturalien wurden verzeichnet. Hier brauchte das Gedächtnis eine Stütze. Die ägyptischen Hieroglyphen der Frühzeit dienen zunächst nicht als Stütze des persönlichen Gedächtnisses für wichtige Inhalte, die Texte in Gräbern, Pyramiden und Tempeln waren nicht für lesende Menschen bestimmt, sondern sie hielten objektiv für die Götter fest, was ist und was war und was sein wird. Erst im Laufe der Zeit werden die Aufzeichnungen immer umfassender, detaillierter und dienen dann dem Schriftverkehr und auch wie nebenbei als Stütze des Gedächtnisses. Entscheidend für die seelische Entwicklung war auf dieser Stufe aber die Tatsache, dass das Wissen vom Kosmos für die Seele in fest umrissene Vorstellungen gefasst wurde. Erst in Griechenland ändert sich das. Zuerst wurden wichtige soziale Inhalte – wie die Gesetze des Solon u.a. – schriftlich festgelegt, d.h. also fixiert und veröffentlicht, dann erst beginnt mit Herodot und Thukydides die Aufzeichnung irdischer Geschichte.

Für die 12. Klasse ist die Beschreibung jener Symptome, die Karl Jaspers als die Kennzeichen der «Achsenzeit» anführt, von hervorragender Bedeutung. Man steht vor der Tatsache, dass in China, Indien, Persien, Israel und Griechenland in je unterschiedlicher Weise sich ein neuer geschichtlicher Impuls zeigt. Wichtig ist zuallererst die Tatsache, dass dieser Impuls in den verschiedenen Ländern unabhängig voneinander auftritt. Durch den Gedanken stellen sich die Menschen der Welt gegenüber. Das Schicksal, die Natur und auch die alten Mythen werden nun in Gedanken gefasst. In den Gedanken haben die Menschen, die von der «Achsenzeit» berührt sind, ihr Eigenleben erfahren:

Sie wissen sich als Menschen, sie sehen sich nicht mehr als Teil des Kosmos, sie stellen sich dem Schicksal gegenüber und versuchen, es durch Gedanken und durch eine an Gedanken orientierte Lebensführung zu bemeistern.

Verfolgt man die inneren Motive der Geschichte – Tod, Moral und Gedächtnis in dieser Epoche –, so wird zuerst deutlich, dass das Bewusstsein vom Reich der Verstorbenen langsam verblasst. Odysseus, der nach dem trojanischen Krieg lebte, erfährt die Totenwelt als «schattiges Abbild», in der eigentlich griechischen Kultur kündet nur noch die Sage von jenen Orten, wo ein Eingang in die Unterwelt sich öffne. Der Mensch, der in Gedanken lebt, blickt nur noch auf das Tor, das ihm verschlossen ist. So wie er auf das Tor des Todes schaut, so blickt er auch auf die Natur: Er weiß, dass diese Natur in sich verschlossen das Wirken des Geistigen birgt. Aber dieses Wirken kann er nur als Zeichen deuten oder in Gedanken fassen. Plutarch berichtet in seiner Biografie des Perikles, dass auf dem Landgut des Perikles ein Widder mit einem einzigen Horn gefunden worden sei. Lampon, der Wahrsager, deutete dies so, dass die Gewalt im Staat, die damals verteilt war, demjenigen als Einzigem zufallen werde, bei dem dieser Widder gefunden worden sei; Anaxagoras, der Naturphilosoph, aber zerlegte den Kopf und zeigte, dass beim Widder das Gehirn nicht den ganzen Kopf ausfülle, sondern spitz wie ein Ei sich dorthin konzentriere, wo die Wurzel des Horus sei. – So war die Natur zu einer Chiffre geworden, die der eine als Zeichen der Zukunft deutete, der andere aus der Vergangenheit erklärte.[1]

In dieser Zeit wird auch Gedächtnis und Gewissen immer stärker innerlich erfahren, aus Eumeniden wird die innere Macht des Gewissens. Das Gedächtnis wird nicht mehr als die kosmische Macht Mnemosyne erlebt, die mit Zeus die Musen gezeugt hat, sondern als innerer Raum der Seele. Bei Augustinus im achten Kapitel des zehnten Buches der *Bekenntnisse* findet

1 Vgl. K.-M. Dietz: Erinnerung und Wissen. In: *Die Drei* 1976, S. 666.

sich ein großartiges Zeugnis dieser Erfahrung. Augustinus hat erfahren, dass die Sinneswelt ihm keinen Aufschluss über sein Wesen gibt, und er fährt dann fort: «Hinausschreiten also will ich auch über diesen Teil meines Wesens und auf Stufen mich zu dem erheben, der mich geschaffen hat. Da komme ich in die Gefilde und die weiten Hallen des Gedächtnisses, wo die gehäuften Schätze der unzählbaren Bilder sind, die meine Sinne mir von allen Dingen zusammentrugen. Dort ist auch alles aufbewahrt, was wir denken, indem wir, was unsere Sinne berührte, mehren oder mindern oder sonstwie umgestalten. Alles, was nicht im Vergessen geschwunden und begraben ist, ruht dort.» Nach dieser Einleitung beschreibt Augustinus das Gedächtnis ausführlich als den Innenraum der unendlichen Seele, in der der Mensch zu sich kommt. Die Entstehung dieser Innerlichkeit von den griechischen Tragikern über Sokrates und Platon bis zu Augustinus, die Erfüllung dieser Innerlichkeit, die man ja als Gemütsseele betrachten kann, durch den Inhalt des christlichen Glaubens ist etwas, das die Schüler der 12. Klasse voll verstehen können.

Ein dritter Aspekt dieser Zeit wird sichtbar durch den Blick auf die moralische Eingliederung des Menschen in die Gemeinschaft. In den alten Hochkulturen wurde der Platz des Einzelnen in der Gemeinschaft weitgehend von außen bestimmt. Der größte Teil der Menschen lebte als Bauern, ein kleinerer Teil war als Handwerker tätig, und eine sehr kleine Gruppe leitete unter Führung des Gottkönigs und seiner Helfer – Priester und Fürsten – die Geschicke des Volkes. Für den Einzelnen bestand nur selten die Chance einer eigenen Lebensgestaltung: Geburt, Notwendigkeit und Hierarchie bestimmten das Leben. – Auch in Griechenland, Rom und vor allem in den Ländern des Orients blieb die Geburt, das heißt das Elternhaus, in dem man geboren wurde, ein entscheidender Faktor für die äußere Lebensgestaltung. Durch eine ganze Reihe von Tatsachen ändert sich dennoch im Vergleich zu den alten Hochkulturen sehr viel. Äußerlich trugen Seefahrt und Handel, aber auch weite Kriegszüge zu einer großen Mobilität bei: Es gab die Möglichkeit für den Einzelnen, seine Stellung zu verändern. Dort, wo demokratische oder republikanische Verfassungen bestanden, wurden die Angelegenheiten des ganzen Gemeinwesens diskutiert, der Einzelne erfuhr von verschiedenen Möglichkeiten des öffentlichen Handelns. Aber auch dort, wo es derartige äußerliche Möglichkeiten nicht gab, gab es verschiedene Auffassungen. Im Judentum etwa die Lehren der Sadduzäer und Pharisäer, die Lebensform des Essener. Der Buddhismus als Lehre trat in Indien an viele Menschen heran und gab die Möglichkeit, einen eigenen inneren Weg zu gehen. – Das Christentum wandte sich schließlich an jedermann: ob Sklave, ob Freier, ob Mann oder Frau, jeder konnte Christ werden.

Diese historische Situation war dadurch eröffnet worden, dass die Frage nach dem guten Handeln in gedanklicher Form gestellt worden war. In den alten Hochkulturen war der Gehorsam an sich eine Tugend. Er galt gegenüber dem Vater oder dem älteren Bruder, gegenüber dem König und seinen Vertretern. Seit Sokrates aber kann der Einzelne fragen, was gut sei – so entwickelt Platon in Gedankenform seine Auffassung der Tugend, ihm folgen mit anderen Auffassungen die Stoiker und Epikuräer. Alle fassten die Tugend in Gedanken, alle dachten aber zugleich an eine allgemeine Ethik, die neuzeitliche Idee der individuellen Handlung aus Freiheit und Liebe war in unserem Sinne noch nicht vorhanden. Gegen die Überlieferung aber, gegen den bloßen Gehorsam trat der Gedanke als neue Autorität. Wieder kann man an dieser Stelle auf Augustinus als auf ein Beispiel verweisen: Die Biografie des Augustinus ist diejenige eines weltanschaulichen Suchens und Ringens, die Biografie eines Menschen, der die verschiedenen Stationen der Weltauffassung und Gedankenbildung durchlebt, bis er sich aufgrund seiner eigenen Erfahrungen für das Christentum entscheidet.

Die Persönlichkeit, die sich von dieser Art von Tradition löst, findet einen Schutz im Recht. Frühere Zeiten haben auch ein Recht gekannt, Rom hat aber das Privatrecht, das ius civile, geschaffen, das die Persönlichkeit schützte und die Verhältnisse unter Menschen regelte. Das römische Privatrecht ist vom Gedanken der Autonomie der Persönlichkeit durchdrungen. Es ermöglicht der Persönlichkeit zum Beispiel, frei ihre Erben zu bestimmen, es ermöglicht aber auch dem Erben, das Erbe auszuschlagen. Ebenso kann die Persönlichkeit frei Verträge schließen und gegebenenfalls Prozesse führen. Das wichtige Gut dieses Rechts ist die Rechtssicherheit für den Einzelnen, die durch Kodifikation und Publikation des Rechts entsteht.

Der Prozess war streng geregelt und verlief in bestimmten Formen, die sich im Laufe der römischen Geschichte geändert haben. Die Form des Prozesses sollte aber dafür sorgen, dass beide Parteien zu Wort kamen und dass ein Dritter das Urteil fällte; dieser Dritte, der Schiedsrichter (iudex), wurde vom Prätor oder einem anderen Magistrat benannt, oft im Einvernehmen mit beiden Parteien. Das Urteil richtete sich nach dem aufgeschriebenen Recht und nach den ausgeprägten Gewohnheiten, die in Rom überliefert waren.

Die Geschichte des Mittelalters kann in der 12. Klasse relativ kurz behandelt werden, da sie in der 11. Klasse Gegenstand des Unterrichts war. Im Zusammenhang der weltgeschichtlichen Betrachtungen ist das Mittelalter ein vorzügliches Beispiel für die Überschneidung zweier Kulturkreise: Einerseits lebt das Erbe der Antike im Mittelalter fort, zum anderen bereitet sich die Neuzeit vor. Alle Elemente des Altertums, die das Mittelalter aufnahm, verwandelte es. Das Erbe der griechischen Philosophie, das man zuerst durch die Kirchenväter, den Neuplatonismus und Dionysius Areopagita kennengelernt hatte, fasste man im Sinne der christlichen Theologie auf, und als man im 13. Jahrhundert Aristoteles genauer studieren konnte, fügte man seine Gedanken in die «sacra doctrina» ein, wodurch sie eine andere Gestalt und einen anderen Sinn erhielten. So wurde aus dem römischen Kaiser der christliche Kaiser, aus dem Römischen Reich das sacrum imperium. Im Reich des Mittelalters, unter dem Mantel des Kaisertums, lebten aber die Stämme der Franken, Sachsen, Schwaben, Bayern weiter. In diesen Stämmen lebten die alten germanischen Vorstellungen von Gefolgschaft und Treue. Die Freien schlossen sich frei einem Herren an, gelobten ihm Treue, Rat und Hilfe, der Herr versprach Schutz und Unterhalt. So gebot ein Herr über Freie. Aus diesem Verhältnis wurde später der Lehensstaat des Mittelalters, in welchem die Idee der Freiheit verborgen schlummerte und manchmal – in der Magna Charta oder bei den Eidgenossen – offen zutage trat.

So gewiss man im Mittelalter die griechischen und lateinischen Begriffe übernahm, so gewiss lebte in dem Denken und Streben ein seelisches Suchen, das vom Denken der Griechen verschieden war. Dieses Streben, das man in der Scholastik bereits erkennen kann, tritt in der deutschen Mystik deutlich hervor: Es trachtet danach, im persönlichen Erleben Gott zu erfassen, sich der Unsterblichkeit der Seele zu versichern. In der Reformation Luthers tritt dann dieser Wille der Seele deutlich hervor. Luther besteht darauf, dass der glaubende Mensch unmittelbar seinen Weg zu Gott findet. Im ganzen Mittelalter wirken so einerseits die Tendenzen, die aus der Antike stammen, auf der anderen Seite bereitet sich im Mittelalter, erst verborgen, dann immer deutlicher, das neuzeitliche Geistesstreben vor.

Alle weltgeschichtlichen Betrachtungen zielen auf das Verständnis der Neuzeit und der Gegenwart. Hier liegt auch das Schwergewicht der Fragen, die die Schüler der 12. Klasse bewegen. Um zu einem seelisch erlebbaren, innerlichen Verständnis der Gegenwart zu gelangen, bedarf der Schüler zusammenfassender Anschauungen, die ihm helfen, die Gestalten und Ereignisse einzuordnen. Ein in diesem Sinne hilfreiches Bild ist die Gestalt des Faust. Für Faust ist das überlieferte Wissen schal geworden, es sind bloße Worte, in denen man kramt, tote Kenntnisse ohne Sinn. So legte er die heilige Schrift eine Weile hinter die Tür und unter die Bank, er wollte sich keinen Theologen mehr nennen lassen, er wurde ein Weltmensch und nannte sich einen Doktor der Medizin. Faust möchte aus dem engen, hochgewölbten, gotischen Zimmer ausbrechen: Er verschreibt sich der Magie, aber allein ist er unfähig, Magie zu betreiben, allein ist er nicht mehr als sein Famulus Wagner. So verbindet und verpflichtet er sich dem Teufel, dem Mephistopheles, um in die Welt und die Weltwirksamkeit zu gelangen. Damit vertraut er sich einer Macht an, die größer und gewaltiger ist als er selbst, sie wird ihn hinfort auf seinem Lebensweg begleiten. Als zweites Ich begleitet Mephisto Faust überall und weiß, was in Faust vorgeht. Mephisto führt Faust jedoch nicht nur in Auerbachs Keller und in die Hexenküche, er führt ihn schließlich in die große Welt, ins weiträumige Wirken.

Die Geschichte der Neuzeit zeigt auch, dass die führenden und bestimmenden Menschen die Bibel hinter die Tür gelegt haben, dass sie sich in die Welt hinauswagen wollten und dass sie die Welt beherrschen wollten. Ihr Handeln und ihr Wille entfesselte dabei eine Dynamik, die sie ebenso wenig kontrollieren konnten, wie Faust die drei gewaltigen Gesellen beherrscht. Schon die scheinbar harmlose Druckkunst entfaltet wenige Jahrzehnte nach ihrer Erfindung eine weltweite magische Wirkung und verwandelt die Geistesverfassung der Menschen. Viel deutlicher ist diese Wirkung des weltergreifenden und weltverwandelnden Handelns in der modernen Technik zu erkennen, die sich zur menschenbeherrschenden Macht aufwirft, deren Eigendynamik so stark ist, dass sie immer neue Entwicklungen entfesseln kann. Selbst wenn sich die meisten Gelehrten einig sind, bestimmte Forschungen nicht voranzutreiben, weil sie sehen, welches Unheil drohen kann – etwa bei der Genmanipulation –, so nützen diese Einsichten wenig: irgendwie und irgendwo werden die Forschungen in Gang gebracht und technisch ausgewertet.

Diese beiden allgemeinen Bilder werden besser verständlich, wenn man das Wesen des Experiments betrachtet. Das Experiment beruht zunächst auf der Tatsache, dass dem Experimentierenden die bloße Naturbetrachtung nichts mehr sagt. Ihm erscheint die

Natur als totes Wesen. Rudolf Steiner hat auf dieses Geheimnis dadurch aufmerksam gemacht, dass er in der kleinen Kuppel des alten Goetheanum unter den Faust den Knochenmann malte. Geschichtlich ist das wohlbegründet, geht doch mit dem Anbruch der Neuzeit ein Gewahrwerden der Vergänglichkeit und des Todes einher, das tausendfach in der Darstellung des Totentanzes überliefert ist. Da die tote Natur schweigt, ist der Experimentierende auf sein eigenes Handeln angewiesen. Nun wird im Experiment aber das menschliche Handeln vom Menschen abgesondert: Man baut Geräte, Messinstrumente, durch die man experimentiert. Das ist ein äußerst merkwürdiger Vorgang. Man baut nach menschlichen Gedanken bestimmte Apparate. Man sorgt möglichst dafür, dass jede unerwünschte Naturwirkung oder menschliche Einmischung von diesen Apparaten ferngehalten wird. So wird der Apparat zum Ausdruck eines reinen Gedankens. Man kontrolliert den Apparat durch genaue Berechnung und übersetzt, was man erfährt, in die Sprache einer mathematischen Physik. Man gewinnt so eine Naturerkenntnis, die durch menschliches Handeln entsteht und zugleich menschlichem Erleben unzugänglich ist.

Der Mensch, der das Experiment in Technik und Industrie anwendet, der im täglichen Leben technische Apparate benutzt, übt Macht aus. Aber er erlebt nicht, was er tut. Wer ein Auto bei einer Geschwindigkeit von 100 km/h abbremst und zum Stehen bringt, erlebt nicht, was die Reifen beim Bremsvorgang durchmachen; wer eine Granate abschießt, spürt nicht das Leid der Opfer; wer eine Landschaft chemisch vergiftet, fühlt nicht, was Tiere und Pflanzen erleiden. Das ist auch im sozialen Leben nicht ohne Bedeutung. Je nachdem, wie man es berechnet, stehen den Einwohnern in den industrialisierten Ländern etwas mehr oder etwas weniger als hundert «Energiesklaven» unsichtbar zur Seite. Auch das wird kaum bemerkt – wer weiß schon, dass bereits die Nahrungsmittel, die wir heute verbrauchen, zu ihrer Herstellung mehr als das Vierfache von dem an Kalorien verbrauchen, was sie an Kalorien enthalten?

Die Geste der Machtausübung durch Apparate ist nun keineswegs auf Technik und Industrie beschränkt. Der Absolutismus zeigt im Prinzip dieselbe Struktur. Er möchte den Staat wie eine Maschine behandeln: Die Steuerzahler sind die Energielieferanten, die Beamtenschaft die Maschine, die diese Energie aufnimmt, das stehende Heer die Maschine, die die eigentliche Arbeit verrichtet. Charakteristisch ist wiederum, dass das Schicksal der Untertanen dem Machthaber unbekannt und gleichgültig ist. Die modernen Diktaturen mit ihren Mechanismen der Gleichschaltung, der zentralen Steuerung, geistigen Normierung und Kontrolle von oben zeigen die gleiche Tendenz der Machtausübung. Es handelt sich also bei Experiment und Maschine um historisch wichtige Symptome.

Es wäre ein Missverständnis, wollte man diese neuzeitliche Tendenz zur Beherrschung der Natur und der Menschen als einen Ausdruck des Willens zur Freiheit verstehen. Eher wäre es denkbar, die neuzeitliche Entwicklung der Freiheit als einen dem Machtstreben gegenläufigen Prozess zu betrachten. Die Geschichte der Freiheit beginnt mit der Zurückdrängung von Macht. Die erste Etappe dieser Geschichte ist der Toleranzgedanke. Geistig beruht er darauf, dass der absolute Wahrheitsanspruch einer göttlichen und kosmischen Wahrheit aufgegeben wird. Niemand ist im Besitz einer allumfassenden Wahrheit. Damit wird es sinnvoll, ein Gespräch zu führen, zu diskutieren und verschiedene Gedanken und Ideen zu vergleichen. Der Ort dieses allgemeinen Gesprächs, der freien Publikation von Gedanken, sind in der frühen Neuzeit die Niederlande. Sie gewähren den Flüchtlingen aus ganz Europa Asyl, unter ihnen Descartes, Spinoza und John Locke. Die Niederlande sind der erste Staat, der Toleranz praktiziert. Die zweite Etappe in der Geschichte der Freiheit ist in der zunehmenden Anerkennung der Menschenrechte zu erblicken. Man muss sich aber darüber klar sein, dass diese Menschenrechte ursprünglich nichts anderes waren als Zurückdrängungen der staatlichen Macht: der Schutz vor willkürlicher Verhaftung (mit Strafandrohung bei Zuwiderhandlung), der Schutz der Wohnung und des Eigentums, die Pressefreiheit und Vereinsfreiheit, das Geschworenengericht. Sie alle drängten staatliche Eingriffe zurück. Die heute proklamierten Rechte auf Bildung und das Recht auf Arbeit hingegen geben dem Staat mehr Macht und Rechte zum Eingreifen, ja sie stilisieren diese Rechte zu Verpflichtungen zum Eingreifen. In Wirklichkeit – man kann das an der Schulpflicht ablesen – werden durch derartige «Menschenrechte» die Freiheiten zunichte gemacht: Der Schüler wird zum Objekt staatlicher Indoktrination. Die Menschenrechte wurden durch die Maßnahmen der Gewaltenteilung ergänzt. Es wurde oben bereits angedeutet, wie genial diese soziale Erfindung für ihre Zeit war. Aber die Gewaltenteilung allein genügt nicht für die weitere Entfaltung der Freiheit. Die bloß private Freiheit und die bloße Pressefreiheit, die im Grunde nur eine Freiheit zum Kritisieren ist, wird man gewiss überall hoch schätzen, vor allem wenn man einmal die Abwesenheit dieser Freiheiten erfahren hat. Doch diese Freiheiten müssen heute ergänzt werden durch die gesellschaftlich produktive Freiheit.

Die gesellschaftlich produktive Freiheit ergreift zu lösende Aufgaben. Diese Aufgaben sind vielgestaltig, manche können durch Forschung, andere durch soziale Hilfe, durch Beratung, durch Ausbildung gelöst werden. Auf einem Felde gibt es viele derartige Unternehmen – dort, wo es um den wirtschaftlichen Bedarf geht, also dort, wo etwas produziert wird, was man gewinnbringend verkaufen kann. Nur verbindet sich diese Art freien Unternehmertums, wo sie erfolgreich ist, mit den Elementen der Technik, beansprucht in hohem Maße die oben apostrophierten «Energiesklaven» und stellt die arbeitenden Menschen auch in den Formen des heutigen Arbeitsverhältnisses so in den Dienst, dass sie ihre Arbeit nur selten im Hinblick auf eine freiwillige Erfüllung einer gesellschaftlich sinnvollen Aufgabe tun. Nebenbei bemerkt: Dies könnte durchaus geändert werden. Besonders schwerwiegend ist jedoch, dass auch solche Aufgaben, die ihrem

Wesen nach nur freiwillig übernommen werden können, in der Regel nicht auf freier Initiative und Selbstorganisation beruhen. Forschung, Sozialarbeit, Schulen und Krankenhäuser sind heute alle zu einer Veranstaltung des Staates geworden. Die staatliche Programmierung und Institutionalisierung von Hilfe, Bildung, Forschung führt zu schweren Schäden, weil Verantwortung und Initiative unterminiert werden, weil immer Behörden bestimmen, die notwendig weniger von der Sache verstehen als die, die die Arbeit leisten, weil Projekte durchgeführt werden, die unnötig sind, und weil notwendige Aufgaben nicht ergriffen werden. So ist das Problem der produktiven Freiheit in der jüngsten Vergangenheit nicht nur ungelöst geblieben, die Problemlage hat sich sogar verschlimmert.

Indem man Fragen dieser Art bespricht, hat man sich bereits einem weiteren Thema zugewandt. Es ist für die Neuzeit charakteristisch, dass man über soziale Zusammenhänge (und nicht nur über einzelne Missstände) insgesamt nachdenkt und globale Entwürfe besserer Gesellschaften macht. So schrieb Morus seine *Utopia*, Bacon *Nova Atlantis* und Campanella den *Sonnenstaat*. Später wurden die Utopien – z.B. in Rousseaus *Contrat social* – zu Programmen, und in der Französischen Revolution wurde der Versuch unternommen, das Programm zu realisieren. Man scheiterte. Das war aber der Anlass, darüber nachzudenken, wie man Revolutionen, wie man Geschichte machen könne. Dies ist ein hoch bedeutsames Symptom. Die deutsche Reformation war noch ein geschichtliches Naturereignis, niemand hatte sie in dieser Form gewollt, geplant oder gelenkt. Luther hatte den Stein ins Rollen gebracht – ohne zu wissen, was er tat. Mit etwas mehr Bewusstsein gingen die englischen Revolutionäre des Jahres 1640 in den Konflikt mit dem König, aber sie handelten noch in dem Bewusstsein, das alte Recht des Königreiches wiederherzustellen, und zunächst strebte niemand das an, was 1649 geschah. Ohne es zu wollen, hat man das «Commonwealth» geschaffen, und da man es nicht wollte, kam es zur friedlichen Restauration von 1660, und nur die Dummheit der Könige provozierte die friedliche Revolution von 1688. Vor der Französischen Revolution war die Situation bereits anders. Es gab die Rede von der kommenden Revolution, es gab auch Vorstellungen von dem, was man wollte, diese Vorstellungen waren zunächst eindeutig: Menschenrechte und Gewaltenteilung; beides wurde auch proklamiert, aber die Revolution blieb nicht stehen, sie entfaltete ihre eigene Dynamik und fraß schließlich ihre Kinder. Im 20. Jahrhundert war es dann so weit, dass man sich auf die Revolution und das Revolutionieren verstand: Lenin, Mao, Ho Tschi Min und andere entwickelten nicht nur Ziele einer Revolution, sondern auch Strategien zur Revolution und zur folgenden Umgestaltung der Gesellschaft. Das eindrücklichste Beispiel einer Strategie zur Revolutionierung einer Gesellschaft hat im 20. Jahrhundert Mao geliefert. Entsprechend sind naturgemäß auch Gegenstrategien ersonnen und durchgeführt worden.

All dieses zeigt, dass die Menschheit in eine Zeit eingetreten ist, in der man nicht nur die Natur beherrscht, in der man vor allem beginnt, Geschichte bewusst zu planen und zu «machen». Die Frage, die sich damit auftut, lautet: Verstehen die Menschen, die Geschichte planen und machen, wirklich, was Geschichte ist, wissen sie, was der Mensch ist? Blickt man auf die Ergebnisse der Revolutionen des 20. Jahrhunderts, so erscheint einem dies trotz mancher nicht zu leugnender ökonomischer Erfolge, trotz der politischen Siege der Revolutionäre, als sehr fraglich, weil man, wenn man die Freiheit der Menschen ernst nimmt, weder Geschichte noch die Gesellschaft total planen und organisieren kann.

Nun kann aber nicht geleugnet werden, dass theoretisch angesichts der unübersehbaren Schwierigkeiten und drohenden Katastrophen der Gedanke einer totalen Planung von Gesellschaft und Geschichte als ein Weg aus der Gefahr erscheinen könnte. Man kann ja kaum erwarten, dass sich die Probleme von selber in einem menschlichen Sinne lösen werden. Eine angemessene Verteilung der Güter der Erde, ein behutsamer Umgang mit den natürlichen Ressourcen, eine Beendigung der Umweltverschmutzung und Verwüstung sind dringend erforderlich. Man erkennt, dass die Technik gezügelt werden muss. Die politischen Konflikte, die sich im letzten Jahrzehnt verschärft haben, bedürfen einer Lösung, die nicht mit Waffen ausgetragen wird. Das Wettrüsten, das Energie, Arbeitskraft und Material beansprucht, muss zu einem baldigen Ende gebracht werden. Alle vernünftigen Menschen sehen diese Probleme, die zu Katastrophen zu werden drohen, aber viel zu wenig geschieht, ja es gelingt nicht einmal, relativ kleine Konflikte wie etwa das Nordirland-Problem, das seit über zwanzig Jahren schwelt, zu lösen.

Fragt man sich aber, wie alle diese Fragen praktisch anzugehen seien, so sieht man, dass es keine einzelne Instanz gibt, die praktisch oder theoretisch in der Lage ist, eine systematische Lösung aller Weltprobleme durchzuführen. Es gibt kein Weltgehirn, das die verschiedensten Schwierigkeiten, Konflikte und Gefahren überschauen und einer Lösung entgegenführen kann, es besteht auch keine Weltregierung, die die notwendige Macht dazu hat. So gibt es schon äußerlich gesehen keine Möglichkeit zu totaler Planung. Das Einzige, was heute möglich wäre, ist eine Verständigung über gemeinsame Ziele. Das würde bedeuten, dass man an den Zielen ein gemeinsames Bewusstsein gewinnt. Aus diesem gemeinsamen Bewusstsein, das in seinen Zielen die Bedingungen für das Weiterleben der Menschheit erkennt, könnten die einzelnen Instanzen, Gruppen und Staaten handeln und bestimmte Gesetze beschließen, die z. B. zur Erhaltung des ökologischen Gleichgewichts der Erde unbedingt notwendig sind. Der historische Prozess würde unter diesen Umständen nicht geplant – aber er würde mit Bewusstsein durchdrungen. An der Herstellung dieses Bewusstseins zu arbeiten ist praktisch die einzige Möglichkeit, die es für eine sinnvolle Gestaltung der Geschichte gibt.

In dieser Bewusstseinsbildung liegt auch die Aufgabe des Geschichtsunterrichts. Es geht darum, dass die Schüler die einzigartige Situation der Gegenwart sehen lernen:

Zum ersten Mal in der Geschichte besteht die Notwendigkeit, dass die Menschheit selber ihre Geschichte gestaltet.

Zum ersten Mal geht es um die Geschichte der ganzen Menschheit und nicht um die partikulare Geschichte einzelner Nationen oder Erdteile.

Zum ersten Mal begegnet der Mensch in Technik und Umwelt der Möglichkeit der Selbstgefährdung der ganzen Menschheit.

Dies alles erfordert, dass immer mehr Menschen die Aufgabe sehen und sie in den einzelnen Aufgabenstellungen ergreifen. Hierzu kann der Geschichtsunterricht beitragen.

Über den Autor

Christoph Lindenberg, geb. am 4. Januar 1930 in Holzminden, war eine der prägenden Gestalten der Waldorfschulbewegung. Die Eltern unterrichteten am dortigen Lietzschen Landerziehungsheim. Die Mutter war Niederländerin. Sie lehrte ihn die niederländische Sprache und pflanzte in ihm etwas von dem «geusischen» Freiheitsgeist, der charakteristisch war für sein späteres Denken und Wirken. Nach dem Abitur arbeitete er als Praktikant in einer Anstalt für straffällig gewordene Jugendliche. Intensiv befasste er sich mit den erkenntnistheoretischen Schriften Rudolf Steiners. Nach dem Studium der Geschichte, Anglistik, Philosophie und Germanistik in Göttingen und Freiburg wurde er Lehrer an der Reutlinger, dann ab 1966 an der Tübinger Waldorfschule (Geschichte und Englisch). Von 1967 bis 1970 arbeitete er als Assistent am Tübinger Seminar für Zeitgeschichte. Danach nahm er seine Lehrertätigkeit wieder auf. Eine Fülle von Publikationen, Vorträgen, seminaristischen Kursen zeugen von der Produktivität dieser Zeit. 1975 erschien das Buch *Angstfrei lernen, selbstbewußt handeln* bei Rowohlt, das mit weit über 200.000 verkauften Exemplaren die Waldorfpädagogik in einer breiten Öffentlichkeit bekannt machte.

Weitere Publikationen erschienen, darunter die Rowohlt-Monografie *Rudolf Steiner* (1992), eine Chronik des Lebens Rudolf Steiners, schließlich die bislang umfassendste Darstellung des Lebens und Werkes von Rudolf Steiner (*Rudolf Steiner – eine Biographie*, 1997). Im Jahre 1980 siedelte Christoph Lindenberg nach Zarten bei Freiburg über. Er unterrichtete noch gastweise in einer Freiburger Waldorfschule und setzte seine Tätigkeit als Dozent am Stuttgarter Waldorflehrerseminar (Freie Hochschule Stuttgart) fort. Im Bund der Freien Waldorfschulen war er als Vorstandsmitglied in den Jahren 1971 bis 1980 tätig.

Am 20.04.1999 starb Christoph Lindenberg nach langer, schwerer Krankheit.

Menschenkunde und Erziehung

Geschichte

200 Seiten, gebunden
ISBN 978-3-7725-1689-4

Angesichts des Aufflammens von religiösem Fanatismus in vielen Teilen der Welt ist von einer «Rückkehr des Mittelalters» gesprochen worden, und in der Tat drängen sich Bezüge zur Kreuzzugsmentalität auf. Aber ist die Gleichung ‹Religion gleich Fanatismus gleich Mittelalter› nicht allzu schlicht? Gab es im mittelalterlichen Spanien nicht jahrhundertelang ein friedliches Zusammenleben von Muslimen, Christen und Juden, entwickelte sich in diesem Schmelztiegel verschiedener Völker und Religionen nicht eine ausgesprochene Kulturblüte? In welcher Weise solche Überlegungen für den Geschichtsunterricht der 11. Klasse fruchtbar gemacht werden können, zeigt Schmelzer auf.

Verlag Freies Geistesleben

Erdkunde

223 Seiten, gebunden
ISBN 978-3-7725-0279-8

Angesichts der weltweit auftretenden Umweltkrisen hat die bisherige materialistisch-technologische Einstellung gegenüber der Erde versagt. Ein Umdenken, das die Erde als einen lebendigen Organismus begreift, ist dringend geboten; und in neueren Forschungsrichtungen zeichnet sich eine solche Tendenz bereits ab. Man wird dann z.B. nach den Organen dieses Organismus Erde fragen, nach Stoffwechsel- und rhythmischen Prozessen, nach gegenseitig sich beeinflussenden Kräftewirksamkeiten, nach Jugend- und Alterserscheinungen, wie sie zu einem Lebewesen gehören. Eine solche Betrachtungsweise weitet den Blick für viele bisher vernachlässigte Erscheinungen der Erde.

Verlag Freies Geistesleben

Erdkunde

217 Seiten, gebunden
ISBN 978-3-7725-1687-0

Hans-Ulrich Schmutz entwickelt ein Gesamtkonzept für den Erdkundeunterricht der Oberstufe an Waldorfschulen, das ganz auf die Entwicklungssituation der Schüler abgestimmt ist. Sein konsequenter, sorgfältig erarbeiteter Unterrichtsaufbau führt von der Geologie über Strömungskunde, Kristallografie, Technologie und Wirtschaftsgeografie bis zur Astronomie und Paläontologie. Zu all diesen Themen liefert der Autor interessante und neue Gesichtspunkte, die stufenweise zu einer Erkenntnis des Lebendigen und des Zusammenhangs von Erde und Mensch beitragen können.

Verlag Freies Geistesleben